中华优秀传统文化
与高校思想政治教育融合研究

马艳 著

新华出版社

图书在版编目（CIP）数据

中华优秀传统文化与高校思想政治教育融合研究 /
马艳著 . -- 北京：新华出版社，2023.11
ISBN 978-7-5166-7157-3

Ⅰ. ①中… Ⅱ. ①马… Ⅲ. ①中华文化－关系－高等
学校－思想政治教育－研究－中国 Ⅳ . ① K203 ② G64

中国国家版本馆 CIP 数据核字（2023）第 219070 号

中华优秀传统文化与高校思想政治教育融合研究

作　　者：马　艳

责任编辑：丁　勇　　　　　　　　封面设计：魏大庆

出版发行：新华出版社

地　　址：北京市石景山区京原路 8 号　邮编：100040

网　　址：http://www.xinhuapub.com

经　　销：新华书店

购书热线：010-63077122　　　　中国新闻书店购书热线：010-63072012

照　　排：唐山雨滴图文设计有限公司

印　　刷：河北赛文印刷有限公司

成品尺寸：170mm×240mm　　1/16　　字　　数：222 千字

印　　张：14.5

版　　次：2024 年 3 月第 1 版　　　　印　　次：2024 年 3 月第 1 次印刷

书　　号：ISBN 978-7-5166-7157-3

定　　价：73.00 元

前　言

当前，人们处于全球化时代。全球化具有开放性和多元性，这种属性对大学生思想政治教育产生了重要影响。一方面，全球化为各种外来文化的进入敞开了大门，为大学生思想政治教育提供了新的内容、新的标准和新的范式；另一方面，社会文化的多元性极易使大学生的思想文化领域失去主流并处于一种庞杂无序、良莠不齐的状态，从而造成大学生思想上的混乱和行动上的迷茫。面对思想、文化多元并存的现实，大学生思想政治教育应如何应对，成为一个迫切需要解决的现实问题。为此，将传统文化与大学生思想政治教育相融合，成为大学生思想政治教育工作者努力探索的课题。

2019年3月18日，中共中央总书记、国家主席、中央军委主席习近平在北京主持召开学校思想政治理论课教师座谈会并发表重要讲话。习近平总书记强调："思想政治理论课是落实立德树人根本任务的关键课程"，"中华民族几千年来形成了博大精深的优秀传统文化，我们党带领人民在革命、建设、改革过程中锻造的革命文化和社会主义先进文化，为思政课建设提供了深厚力量。"[①] 习近平总书记虽然讲的是传统文化对思政课建设的重要作用，但是对大学生思想政治教育的加强和改进同样具有理论指导作用和实践意义。为了更好地借鉴传统文化中蕴含的丰厚教育资源，进一步加强和改进大学生思想政治教育，我们需要重新发现、重新认识中国传统文化。

---

① 习近平. 用新时代中国特色社会主义思想铸魂育人　贯彻党的教育方针落实立德树人根本任务[N]. 人民日报，2019–03–19(01).

中华优秀传统文化博大精深，源远流长。在人类文明发展史上，只有中国文明没有断裂，没有在外来文化的冲击下发生大的变异。中国文化以"人文"为中心，在自身文化的基础上，不断消化吸收外来的、不同民族的文化，丰富、壮大自己，形成蔚为大观、不断创新的文化。强大的消化力、融合力成为中国传统文化一个显著的特征。兼容并包的群体心理、社会思想与行为方式、价值取向、民族性格，中华民族强大的向心力、凝聚力、共同的信仰信念，成为维系和协调各民族关系的润滑剂，也是中华民族生生不息的原动力。

中华优秀传统文化崇尚和谐，蕴含着天人合一的宇宙观、协和万邦的国际观、和而不同的社会观、人心和善的道德观。这些文化思想都成为大学生思想政治教育的重要资源，对推进大学生思想政治工作，增强思想政治教育的实效性具有重要的借鉴意义。中华传统文化与马克思主义、社会主义及现代大学教育相契合，它们之间所存在的共性、普遍性，使大学生思想政治教育与传统文化的融合不仅是必要的，而且是可能的，具有很大的现实性和可行性。

中华优秀传统文化的内涵究竟应包括哪些，目前思想、舆论和学术界尚在探索中，言人人殊，繁简不一，莫衷一是。我想还是重内容不重形式、重精神实质不重实体形态、文字表述要而不烦为好。习近平总书记2017年10月18日在党的十九大报告中有段话说得好："深入挖掘中华优秀传统文化蕴含的思想观念、人文精神、道德规范，结合时代要求继承创新，让中华文化展现出永久魅力和时代风采。"[①] 他还在2014年2月24日主持十八届中央政治局第十三次集体学习时说过："要认真汲取中华优秀传统文化的思想精华和道德精髓，大力弘扬以爱国主义为核心的民族精神和以改革创新为核心的时代精神，深入挖掘和阐发中华优秀传统文化讲仁爱、重民本、守诚信、崇正义、尚和合、求大同的时代价值，使中华优秀传统文化成为涵养社会主义核心价值观的重要源泉。"[②] 这两段指示，可作为我们思考此问题的指针。另外，

---

① 习近平. 习近平同志代表第十八届中央委员会向大会作的报告摘登 [N]. 人民日报，2017-10-19(01).

② 习近平. 把培育和弘扬社会主义核心价值观作为凝魂聚气强基固本的基础工程 [N]. 人民日报，2014-02-26(01).

已故老学者、北京大学哲学系张岱年教授在《中国文化的基本精神》一文中写道:中国几千年来文化传统的基本精神,其主要内涵,有四个基本观念——天人合一、以人为本、刚健自强、以和为贵。他依次作了详细诠释,此处不赘。又有人说:中国传统文化的精髓主要体现在八个方面,即国家民族立场上的"统一"意识,为政治国理念上的"民本"要求,社会秩序建设上的"和谐"意愿,伦理关系处理上的"仁义"主张,事业追求态度上的"自强"精神,解决矛盾方式上的"中庸"选择,个人理想追求上的"修齐治平",社会理想上的"小康""大同"。这些都可供研究者们参考选取,或损益补正。

文献综述

大学作为培养人才的重要场所,实施"思政课"可以为大学生的成长和发展起到充分的引导作用,同时,将中华优秀传统文化应用于教育实践,极大地促进了我国的"思政课"教学改革。在立德树人根本任务下,大学的思想政治教育应融入更多中华优秀传统文化,加强学生对中华优秀传统文化的认知,这既是对中华优秀传统文化的继承和弘扬,也有助于健全学生人格,促进当代大学生核心素养的可持续发展。

中华优秀传统文化与高校思想政治教育融合的研究已经逐渐受到学者们的关注。从文献综述的角度来看,相关研究主要涉及以下几个方面。

关于在高校思想政治教育中引入中华优秀传统文化的重要意义。研究者们对于中华优秀传统文化的概念和内涵进行了深入的探讨,以便更好地将其融入高校思想政治教育中。张辉,唐琳,侯振华等(2022)提出,当代大学生每时每刻都被各种信息包围着,多元文化不可避免地冲击着大学生的思想认知、价值理念以及人生观等,这就给大学思想政治教育带来了极大的挑战。从目前来看,把优秀的思想和精神内涵融入大学的思政教学中来,是当前我国思政课教学改革的一个主要方面。李俊平(2022)阐述了大学思想政治教育中融入中华传统文化的意义,他认为,中华优秀传统文化历经时间的长河而流传下来,蕴含着丰富的精神内涵,其中大量先进思想和理念在当今社会仍有很强的借鉴意义。将中华优秀传统文化融入大学思想政治教育中,能够有效提升大学思想政治教育的质量和效率，更好地达到思政教育目标。

关于中华优秀传统文化与高校思想政治教育融合的路径和方法。研究者们提出了多种中华优秀传统文化与高校思想政治教育融合的路径和方法，如课程设置、文化活动、社会实践等。郑淑媛，张禹（2021）认为，以中华优秀传统为核心进行思想政治教学，特别是以大学生为对象，在现实生活中有着十分重要的实践价值。作为在新时代成长起来的一代，许多大学生普遍存在思想上的迷茫，缺乏社会责任感和明确的人生追求。而将优秀的传统文化融合在一起，可以使大学生在思想上树立起坚定的信念，从而避免大学生精神上的空虚和迷茫。杜伟（2022）认为，在思想教学活动具体实施过程中，教师可以将中华优秀传统文化作为主题，让学生针对中华优秀传统文化进行系统性的学习，在丰富思想政治教育内容的同时，加深学生对传统文化的理解。比如，中华优秀传统文化中的爱国主义思想、自强不息、忠信礼义等内容是对学生进行思想政治教育最好的素材，教师应在思想政治课程教学中加以利用，并体现出其价值，满足学生日益增长的文化需求，为学生提供更多的精神财富。此外，国家倡导通过思想政治课程来加强对中华优秀传统文化的传播，这就需要加强教师队伍对中华优秀传统文化的认识。

关于中华优秀传统文化与高校思想政治教育融合的效果和评价。研究者们通过实践和调查研究，对于中华优秀传统文化与高校思想政治教育融合的效果和评价进行了探讨，以期为其进一步完善和改进提供一些参考。敖生成（2022）提出，在中华优秀传统文化融入大学思想政治课程教学过程中，教师应坚持以马克思主义为指导思想，并结合大学生的兴趣爱好、认知规律及社会经验来开展教学活动，尊重学生的教学主体地位，以学生喜闻乐见的形式来进行教学设计和开展教学，增强学生的主观能动性。比如，古诗词能体现中华优秀传统文化中的精神内涵和思想品质，教师可以开展古诗词鉴赏活动，让学生自觉参与中华优秀传统文化的学习，加强学生核心素养与中华优秀传统文化的联系，在发展学生核心素养的同时，增强学生对中华优秀传统文化传承的责任心和使命感。教师还可以将中华优秀传统文化融入思想政治课后习题中，使学生或自主思考或开展小组合作，在对问题的探究中使中华优秀传统文化的融入更有深度和广度。

　　贾红雨、白婷（2022）提出，将中华优秀传统文化融入大学校园文化建设当中。大学的校园文化环境能够在潜移默化中影响学生的思想认识，因此，大学在校园文化建设中应融入中华优秀传统文化素材，有助于大学生正确价值理念的塑造。一方面，大学要设置与中华优秀传统文化相关的宣传栏，向大学生群体讲好中国的故事，以此弘扬中华优秀传统文化。另一方面，大学可以组织全体师生开展与中华优秀传统文化相关的教育活动，促使师生群体积极参与到活动中，并发挥教师与学生的创新精神和创造力，将中华优秀传统文化的精神标识提炼出来、展示出来，使中华优秀传统文化更好地融入当代生活，只有将中华优秀传统文化有效资源合理运用，才能彰显传统文化的当代价值，让师生从教育活动中进一步认识到中华优秀传统文化的博大精深，强化学生对国家和民族文化的自信心和认同感。

　　从文献综述的角度来看，中华优秀传统文化与高校思想政治教育融合的研究已经取得了一定的进展，但仍存在一些问题和不足。因此，本书将对此进行重点研究，深入了解中华优秀传统文化的内涵和精髓，以更好地将其融入高校思想政治教育中；探索多种中华优秀传统文化与高校思想政治教育融合的路径和方法，以满足不同学生的需求和兴趣；要建立相应的评价体系和指标体系，以便更好地评价中华优秀传统文化与高校思想政治教育融合的效果，提高其实效性和可持续性。

　　随着社会的发展和教育的进步，中华优秀传统文化与高校思想政治教育融合已经成为一种必要的途径。通过对于相关研究的综述和分析，可以看出该领域已经取得了一定的进展，但也存在一些问题和不足。因此，我们需要进一步加强对中华优秀传统文化的研究和挖掘，探索多种融合的路径和方法，并建立相应的评价体系和指标体系，以提高中华优秀传统文化与高校思想政治教育融合的实效性和可持续性。

目　录

第一章　中华优秀传统文化概述 …………………………………………… 1

第一节　文化、传统文化、中华优秀传统文化 ……………………… 1

第二节　中华优秀传统文化的核心理念 ……………………………… 2

第三节　传统文化与大学生思想政治教育创新的使命……………… 17

第四节　中华优秀传统文化在思政理论课中的时代价值…………… 25

第二章　马克思主义与中华优秀传统文化的结合 ………………………… 33

第一节　马克思主义基本原理同中华优秀传统文化相结合的四重逻辑 … 33

第二节　弘扬中华优秀传统文化是马克思主义中国化的必由之路……… 36

第三节　弘扬中华优秀传统文化必须坚持以马克思主义为指导………… 37

第三章　中华优秀传统文化与高校思想政治教育的
　　　　融合现状与应用原则 ……………………………………………… 39

第一节　中华优秀传统文化与高校思想政治教育融合的现状 ………… 39

第二节　中华优秀传统文化在高校思想教育中的应用原则…………… 45

第四章　微时代背景下大学生思想政治教育态势及路径 ………………… 48

第一节　微时代给大学生思想政治教育带来的机遇………………… 48

第二节　微时代给大学生思想政治教育带来的挑战………………… 50

第三节　微时代大学生思想政治教育创新路径……………………… 51

第五章 新时代高校思政教育的特征、新要求、新目标和对策····· 55

第一节 新时代高校学生思想政治教育工作的特征 ················· 55

第二节 新时代高校思政教育工作的新要求 ····················· 57

第三节 高校思想政治教育工作的新目标 ······················· 72

第四节 高校思想政治教育的对策 ··························· 80

第六章 中华优秀传统文化与大学生思想政治教育创新的
逻辑关系 ··· 87

第一节 传统文化视域下大学生思想政治教育创新的逻辑起点 ········· 87

第二节 传统文化与大学生思想政治教育创新的历史逻辑 ··········· 94

第七章 社会主义核心价值观与中华优秀传统文化 ········· 99

第一节 社会主义核心价值观的基本理念 ······················· 99

第二节 社会主义核心价值观与中华优秀传统文化的关系 ··········· 110

第三节 践行社会主义核心价值观,传承中华优秀传统文化 ········· 113

第八章 中华优秀传统文化与大学生思想政治教育结合的
策略与路径 ····································· 124

第一节 高校应发挥文化传承职能 ·························· 124

第二节 建立中华优秀传统文化融入大学生思想政治教育的路径 ······· 128

第九章 中华优秀传统文化与大学生思想政治教育融合的
质量提升 ··· 134

第一节 中华优秀传统文化对文化型思想政治教育质量提升 ············ 134

第二节 中华优秀传统文化对开放型思想政治教育质量提升 ········· 141

第三节 中华优秀传统文化对和谐型思想政治教育质量提升 ········· 147

第四节 中华优秀传统文化对人文关怀和心理疏导质量提升 ········· 152

第十章　中华传统文化融入高校思想政治教育的措施与实践 …… 160

　第一节　传统文化融入高校思想政治教育必须树立全员育人的意识 ····· 160

　第二节　注重传统文化的现代价值转换 ············ 171

　第三节　加强对大学生学习传统文化的正确引导 ········ 174

　第四节　加强科研与教师队伍建设，提高科研与教学能力 ···· 183

　第五节　构建高校传统文化教育的保障制度 ········ 188

　第六节　实现与思想政治理论课教学体系的有效对接 ······ 194

第十一章　中华优秀传统文化与高校思政课堂教学的融合 ········ 197

　第一节　巧用优秀传统文化提升思政课魅力 ··········· 197

　第二节　智能思政课堂彰显中华优秀传统文化的当代价值 ····· 202

　第三节　让传统文化在思政课堂中活起来 ·········· 206

　第四节　教学中渗透传统文化，培育学生文化自信 ······· 211

参考文献 ············· 217

第一章　中华优秀传统文化概述

第一节　文化、传统文化、中华优秀传统文化

文化，有广义、狭义之分。广义泛指人类在社会实践中所创造的一切物质财富和精神财富的总和；狭义特指精神财富，包括一切社会意识形式，如教育、科学、文学、艺术、思想道德、风俗礼仪、行为方式等。本文专指精神财富。

传统文化，指历史传承下来的精神产品，如思想、文化、道德、风俗、艺术、制度及行为方式等。作为长期历史的传承，它有许多珍贵品、精华、精髓，彰显民族、国家或地域的性格、特色，对现实社会的发展起着促进作用，但也不乏保守、落后和陈腐的糟粕，对现实社会的进步和变革有阻碍作用。

中华优秀传统文化，是指对传统文化，经过批判、分析和总结，取其精华，去其糟粕，而留存下来的、与当代社会相适应的珍贵品。"中华优秀传统文化"是近十年来出现的一个新术语。在过往的长时期中，一般讲"历史文化遗产"的批判继承，继后讲"弘扬民族优秀传统文化"，大约从 2012 年起，才统一改用这个术语。2012 年 11 月 8 日，胡锦涛同志代表第十七届中央委员会向党的十八大作报告，报告第六部分"扎实推进社会主义文化强国建设"中提出："建设优秀传统文化传承体系，弘扬中华优秀传统文化。"这个新术语，是对以前各种用法的继承和发展，所蕴含的批判继承历史文化遗产的意境不变，但文字更精练、内容更贴切了。"中华"言民族（含国内各民族），"优秀"指传统文化中的精华、精髓、珍贵品。

中华优秀传统文化积淀着中华民族最深沉的精神追求，代表着中华民族独特的精神标识，是中华民族生生不息、发展壮大的丰厚滋养，是中国特色社会主义植根的文化沃土，是我们在世界文化激荡中站稳脚跟的根基。新的时代条件下，我们要传承弘扬好中华优秀传统文化，深入挖掘其中的价值内涵，进一步激发中华优秀传统文化的生机与活力，为中华民族伟大复兴筑牢深厚文化根基、提供强大精神力量。

要做好中华优秀传统文化创造性转化和创新性发展。文物和文化遗产是中华优秀文明资源，是解读中华文明的密码。营造传承中华文明的浓厚社会氛围，就要挖掘文物和文化遗产的多重价值，让文物说话，让历史说话，让文化说话，丰富全社会历史文化滋养，要发挥好博物馆、文化馆等公共文化机构的历史研究、社会教育、文化传播等功能，让中华文明内涵更好更多地融入生产生活各方面，让人们在潜移默化中增强历史自觉、坚定文化自信。

要积极推动群众特别是青少年传承好中华优秀传统文化。青少年处于世界观、人生观、价值观形成的关键时期，营造传承中华文明的浓厚社会氛围，就要积极推动中华优秀传统文化融入教育教学，引导青少年传承中华文脉；要把传承中华文明作为思政课的重要内容，持续丰富和拓展青少年传承中华文明的多种形式，让青少年不断从中华优秀传统文化中汲取养分，增强做中国人的志气、骨气、底气，为推进实现中华民族伟大复兴提供精神动力。

第二节　中华优秀传统文化的核心理念

基于"天人合一"是中国古代探究天人之学的主流观点，而且这种宇宙观统摄着其他诸如社会观、道德观、审美观、价值观以及生活的方方面面，所以这里仅仅从中国古代对天人之学的探究来论证中国人对天人和谐的探索和追求。在探索的过程中，主流观点更多地主张"人"与"天"本来是一体，应该合一且可以合一的。

"天人之学"——天人和谐的探索精神

"天人之学"的"天"，泛指宇宙、天地、自然万物。它是一个自然演化过程，其中包括自然规律。《中庸》说"天命之谓性"，"天"的自然演化是人产生的本原，也是人生存和发展的基础。"天人之学"的"人"，则指人类社会历史过程，人性、人生、自我等都是这个历史过程中的重要因素。西汉历史学家司马迁将"究天人之际"当作学术的首要问题。可见，"天人之学"就是研究自然和社会、人生及其相互关系问题的学问。中华传统文化历经几千年的沉淀和结晶，凝聚为中华民族的民族精神。它和中华文明整个历史进程相伴随，结晶成为传统文化的核心理念之一。正是因为民族精神在一代代中国人的血脉里流淌，才使这个民族历经劫难而生生不息，永远向前。

历史上的思想家们思考和解决天人关系问题，为我们留下了既有理论深度又有民族特色的思想财富，这些思想财富凝结在"天人之学"这一核心理念中。"天人之学"是我国古代思想家对如何认识、改造世界问题的探索和解答，影响深远。"天人之学"涉及自然观、世界观、认识论、方法论、人性论、社会观、历史观等，以"天人之学"的发展演变作为主要线索，可以比较清楚地看出中国古代思想文化发展的历史过程。

（一）天人之学的产生

考古研究表明，我国在5000多年前就形成了以农耕为主的综合经济。中国有两个农业起源中心，一个是黄河流域地区以粟（小米）为代表的北方旱作农业发源地，夏商周文明就诞生于黄河中下游地区；另一个是以长江中下游为中心的历史悠久的南方稻作农业区，孕育出对中华文明影响深远的良渚文化。这两个相邻的农业经济体系除了具有各自的特点和发展途径外，相互之间的密切接触和交流一直是推动中华文明发展的强大动力。"天人之学"正是在此基础上逐渐产生、形成和发展的。

"天人之学"在以农业为中心的生活方式和文化传统中孕育产生，当它开始出现的时候，具有明显的宗教色彩，反映了中华文明起源时期的基本特征。在先民们的生活中，家族血缘的延续至关重要，家族的始祖占有相当显赫的地位；在任何一个家族中，每个人都是向上联系着祖宗、向下开启子孙后代的血缘链条中的一环。因此，早期中国对"天"的崇拜与祖先崇拜有着难分难解的关系。学者们通过研究殷商时代留下的丰富的甲骨文卜辞发现，从商王武丁时期起，殷人就相信在天上存在着一个具有人格和意志的至上神，名叫帝或上帝。在殷人心目中，这个至上神上帝，主宰着大自然的风云雷雨、水涝干旱，决定着禾苗的生长、农产的收成。它高居天上，能降入城邑，导致灾害，因而兴建城邑，必先祈求上帝的许可。邻族的入侵，殷人以为是上帝命令所为。出师征伐，也必先卜问上帝是否护佑。上帝虽在天上，但能将福祥或灾疾降于人间，甚至可以决定人间的一切。人间殷王举行祀典、颁布政令，都必须揣测上帝的意志而为之。居于天上的上帝有这样的全能和尊严，只有人间的殷王才能与它接近。因而殷人以为殷王死后，可以配天，在上帝左右，称为王帝，也能降下祸福，几乎同上帝一样。由此可知，殷商时期的天、人观念笼罩在浓厚的宗教氛围中。其实，上帝至高无上的地位，只不过是统治人间的帝王在观念上的反映。

随着历史的变迁，周人以僻处殷商西隅的蕞尔小邦取殷商而代之，建立西周。为维持统治，周人必须对这一巨变做出合理解释，才能让殷遗民心服口服。以"天"为基础的天命论便成为周人说明自身政权合理性的重要论据。在周人心目中，"天"是至高无上的神秘力量，与殷人的上帝相比，"天"的人格神色彩淡化，自然性的意义加强了。从某种意义上说，这与周人的生活环境有一定关系。从先周到武王克商，周人活动范围全在晋陕甘黄土高原西半部，这里地势高亢，雨量稀少。除夏季暴雨，难得遇见阴天，地上植被也多是农作物和小灌木。这一带的地形多起伏的塬梁峁沟，而无高山峻岭。周人看到的经常是明朗地笼罩四周而又一望无际的长空。苍天沉默地高悬着，举目四望，只有"明明上天，照临下土"（《诗经·小雅·小明》），"天"在周人心中就有了那种高高在上、明察人间一切的最高的神威严。更重要的是，"天"有自然性的一面，也有道德性的一面。周人认为"皇天无亲，惟德是辅"（《左传·僖公五年》），公正无私，总是有选择地帮助有德行的人。在西周的青铜器铭文中，"天"变成了周人的至上神。"天命靡常"，只有有德之人才会受到天命的保佑。康王时的大盂鼎铭文就明确地刻着："丕显文王受天有大命，在武王嗣文王作邦。"可见周武王是顺应天命，灭殷商，建立了西周。

商周时期，随着物质文明、精神文明、制度文明的不断发展，人们思想意识中的天人观念也在变化。但"天人之学"始终包含在宗教意识中。"天"是祖先神或者至上神，人们对它只有顶礼膜拜，绝对服从。春秋战国时期，当人们冲破宗教思想的束缚、用理性思维探索天人关系的时候，天人之学就以哲理的形式融入中华文化的长河中，在深刻性和普遍性上拓展着人们对世界的认识和思维。

西周的盛世，维持的时间并不长久，从周夷王开始，便在内忧外患中逐渐衰落，天命论也开始动摇。"天"不断遭到怀疑甚至否定，"昊天不傭，降此鞠讻。昊天不惠，降此大戾"（《诗经·小雅·节南山》），上天不公平呀，降下这么大的祸乱，上天不仁爱呀，降下这么大的祸患。从前赏善罚恶的"天"，现在却福恶祸善，青睐骄横得意的人，对勤劳善良的人不理不睬。"骄人好好，劳人草草。苍天苍天，视彼骄人，矜此劳人。"（《诗经·小雅·巷伯》）在怀疑、怨怼和苦难中，人们渐渐意识到，天与人的关系并非赏善罚恶那样简单。天有自身运行的法则，不以人的意志为转移，天和人是不同的。所以，春秋时期，西周天命观念虽然仍有巨大的影响，但许多人已经不再满足于对"天"作道德的解释，他们开始将天道、人道进行区别，并抛开宗教观念，给出通过理性思考得来的解答。在一个民族的思想历史中，这种转变是值得注意的。它意味着哲学意识的诞生，人们开始以理性代替幻想，用智慧代替想象，摒弃将超自然的动因作为解释的原则，而以经验的事实作为探究和解说的基础。

《左传》记载，鲁僖公十六年（前644年），周内史叔兴到宋国，他对宋襄公解释当时"天上坠落五块石头""六只鹢鸟后退着飞过宋国国都的上空"这两种罕见的自然现象时说："是阴阳之，非吉凶所生也。吉凶由人。"翻译为现代汉语就是："这是有关阴阳的事情，并不与人事吉凶有关。吉凶由人的行为所决定。"[①] 他把自然变化理解为无意志的"阴阳之事"，把人类的吉凶祸福理解为人们自身行为招致的结果。春秋末年，郑国的贤大夫子产明确地说："天道远，人道迩，非所及也，何以知之？"（《左传·昭公十八年》）翻译为现代汉语即："天道玄远，人道切近，两不相关，怎能通过占卜祈祷等迷信方式了

① 摘自《春秋左传史话》，中国珍贵典籍史话丛书，赵伯雄，国家图书馆出版社，2016年版。

解它们之间的关系呢？"春秋时期，人们的思想已有这样的趋势，将"天"与"人"分开来进行独立的探讨，然后再研究它们之间的关系。这种思维方式到战国时期已经较为常见。1993年在湖北荆门郭店一号楚墓中出土了一批竹简，学者们认为是战国中晚期的作品，其中一组名为《穷达以时》的简上明确写道："有天有人，天人有分。察天人之分，而知所行矣。"可见，摆脱有浓厚宗教色彩的天命论，对天人之学进行哲理性探究的重要一步是对"天""人"进行独立深入的研究。

春秋时期在思想上出现的重人事轻天道的变化，首先见于兵家（军事家）的著作。齐国军事家孙武在《孙子兵法》中首次提出天时、地利、人和的理念（见《始计》篇）。他说的"天时"，指阴阳、寒暑、四时等自然现象；"地利"指路途远近、面积大小、形势险易、环境利害等方面；"人和"指的是民心、得民力、上下同心同德。《孙子兵法》认为，军事家运用这三个条件，才能取得战争胜利。史书记载，越王勾践的大夫范蠡在政治上和军事上由于兼顾天时、地利、人和三者，才取得了成功，战胜了吴王夫差。战国中期儒家学派的代表孟子认为，天时、地利与人和这三者缺一不可，而"人和"最为重要（见《孟子·公孙丑下》）。战国时的兵家著作《尉缭子》也认为，"天时不如地利，地利不如人和"（《战威篇》）。战国末道家的《十大经》（古佚书）把知人事作为知天时、地利的中心环节。由此可见，我国古代重人事轻天道的思想既来源于战争的实践，又经过理论的提炼，它不是思想家们空想的产物。

这种"有天有人，天人有分"的思想，在战国中后期的《周易·贲·彖》中得到明确表述。它说："观乎天文，以察时变；观乎人文，以化成天下。"这里"天文"指季节、时令等自然变化的学问；"人文"则主要指人类社会和自身的道理。古人没有把"天文"和"人文"对立起来理解，而是以变化的眼光看待二者，认为它们是统一的、互相协调的、相互关联的。如果把"人"放到历史演化的背景中去理解，那么经营着农业、跨入文明门槛的人们，也可以看作大自然（"天"）演化的过程和结果。在这种意义下，人是自然（"天"）的一部分。"人文"是人在生产生活中逐渐认识、顺应"天文"而创造出来的，这种创造不断积累，融入社会，常变常新，日久成俗，形成一种生活方式，一代代沿袭下来，成为一种文化传统，这就是所谓"观乎人文，以化成天下"的意义。这样的文化是民族的血脉，是人民的精神家园，它犹如一个巨大的信息库，储存着先民们在行为方式、思想观念、社会制度上的传承和创新，构成社会创造与再创造的基础，产生强大的推动力量，使民族精神得以传承、凝聚、提升、发展，永不衰竭。

（二）先秦诸子天人和谐思想的形成和发展

在"天人之学"的产生过程中，天人和谐思想也逐渐形成和发展起来。

春秋战国时期，深究天人之学，构筑理论体系，建立自然哲学丰碑的，首先是老子和《老子》一书。《史记·老子韩非列传》记载，老子姓李名耳，是春秋末期东周王室管理书记档案的史官，有机会博览群书，融汇"天道"与"人道"的知识，终于成为一代大哲学家、道家学派的创始人。虽然有的学者认为《老子》一书并非其本人所著，而是成书于战国时期，但学者们大都同意《老子》一书记述了老子思想的精义。在老子思想中，"天道"受到赞扬，而现实社会则受到批判，"天之道，损有余而补不足。人之道则不然，损不足以奉有余"（《老子》第 77 章）。"天道"减少有余的一方，用来补给不足的一方。现实社会却不是这样，偏要减少不足的一方，用来供给有余的一方。这是老子对春秋时期社会的不公的观察和批判。老子最先明确提出了一条思路，即"人道"应效法"天道"，治国者"以百姓之心为心"，实行"无为而治"。他重视对"天道"本身的探讨，指出"天道"是有和无的统一，其运动有"反"的特征，其作用有"弱"的表征，其实只是自然而然，运转不息。应虚心向"天道"学习，在效法天道的实践中，透彻理解"人道"，所谓"推天道以明人事"，"上士闻道，勤而行之"（《老子》第 41 章）。

春秋末期另一位大思想家孔子（前 551—前 479 年）对"天人之学"有不同于老子的一番理解。孔子开创了儒家学派。所谓儒家，在春秋末期是指那些对西周礼制和文化有修养并且充满敬仰之情的人。《论语》一书是孔子的弟子汇集编撰的，记载了作为思想家和教育家的孔子的言行。《论语》记载的孔子言论，基本上有两类，一类是他关于现实的议论，再一类是谈他以前的历史和文化。孔子关注西周礼制的存亡问题。他说过：西周礼制是以夏、商两代为依据制定的，丰富多彩。因此，他主张沿用周朝的礼仪制度（《论语·八佾》）。在《论语》中，孔子多次谈到"天"，但不像老子那样对探讨"天道"本身感兴趣，他更关心"天"对"人"的影响。孔子对"天"或"天命"充满敬畏，他说，君子害怕的有三件事：畏天命，畏大人，畏圣人的言语。小人正相反，不懂得天命，因而不怕它；轻视王公大人；轻侮圣人的言语（《论语·季氏》）。孔子敬畏"天命"，但他不是宿命论者，不认为人的一切已经由天注定，即使再努力也没用。孔子所说的"天命"包含这样的意义：在人的一生中充满各种偶然性，生死寿夭、穷达祸福都不是人力所能控制的。孔子的学生伯牛生了病，他前去探问，从窗户里握着伯牛的手，说道：难得活了，这是命呀！这样的人竟得这样的病！这样的人竟得这样的病哟！（《论语·雍也》）

但"天命"并不仅只停留在这个层面，它还有更高的精神层面的含义，那就是：孔子认为自己有"天生德"，有一种传承文化的使命，有一种责任感。孔子认为复兴周文王的"文"，是他的"天命"，是他必须承担并且倾尽全力要付诸实践的。孔子周游列国时，离开卫国，准备到陈国去，经过匡这个地方，匡人曾经遭受鲁国季氏家臣阳货的掠夺和残杀，而孔子长得很像阳货，于是匡人错把他当成阳货，囚禁了起来。孔子的生命受到威胁，但他却从容地说：周文王死了以后，一切文化遗产不都在我这里吗？天若是要消灭这种文化，那我也不会掌握这些文化了；天若是不要消灭这一文化，那匡人又能把我怎么样呢？（《论语·子罕》）孔子将传承西周文化、恢复西周礼制作为上天赋予自己的使命。他"五十而知天命"（《论语·为政》），就是要以坚定的信念为复兴周文化而努力。孔子认为要达到这个目的，需要对传统文化进行深入研究，生出一种发自内心的热爱，对文化传统有自知之明，自觉地担当起文化传承与创新的使命，"人能弘道，非道弘人"（《论语·卫灵公》），只有人能把"道"发扬光大，不是靠现成的"道"弘扬人。

面对"天"与"人"，孔子把重点放在"人"。在他看来，"人"的一生必然会遇到各种偶然性（如死生、富贵等），但无论遇到什么情况，人对自身所处文化传统都应该有自知之明，有深厚感情，有责任担当。这就是孔子"天"或"天命"的人学意义。因此，孔子才会说自己：生活态度上不怨天、不尤人，行动上则只是潜心学习，透彻理解深刻的道理，至于个人命运是富贵或贫贱，那就由天去决定吧（《论语·宪问》）。这"天"包含着孔子宽广博大的胸襟与对文化传统的挚爱。

老子和孔子的思想，代表着历史上"天人之学"最主要的两种思路。老子主张"道""天道"是世界的根本，应对"道"本身进行深入探讨，最后落脚于"人道"效法"天道"，得出"天道"自然、"人道"不妄为的结论。孔子关注"天"或"天命"，但他更关注有文化使命感、有责任感、能发自内心地热爱并自觉弘扬传统文化的"人"，指出不论身处顺境还是逆境，人都应对文化有所贡献，这才算真正实现"天命"。这两种思路对后来的思想家产生了深远影响。

孟子（约前372—约前289年）沿着孔子的思路，在天人关系上，重视"人"的内心，强调内心对文化的使命感与责任感。人的本性是善的，善的本性直接与天相通。他说：充分扩张善良的本心，这就懂得了人的本性。懂得了人的本性，就懂得天命了。保持人的本心，培养人的本性，这就是对待天命的方法（《孟子·尽心上》）。一个人不论寿命长短，只要他专心致志发挥人性之善，就抓住了安身立命的根本。天是道德之源，人性来自天，因而人性善。孟子的推论方法是：人赋予天以善性，再用天的权威去证明人性之善。中华文化中所谓道德之天或义理之天即来源于此。它在中国古代思想文化史上占有相当重要的地位，引申为人们的理想和道德仿佛"天"一般广阔、深远，具有无穷的力量，足以克服人间的任何困难险阻。

庄子（约前369—约前286年）是与孟子同时代的思想家，但他的天人学说与孟子截然不同。他继承了老子"道法自然"的观点，强调事物的自生自化，万事万物都根据自身的本性生长变化，这就否定了任何形式的外在主宰。在天人关系的问题上，庄子坚定地站在"天"（自然）的立场上看待一切。庄子指出"道"是无处不在的，万物之中都少不了它；少了它，万物就不成其为万物。"道"同时是天地万物所以生成的总原理，自本自根，无始无终而久存。天地万物变化生长、丰富多彩，都是"已而不知其然"的"道"促成的，"道"统摄于"自然"（即《庄子·天地》所说的"道兼于天"）。庄子在和朋友惠施的辩论中说："道与之貌，天与之形，无以好恶内伤其身。"（《庄子·德充符》）翻译成现代汉语即："道赋予人容貌，天赋予人形体，只要不以好恶损害自己的天然本性就足够了。"可见，庄子的天人之学是将"天"看作一个不能随意加以分割和破坏的有机整体，主张人与自然的和谐，这不仅表现为爱护自然、保护自然，而且还含有向自然学习的内容。他认为只要顺应自然的"天"，与道为一，"人"就能逍遥自在，遨游于无边的宇宙，进入绝对自由的世界。庄子谈到天或自然的许多方面，最后落到人应当怎样对待人生，以及人应当如何对待自己的感情世界和理智世界。老庄的天人之学从自然出发，最终超越了自然，返回充满喜怒哀乐的人间世界，这是道家人文文化的特色和魅力所在。

探讨"天人之学"，我们不能忽视《易传》，这部书写成于战国末年，不是由某个人撰述而成，而是众多学者研究《周易》和有关儒家典籍的集体创作。其思想总体上属于儒家学派，但同时也吸取了诸子百家的成果。《易传》共有十篇，其中《系辞》上下篇着重发掘《周易》的哲学潜质，包含关于"天人之学"的重要思考。《周易·系辞下》说：《周易》这部书内容深广，无所不包，有天道，有人道，也有地道。可见《周易》重视天、地、人三才之道的统一，可视为一种有机整体的世界观。《系辞》的作者对这样的世界进行研究，探讨其变化的原因，认为"刚柔相推，而生变化"（《周易·系辞上》），"一阴一阳之谓道"（《周易·系辞下》）。"阴""阳"表示一切都是"有对"的，唯其如此，天地与人间才有变化。《周易·系辞上》说：鼓动万物有雷电，润泽万物有风雨，太阳和月亮在运行，一寒一暑在推移，这些不都证明变化的源头是阴、阳的激荡相摩吗？《易传》的作者对天道与人道的变化和关系作了理论探索，强调人与自然是相互作用的，应将事物变化的道理运用于人类社会，认为："一阴一阳之谓道，继之者，善也，成之者，性也。"（《周易·系辞上》）这是说人们在阴阳矛盾的相互交错中可以体察到事物运转变化的途径；人们懂得了变化的道理，就可以形成良好的行为；按照这个道理去待人接物，才能体现人之所以为人的本性。由此可见，《系辞》用变化的道理将天与人联系起来，认为这才是世界的普遍法则。

战国末期，百家之学的总结者荀子（约前313—前238年）在"天人之学"上也作出了重要贡献。荀子认为，在天人和谐之前必须要有天人相分的阶段；在天人相分阶段，人应该认识自然规律和社会规律，发挥人的主观能动作用，进行生产活动，"制天命而用之"。这不仅抑制了天人之学的形而上学化倾向，而且将天命决定论的理论空间压缩到最小，从而将先秦时期的"天人之学"推进到一个新的阶段。

　　荀子生活的时期，中原各国的统一已成为历史的主题。他涉猎百家之学，曾在齐国主持过稷下学宫，担任"祭酒"。在那里，他与百家之学的思想家们进行切磋，视野更加开阔，思想更有深度。

　　荀子本着孔子的思路，寻求"和"而否定"同"。"和"是多样性的统一，建立在事物相互区别的基础上，而"同"则是排除矛盾的一致，是没有生命力的单一。荀子探讨"天人之学"的名篇《天论》，把这个道理阐发得深刻而清晰。他写道："天行有常，不为尧存，不为桀亡。应之以治则吉，应之以乱则凶。"认为"天"有常规，不受人的意愿支配。顺应"天"（自然）的法则，人们将从"天"那里取得养生之资，如粮食等。如果人们违反"天"的法则，将受到它的惩罚。荀子在《天论》中写下一大段关于加强农业生产的文字："强本而节用，则天不能贫。养备而动时，则天不能病。修（循）道而不贰，则天不能祸。"他认为人们抓住农业这个根本，重视农业生产，厉行节约，"天"就不能使人贫困；有充分的养生之资，营养充足，注重养生，作息时间有规律，"天"就不能使人患病；加强人的认识、道德、审美等综合修养，持之以恒，坚持不懈，"天"也不能使人遭受祸患。可见人在自然的面前不是完全无能为力的。他又说："错人而思天，则失万物之情。"如果看不到"人"的作用，只是企求"天"的恩赐，就和天人关系的真实情况相背离。基于上述分析，荀子的结论是："故明于天人之分，则可谓至人矣。"

　　荀子"天人相分"的观点，在中华思想文化史上揭开新的一页，阐述了一个客观真理：当人从自然界分离出来，成为与自然相对的认识主体、实践主体的时候（也就是认识到天人相分），人才有可能成为有智慧的人，而不是一般意义上的人；不是自然的奴隶，而是能认识并按照自然法则去行动的人；这样的人荀子称之为"至人"，用今天的话讲就是"真正的人"。

　　荀子在《天论》中着重论述了天人相分，就是看到天和人各自的特点，呈现于人面前的是千姿百态的自然世界，不是一个色彩、一种声音的单调死板地存在。在异中求同，达到和而不同。荀子在《天论》中写下这样的话："万物为道一偏，一物为万物一偏，愚者为一物一偏，而自以为知道，无知也。"在荀子看来，万物只是"道"的一个方面，个别事物是整体的部分，人们往往以偏概全，以部分替代整体，自以为认识了"道"，其实并没有达到全面认识的境界。从"分"到"合"，从个别到一般，这才是人们认识的正确途径。

荀子关于天人既相分又相合的理论，在中华思想文化史上产生了深远影响。东汉时期的王充，唐代的刘禹锡、柳宗元等都在这个大课题上作出了贡献。中国历史上的宋、元、明、清时期，由于本土和外域文化的对立与融合，产生了新的思想课题，但"天人之学"在这段时期并没有失去它的光泽，只是变换了形式。

（三）秦汉以后天人之学的多元化发展

公元前 221 年，秦灭六国，建立了大一统的中央集权的君主专制国家。此后，中国经历了持续 2000 多年的封建专制统治时期，直至 1911 年辛亥革命推翻清王朝为止。这一时期，"天人之学"的发展呈现出多元化特征，并且渗透进古代的天文历算、中医药学、古地理学、古建筑学等中，产生了重要影响。即使文学与艺术，也没有离开"天人之学"的滋养。

从秦汉至隋唐时期是中国封建社会的前期。秦汉时期的思想变化与大一统帝国中央专制集权的建立和巩固紧密相关。汉初，诸子之学有短暂的复兴，各学派中，儒、道两家最盛。社会上，神秘化的阴阳五行说影响较大。汉武帝时，中央集权的局势逐渐稳固，儒学定于一尊。董仲舒（前179—前104年）的思想以儒家思想为中心，杂以阴阳五行说和黄老、刑名等思想，形成新的儒学思想体系，为汉代的封建制度提供了理论基础，对后世影响很大。天人之学是其中的一个重点。董仲舒成功地将儒家所讲的仁、义、礼、智、信等伦理范畴与战国以来盛行的阴阳五行说结合起来，建立起"天人感应"说。他认为天人之间存在着神秘的联系，天能干预人事，人的行为也能感动天。他将阴阳五行伦理化，把封建伦理的内容强加于自然界，通过阴阳、四时、五行来说明封建伦理和社会制度的合理性。他还主张通过名号通晓天命，名能够反映事物的真实，而事物的真实情况表达的就是天意，所以："事各顺于名，名各顺于天，天人之际，合而为一。"他以为通过这样深察名号，就可以说明封建宗法秩序的合理性。

从唐末五代割据动乱到北宋王朝出现，中国封建社会进入后期。宋明理学是这个时期的统治思想。它以儒家思想为主干，吸收佛学和道教思想，在唐朝三教融合、渗透的基础上，孕育、发展起来。"性与天道"是理学讨论的中心内容。理学家提出的种种理论大多都涉及"天"与"人"的关系，但他们的主要目的是通过对"天理""良知"等的探讨，为伦理纲常提供理论支持，从哲理的高度说明君主统治的合理性，正如程颐所说，只有设立君主才能"治之而争夺息，导之而生养遂，教之而伦理明，然后人道立，天道成，地道平"（《二程集·河南程氏经说·春秋传序》），有了君长，才能治理和引导民众，教化他们，然后天道、地道、人道方能各得其所。这正是封建时期正统思想家们努力的目标。

在天人关系上，有一批思想家排斥"天"的神圣性，强调"天"的自然性，并摆脱"天人感应"说的影响，侧重于将"人"放在自然的、历史的、社会的背景中观察。他们的思想极大地充实了古代中国的"天人之学"。西汉时期大史学家司马迁（约前145—前90年）关于"天人之学"的丰富史料，从古代史学中可以见到。他有一句名言："究天人之际，通古今之变，成一家之言。"（《汉书·司马迁传》）在他看来，只有研究天人之间的关系，才能在学术上有所建树。因此他在学术观点上宣传"天下一致而百虑，同归而殊途"（《史记·太史公自序》），虽然各家各派立论不同，方式有别，但都是对于真理的探索，有助于人们对自然和社会的认识。东汉思想家王充（27—约97年）也在《论衡》一书中猛烈抨击鬼神迷信，指出"天"是由气构成的、没有意志的自然物，自然界和人类社会各有自身的规律。与王充思想接近的还有唐代思想家柳宗元（773—819年），著有《天说》《天对》等文章和刘禹锡（772—842年）。柳宗元认为天体是由元气自然地形成的，一切自然现象都是气的运行变化所致，没有外在超自然力量的主宰。而刘禹锡在论文《天论》中深入地从"天"与"人"的相互区别和联系说明天人关系，进而提出天与人"交相胜，还相用"的观点。他指出"天"与"人"各有自己的作用，不能混同，进而认为"天"和"人"的关系不是平行的，"人"可以胜"天"，即对自然事物加以利用和改造。通过这样的天人关系而获得的"法制"，则可以成为社会"公是""公非"的标准，这就将先秦《庄子》用以衡量是非的"道"向着文化历史的方向具体化了。

不同时期不同的思想家或主张"天人合一"，或认为"天人相分"。但总体来看，中国古代更多地主张"天人合一"的宇宙观，这是主流，而西方文化恰恰相反，更多地主张"天人相分"，这也是我们和西方文化一个很大的区别。

天人合一虽是我国古代大多数哲学家共同宣扬的基本观点，但在我国传统文化范围内，大多数情况下是指儒家的天人合一，因为儒家的天人合一思想更丰富，影响最深远。天人合一思想的形成过程是历代儒家学者在探索天人关系中演变而来的，他们首先阐发了关于"天"的一系列思想，其次是与"天"相对应的人的思想，最后便形成了天人关系的和谐的价值取向，也就是天人合一思想。天人合一中的"天"被赋予了各种意义，有自然之天、命运之天、意志之天、伦理之天、神圣之天、救恕之天、创造之天等。

中国古代的天人合一思想，强调人与自然的统一，人的行为与自然的协调，道德理性与自然理性的一致，充分显示了中国古代思想家对于主客体之间、主观能动性与客观规律性之间关系的辩证思考。

值得注意的是，天人合一思想在古代中国不仅高高在上，它还以各种形式融进人们日常生活的方方面面。比如，中国最隆重的节日——春节之前，几乎每个家庭都会买一本薄薄的《农家历》，因为书里有关于每天适宜做什么，忌讳做什么，农业耕作中的耕种收割、生长节奏及婚丧嫁娶等都在那本《农家历》小册子里获得指导，尤其信息不发达的过去，人们无形中以《农家历》作为行动上的遵循或心理上的支撑。同样，古代自然科学、技术工艺和文学艺术也与"天人之学"有着密不可分的联系。例如古代的天文学思想不只是对天体进行纯客观的观测和理论建构，而是通过对天体的观察为政事的得失提供依据。正如司马迁所说："自初生民以来，世主曷尝不历日月星辰。"（《史记·天官书》）正是在"天人之学"的思想背景下，天文学很自然地成为政治的附属品，没有独立发展，而是被用作说明统治者行为合理性的工具。班固在《汉书·天文志》中解读了这层意思："政失于此，则变见于彼，犹影之象形，响之应声。是以明君睹之而寤，饬身正事，思其咎谢，则祸除而福至，自然之符也。"政事有错失之处，天体运行就会发生变化，这就像影子是形体的表现，有响动必有发声之处一样关系密切。因此，圣明的君主看到异常的天象就会不断反省自己的过失，这样才能够除去祸患，招来福瑞，天人之间相互影响就是这样自然而然。可见，"天人之学"对中华文化的影响有积极的一面，也有消极的一面。

在祖国的传统医学——中医学里，天人关系也是非常受重视的。成书于西汉之前的《黄帝内经》包含《素问》和《灵枢》各九卷共八十一篇，它是中医的经典著作，为中医学奠定了理论基础。其中《灵枢·岁露》说："人与天地相参也，与日月相应也。"《素问·宝命全形论》说："人以天地之气生，四时之法成。"说明古代医学家经过长期实践和观察，认识到人与自然存在极为密切的关系，自然界的运动变化，无不直接或间接地对人体发生影响，而人能够通过阴阳认识自然的变化，并且顺应这种变化来进行衣食起居和养生。《素问·四气调神大论》中就说：四时阴阳的变化，是万物生长收藏的根本。所以，圣人在春天和夏天注意保养阳气，秋天和冬天注重保养阴气，以二十四节气为节点，不断地调整饮食内容、作息时间、心理状态等来适应季节和气候的变化。认为人们只有保持与"天"这个客观的、根本性的存在相适应，即顺应天时，人才能保持身心的健康，实际上形成了中国人"天人合一"的养生观。

　　除此之外，"天人之学"也影响了中国古代的文学艺术，塑造着人们的审美观。天和人不仅具有理论性的一面，对许多人而言，它们还具有情感性和美的一面。"天地有大美而不言，四时有明法而不议，万物有成理而不说。圣人者，原天地之美而达万物之理。是故至人无为，大圣不作，观于天地之谓也。"（《庄子·知北游》）天地间有最好的美却不言语，四时有明确的法则却不议论，万物有既定的原理却不说明。所谓圣人，是要探究天地的美好，明确万物的原理。所以至人无所作为，大圣不做什么，这是说他们只在观察并效法天地。神秘美妙的事物存在于充满变化和混沌之美的天地整体之间，人的心灵能对之加以体会是多么美好的一件事。画家把天地之美拿来融入画中，画便有了天地境界，"天地氤氲秀结，四时朝暮垂垂，透过鸿濛之理，堪留百代之奇。"诗人把天地之美拿来融入诗里，诗歌便有了自然清新，"万物静观皆自得，四时嘉兴与人同"，"一松一竹真朋友，山鸟山花好弟兄"。种种境界蕴含在艺术家独创的作品里，是他们有灵性的"心"与"天地"接触时的领悟和震动，并不仅仅是客观的描绘。天地有大美，人心能体会，"天人之学"已经超出了单纯的理论层面，启迪着人们不断发现美好的事物。在中国的文学艺术作品中，讲究的是情景交融，情与景的合一；在中国古代的建筑中，尤其园林建筑，讲究建筑与自然环境的浑然一体，以达到不事雕琢，巧夺天工，浑然天成的效果，实际上形成了天人合一的审美观。

综上所述，"天人之学"在春秋战国时期形成并得到理论上的充实，带有宗教色彩的天命论逐渐被思想家们否定，天人相分而又天人和谐的思想发展起来，在此后的各个历史时期，"天人之学"经过思想家们的传承和创新，变得丰富多彩，并融入人们日常生活的许多方面。在"天人之学"的讨论中，思想家们虽以不同的方式解释"天"与"人"，给予二者不同程度的重视，但都把天人作为一个整体来思考，没有把它们割裂开来、对立起来。"天人之学"具有很大的开放性和包容性，他们对"天"与"人"做出了多种可能性的解释。

我们应该看到，历史上的"天人之学"中，某些形而上学的内容对中华文化也有消极影响。思想家们没有将自然与社会截然分开，阻碍了中国古代自然科学和逻辑思维的独立发展。"天人之学"中往往鱼龙混杂，神学迷信等也常借用"天人之学"的形式加以解读或宣传，严重混淆了中华文化的本义。比较突出的例子就是将天体运行作为说明政事得失的重要依据，这使中国古代天文学难以成为一门独立的自然科学。在社会层面，由于强调天人的和谐，个体成了天人这个整体的一部分，这就容易抹杀或忽视人的个性、人的独立价值和生命意义。另外，"天人之学"的整体性或包容性如果失去理智的制约，还容易产生过大的随意性，使天人理论难以被把握，缺乏逻辑上的明晰性和确定性，这是"天人之学"在方法论上的缺陷，我们今天需要以理性的和历史的态度探求产生这些问题的深层原因。在"天人之学"的探究中，中国古代整体上多认同"天人合一"的宇宙观。尽管对"天"的含义解释各有不同，对"合一"的方法和途径并不相同，但总体上，儒释道三家都认为"天"与"人"是"合一"的。由于天人合一的宇宙观，统摄着我们的社会观、审美观、道德观、教育观等，融进我们生活的方方面面，成为日用而不自觉的思维或心理习惯，这一源远流长的哲学思想早已渗透进中国人的血脉。今天，我们研究中国古代的"天人之学"，对它的优缺点予以充分重视，尤其应继承这种"究天人之际"的永恒不懈的探索精神并充分发掘天人合一的当代价值和世界意义，进行创造性转化和创新性发展。比如在思想政治教育中，汲取"天人合一"思想的精华，遵从青少年的身心特点，形成"天人合一"的思想政治教育思想，不断地调整和应用跟大学生身心发育规律相合的方式、方法和策略，在润物细无声的思想政治教育中达到立德树人的目的。

第三节　传统文化与大学生思想政治教育创新的使命

一、推动当代大学生思想政治教育"以文化人"本性的复归

要实现思想政治教育的目标，需要运用优秀传统文化，促成大学生思想政治教育"化人"本性的复归。要从思想政治教育内容、方法和载体等方面，探究传统文化的运用途径。

"以文化人"与当代大学生的思想政治教育是紧密结合在一起的，思想政治教育作为一种特殊的文化现象，其过程就是"以文化人"的过程。习近平总书记指出："儒家思想和中国历史上存在的其他学说都坚持经世致用原则，注重发挥文以化人的教化功能，把对个人、社会的教化同对国家的治理结合起来，达到相辅相成、相互促进的目的。"[1] 习近平总书记在山东考察调研时指出："对历史文化特别是先人传承下来的道德规范，要坚持古为今用、推陈出新，有鉴别地加以对待，有扬弃地予以继承。"[2] 这些论述为新时代大学生思想政治教育继承"以文化人"的优良传统指明了方向和路径。

中国古人"观乎人文，以化成天下"说明，一个国家、一个民族的繁荣和强盛是以文化作为支撑力量的。没有文化和文明的传承和发展，就没有社会主义先进文化的发展和繁荣，也就不可能有新时代中华民族全面复兴的中国梦的实现。正是基于此，党的十八大报告提出了"文化是民族的血脉，是人民的精神家园"。新时代要实现文化"化人"本性的复归，首先需要把握以文化人的时代内涵。

（一）马克思主义先进文化是"以文化人"的方向

文化是人类特有的现象，其核心是价值观有先进和落后、正确与错误之分。根据历史唯物主义原理，文化是对一定社会的经济、政治的反映，又对

---

[1] 习近平在纪念孔子诞辰 2565 周年国际学术研讨会暨国际儒学联合会第五届会员大会开幕会上的讲话 [N]. 人民日报，2014-09-25(01).

[2] 习近平. 汇聚起全面深化改革的强大正能量 [N]. 人民日报，2013-11-29(01).

社会的经济、政治的发展起着反作用。先进文化是国家文化软实力的核心，能够适应生产力的发展要求，代表人民群众的根本利益，顺应人类文明的发展趋势，因此能对社会的进步起到促进作用。我国作为中国共产党领导的人民民主专政的社会主义国家，思想政治教育的"以文化人"必须坚持以马克思主义为指导的、体现人类进步的社会主义先进文化。在今天的中国，就是要推进社会主义核心价值观建设，坚持社会主义先进文化的前进方向，继承和弘扬优秀传统文化，以社会主义核心价值观引领社会风尚和人们的言行。

（二）坚持以正确的途径和方法"化人"

"化"是改变、转变的意思，也就是思想政治教育所指的教育感化，就是要从"人"的角度来引导人，既要重视教育的工具理性，也要强调教育的价值理性，即既要重视社会整体本位，也要重视个人本位，培养人的主体意识。要坚持显性教育和隐形教育相结合，注重大学生的精神成长，引导他们的思想提升；要通过各种不同的教育手段，以大学生喜闻乐见的方式逐步地影响、感染他们，使他们在这个过程中逐步转化，在"润物细无声"中接受正确的价值观，摒弃错误的价值观。当然"化人"的途径和方法要以文化的方式进行，否则就会失去依托。

（三）"以文化人"的落脚点是"育人"

教育的根本任务是"立德树人"，对于思想政治教育工作者而言，"以文化人"归根结底就是要教化、感化、育人。有计划地对大学生施加具有时代感的思想道德影响，把社会道德和主流意识转化为大学生内在的道德品质，并表现出相应的道德规范和法律法规的行为。[①] 我们要牢记党的教育使命，帮助大学生树立共产主义远大理想，坚定中国特色社会主义信念，能在社会实践中形成正确的道德认知和自觉的道德养成，能够勤学、慎思、修德、明辨、笃实，成为德智体美劳全面发展的社会主义建设者和接班人，从而把握"以文化人"的出发点和立足点。

二、中国传统文化与大学生精神家园的建构

文化不仅是一个民族的灵魂，也是一个国家向心力和凝聚力的核心。博

---

① 魏可媛. 新时代高校艺术教育研究 [M]. 北京：新华出版社，2023：5.

大精深的中华优秀传统文化是中华民族生生不息、逐步发展壮大的精神支撑，也是实现中华民族伟大复兴中国梦的精神根基。优秀传统文化孕育的爱国主义传统、道德教化功能、理想人格主张以及天人合一思想是增强大学生内在修养的宝贵精神财富。

（一）大学生精神家园的内涵界定

精神家园是人们的心灵安顿之处，是与物质生活相对应的人们精神生活的场所。当代大学生具有较强的奋斗精神、创新精神、自我意识和竞争意识，但是部分学生也在不同程度上存在着心理承受能力弱，全局意识、合作意识和抵抗挫折的能力差等问题。一旦遭遇到外界或内在的巨大影响，就会出现心理失衡或者消极悲观情绪，甚至进入自我放弃或自我隔绝的状态。因而，建构大学生的精神家园是思想政治教育的重要任务。

1. 大学生精神家园的哲学价值论解读

哲学是时代精神的精华，对于一个民族来说，它就是民族精神的精华。哲学上的"价值"是指"客观世界满足人类生存发展程度的关系范畴，是指具体历史过程中客体对于主体需要的意义"。哲学价值论的精神家园是价值目标、理想信念和指导人们行为选择和判断的价值原则与规范等。精神家园的本质属于价值认同问题。传统文化是民族精神家园最深厚的基础，因为文化具有建构民族心理、造就民族性格、形成民族传统、培育民族精神的作用，因此，大学生精神家园的建构必然包含传统文化的内容。但是，民族传统文化不是历史的陈列物，它是具有生命力的，这种生命力来自文化建设的主体根据不同时代的要求，对其进行的创造性转化和创新性发展。我们所要做的就是，合理吸收优秀传统文化的养分，为大学生的心灵构建积极向上的安身之处。或者说，实现个人价值与国家、社会价值的统一。

2. 构建大学生精神家园的实质

随着经济全球化、科技一体化和信息网络化的发展，中国的传统文化受到外来文化和各种思潮的影响，人们的价值观和精神世界也受到了影响和侵蚀，特别是价值相对主义、极端个人主义、历史虚无主义盛行，工具理性至上。在这种情况下要保持自己文化的特点、传承自己的文化命脉，就必须要有清醒的认知。要保持定力，在吸收外来文化时必须维护我们自身文化的根基,不能让个体价值迷失。作为当代大学生,必须对这个世界有清醒理性的认知,并在此基础上建构起国家、社会、个人相一致的精神家园,也就是对社会主义核心价值观有正确的认知,并切实践行之。

(二)优秀传统文化为建构大学生的精神家园提供了丰富的沃土

精神家园作为人们心灵的栖息之地,其最重要的人生价值观念,也就是我们每个人的人生之中,面临的最根本性的、普遍性的矛盾是什么。从矛盾的普遍性意义来说,人类或者个体的人面临的第一类矛盾就是人与自我的矛盾,这就包括了我们的现实状况与理想追求,我们的物质生活与精神生活,我们的生命价值与人格价值、道德价值的关系怎样,我们要如何处理好这些矛盾。第二类矛盾就是人与他人的矛盾。因为人不是孤立存在的,马克思指出:"人的本质不是单个人所固有的抽象物,在其现实性上,它是一切社会关系的总和。"人的本质不存在于孤立的个人之中,而是存在于人与人的社会关系中,人的本质由社会关系决定,人们的社会关系不同,本质也就不同。人与他人的关系包含家庭关系、工作关系等,从这些关系派生出来的还有人与民族的关系、人与国家的关系等。第三类矛盾就是人与自然的矛盾。因为人生存于特定的自然环境中,人类是征服自然、破坏自然还是与自然和谐相处? 这便是人和自然的关系。精神家园的核心价值观念,从一定意义上讲,就是一个人如何处理上述这些矛盾的问题。通过正确地处理这些矛盾,就形成了正确的价值观念,在这方面,中国传统文化为我们提供了非常丰富的给养。

1. 塑造理想人格,解决人与自我的矛盾

人与自我的关系从根本上来说就是一个塑造人格的问题,人格就是我们今天所讲的人品,古代思想中讨论的热点话题是有什么样的作为才够得上具有崇高的人格,怎样做才能达到或保持崇高的人格。在这个问题上,儒家、道家都提供了自己的答案。儒家认为,在任何情况下都要保持自己的独立人格和独立意志,所谓"三军可夺帅也,匹夫不可夺志也"。道家提倡的崇高人格是从自然主义的角度来阐述的,老子提出防止人与人之间的矛盾冲突要坚持"自然无为",也就是少一点自私自利之心,少一点欲望;关于崇高的人格,道家的庄子还主张"天地与我并生,而万物与我为一",主张人与万物是平等的,没有价值的高低贵贱之分,这个在本质上就是一种超越自我的精神境界。今天的大学生思想政治教育，可以借鉴传统文化的精华来培育理想人格。

2. 重视伦理道德规范，解决人与他人的矛盾

人与人之间有哪些关系？处理人与人之间关系的准则和规范有哪些？这就属于伦理道德规范的范畴。孟子认为人有五类关系，即父子关系、君臣关系、夫妇关系、长幼关系、朋友关系，其中长幼关系包含了兄弟关系。这五类关系后来演变成为"五伦"，就是"父子、君臣、夫妇、兄弟、朋友"这五种关系。这五种关系对应了十种角色，每一个角色在交往中都有特定的道德要求和道德规范，合称"十义"，就是十种道德规范。《礼记·礼运》把这"十义"称作"父慈、子孝、兄良、弟悌、夫义、妇听、长惠、幼顺、君仁、臣忠"，这十个不同的角色对应不同的道德规范，并且有各自的权利和责任。总结起来，中国传统文化在解决人与他人的矛盾中最主要的准则和规范就是"仁、礼、和、义、信"这几个范畴。

"仁"是儒家最重要的道德规范。"仁"就是要爱人，要爱大众、爱他人，人与人之间要相爱。前面分析过，孔子的爱人内容主要有两点：一是"己所不欲，勿施于人"；二是"己欲立而立人，己欲达而达人"。孟子也提出了类似的观点。这是古代人道主义思想的体现。

"礼"是古代的社会规范和道德规范，主要包含了社会政治制度、法律准则、道德规范，它能调节人与人之间的关系，使人们和谐相处，所以《论语》指出"礼之用，和为贵"。人们遵守礼仪制度必须是自觉的，必须是发自内在的爱人之心的，这才符合"礼"的要求。构建大学生的精神家园，也应重视礼的价值。

"和"是和谐，探讨人与人之间的关系，中国传统文化很早就在讨论两个范畴，即"和"与"同"的关系和区别。中国传统文化一向重视差别，很早就认为"不同"是事物发展的根本。《国语》中对"同"与"和"首先做了区分。西周末年（约公元前 7 世纪），太史伯阳父同郑国的第一代国君郑桓公谈论当时的政局时，提出"和实生物，同则不继"的思想，指出西周将灭，就是因为周王"去和而取同"，排斥直言进谏的正人，而宠信与自己苟同的小人。他第一次区别了"和"与"同"的概念，他说："以他平他谓之和，故能丰长而物归之；若以同裨同，尽乃弃矣。""以他平他"，即以相异的事物相互协调并进，这能促进发展；"以同裨同"则是以相同的事物叠加，其结果只能是窒息生机。孔子的"君子和而不同，小人同而不和"，把是否追求和谐作为君子与小人的根本区别。及至孟子提出"天时不如地利，地利不如人和"，在天时、地利、人和这三个因素中，人和是最重要的，是排第一位的。社会主义核心价值观中的"和谐"即源于我们深厚的文化传统，"和"作为处理人际关系的一项基本原则，可以用来处理不同的矛盾，对不同的矛盾采取适当的处理方式。"和"对于大学生处理不同的人际关系也有借鉴意义。

"义"原意是适宜，适合某种情况，引申含义为公正，这是古代老百姓对官员的希冀，他们希望官员首先要公正清廉，这也是社会主义核心价值观中社会层面的价值取向"公正"的文化源头。

"信"就是要诚实、守信用，这是传统文化中认为朋友之间应该遵循的一条基本道德规范，当然这在建立市场经济体制的今天也很实用。

中国传统文化处理人与人之间关系的道德规范，为大学生建构精神家园提供了宝贵的思想资源。作为未来社会主义建设主力军的大学生正处于人格形成的关键时期，如果能够接受优秀传统文化的熏陶，必定受益匪浅，形成朝气蓬勃、积极向上的精神气概。

3. 弘扬爱国主义，解决个人与民族和国家之间的矛盾

中国传统文化强调集体、整体，强调个人的利益要服从整体的利益。传统文化有一个很重要的传统，就是爱国主义。爱国主义的内容非常丰富，主要包括维护民族独立、关心社稷民生、保卫中华文化。古代很多仁人志士都以爱国主义作为他们人生的最高价值，人首先要爱国、要爱民族。传统文化提倡的这种家国情怀、浩然正气是中华民族精神、爱国主义精神的集中体现，大学生精神家园的构建应从中汲取养分，大学生应学会用怎样的情怀、怎样的精神品质以及用什么样的道德情操来处理与国家、民族的关系。《诗经·秦风·无衣》中"岂曰无衣？与子同袍。王于兴师，修我戈矛。与子同仇！"就体现了战士为了保卫国家的赤胆忠心。后世思想家都从不同角度提出了舍生取义的爱国情怀和勇于承担社会责任的精神气概，同时强调个人对国家要承担责任和义务。这也要求大学生在个人利益与国家利益发生矛盾时，首先要维护国家的利益，因为国家是个人生存和发展的基础，社会的进步、国家的发展与大学生的成长、成才是紧密联系的。因此，建构我们的精神家园还需要具有正确的义利观。

4. 主张"天人合一"，解决人与自然的矛盾

古代思想家是如何认识人与自然的关系的呢？由于人生活在自然之中，是自然的一部分，所以，人与自然的关系叫作"天人之际"。什么是"天"？在古代，"天"的含义主要有两点：一是自然，或者说是自然界，特别指天体、天空等，也就是我们现在所指客观的物质世界；二是神灵，就是认为天上有神灵的存在。我们探讨人与自然的关系，主要是从自然层面而言的，就是传统文化所探讨的天道与人道、自然与人为的关系。在这方面，中国传统文化的主基调是儒家的"天人合一"思想。

"天人合一"，就是强调天道与人道、自然与人为是相通的、和谐统一的。孟子就提出"尽心知性知天"。"尽心"就是发挥我们自己的本心，充分发挥自我的主体精神，就能够"知性"，就能够知道人的本性，进一步就能够知道自然。这体现了中国哲学的一个重要的思维方式：认为天和人是一个统一体，人心、人性跟天道是一样的。在儒家看来，不能把天和人分成两截，更不能把天、人看成一种外在的对立关系，不能研究一个而不涉及另一个。所以朱熹说："天即人，人即天。人之始生，得之于天也；既生此人，则天又在人矣。"这个"即"是离不开的意思，天离不开人，人也离不开天。人开始产生的时候是从天来的，是从自然中间产生了人。天又在人，只有人能够体证天的道理，也就是天的道理要由人来彰显。由于能够"尽心知性知天"，因此也认为，人能够和天地相通，达到一种天地的境界。"天人合一"思想说明人与自然存在着一种内在的统一关系，我们必须把人与自然的关系统一起来考虑，这种思维模式对今天解决人与自然的关系是有着积极意义的。党的十九大报告将"坚持人与自然和谐共生"作为新时代坚持和发展中国特色社会主义的基本方略之一。中国传统文化中的"天人合一"理念，能够让大学生以理性的态度对人与自然的关系形成正确的认知，树立尊重自然、顺应自然、保护自然的理念并为新时代推进社会主义生态文明建设作出自己应有的贡献。

（三）运用优秀传统文化建构大学生精神家园的思考

在物欲繁杂的世界中，大学生如何才能够建立自己合理的世界观、人生观，建构起属于自己的精神家园？思想政治教育工作者如何开展"以文化人"，切实践行立德树人的使命？优秀传统文化为解决人与自我的矛盾、人与民族的矛盾、人与国家的矛盾、人与自然的矛盾提出的对策，为我们今天运用优秀传统文化建构大学生的精神家园提供了有益的镜鉴。

1. 主体内在的自觉意识是建构大学生精神家园的逻辑起点

大学生思想政治教育要与实践紧密结合，既要从理论诠释、宣传教育等方面系统推进，又要从实践转化等方面逐步落实；既要"内化于心"，成为全体社会成员的自觉追求，又要"外化于行"，成为全体社会成员的自觉行动。由此可见，内化是外化的前提，其重要性不言而喻。传统文化中德育的内化思想对于我们当代思想政治教育内化有重要启示作用。传统文化要求的"内圣外王"、修身齐家治国平天下等思想的逻辑起点就是道德主体的自觉意识，自觉践行道德规范之后会内省自律，不断反思自己的行为使自己符合社会的伦理道德。

儒家思想高度重视道德的主体性，提倡通过主体自我修养来提高道德素养、提升道德境界。孔子提出"为仁由己"，这里是指成就自己，通过不断地学习完善自己，使自己内在的素质得到提高。荀子在这个基础上提出君子之学和小人之学，他所提倡的君子之学是通过完善自己丰富内心的学问，而小人之学追求的是外在的、形式的。"为仁由己"，这是为己之学，他予以肯定的是人的个体道德。在儒家思想中，个体的道德是安身立命的根本，儒家德育思想的核心主张是加强自己的心性修养，成为君子。为己之学是儒家的内圣之学，人只有对自我修养有了追求才能成就人格。

道德的主体意识被肯定是道德内化的决定性因素，德育过程中如果过分地强调外在的需要而忽略了主体的内在完善，就会出现严重的排异反应。人最终追求的就是自我的提升与完善，德育过程中忽视德育主体显然达不到德育的效果。因而我们现在开展思想政治教育工作的时候不仅要关注到教育主体的利益诉求，而且要关注到主体的精神需求，只有这样才能真正实现内化。

2. 主体内心自律的修养方法是建构大学生精神家园的途径

儒家提出通过内省、自律等方式不断提高自我修养，这正是道德主体意识觉醒后实现内化的重要方法。"见贤思齐，见不贤而内自省""吾日三省吾身"等反复强调的是反思自己的错误，通过内心的自我审视提升自己的道德修养。内省的过程中不断把道德要求内化为自身的素质，从而不断地接近贤者。

思想政治教育的内化要遵循大学生品德、行为、习惯形成的心理规律，把抽象的理论、原则、规范具体化、生活化、形象化，使之成为大学生具体的感知对象。要不断运用道德理念人格化的教育方法和手段，大力树立身边榜样，让具体的物形象成为价值规范的载体，在提高理性认知、激发情感氛围、提供榜样示范的作用下，引发"见贤思齐"的情感激发机制，促进道德主体精神境界的提高。服从约束性、强制性要求，通过大学生充分理解必须遵守的道德行为规范、法律法规的内涵，树立起正确的行为动机和自我约束能力，使他们在行动上体现道德规范对社会、个人的作用与意义。[①]

传统的德育内化的目的是"外王"，是兼济天下，胸怀的是黎民百姓。现在思想政治教育内化的目的首先应是造就完备的个体、全面提升的公民，个体道德素养的全面提高后社会整体素养就会自然提升。虽然内化的目的不尽相同，但是传统德育内化起点和途径对现在的思想政治教育确有重要的启发作用。

第四节　中华优秀传统文化在思政理论课中的时代价值

一、优秀传统文化与思想政治理论课契合的必要性

随着改革进入深水区，各种深层次的矛盾逐渐暴露出来，道德危机、诚信危机、贪污腐败等社会丑恶现象，制约着经济的进一步发展和社会的稳定和谐。同时，在全球化、多元化的时代浪潮中，随着对外开放的日益深入，各种思想文化交流、交融乃至交锋日益频繁。面对种种挑战，是亦步亦趋地

① 魏可媛. 新时代高校艺术教育研究 [M]. 北京：新华出版社，2023：6.

模仿他国，还是走中华民族独特的发展道路，其中关系到中华民族能否复兴、能否再创辉煌的深远问题。对此，要立足中华优秀传统文化，走中国特色社会主义道路。传统文化作为中华民族五千年历史沉淀中形成的共同精神纽带和文化基因，是语言习惯、文化传统、思想观念、情感认同的集中体现，主导着中华儿女的道德规范、文化思想、价值取向和精神观念。2022年，习近平在中共中央政治局第三十九次集体学习时强调，将中华优秀传统文化的时代价值概括为"讲仁爱、重民本、守诚信、崇正义、尚和合、求大同"6个词语，它们积淀着中华民族最深沉的精神追求，代表着中华民族独特的精神标志，是中华民族生生不息、发展壮大的丰厚滋养，是中国特色社会主义植根的文化沃土，是当代中国发展的突出优势，对延续和发展中华文明、实现民族复兴、促进人类文明进步发挥着重要作用。[①]

文化兴则国运兴，文化强则民族强。为了重建昔日的文化自信和文化繁荣，2017年1月，中共中央办公厅、国务院办公厅印发的《关于实施中华优秀传统文化传承发展工程的意见》指出：深化对中华优秀传统文化重要性的认识，进一步增强文化自觉和文化自信；深入挖掘中华优秀传统文化的价值内涵，进一步激发中华优秀传统文化的生机与活力；加强政策支持，着力构建中华优秀传统文化的传承发展体系。将中华优秀传统文化传承发展工程视为建设社会主义文化强国的重大战略任务，并制定了总体目标：到2025年，中华优秀传统文化传承发展体系基本形成，研究阐发、教育普及、保护传承、创新发展、传播交流等方面协同推进并取得了重要成果，具有中国特色、中国风格、中国气派的文化产品更加丰富，文化自觉和文化自信显著增强，国家文化软实力的根基更为坚实，中华文化的国际影响力明显提升。

意识形态工作是一项极端重要的工作，而思想政治理论课是立德树人的关键课程。当前形势下，办好思政课，高校做好思想政治教育工作不仅要放在世界百年未有之大变局的高度，还要放在党和国家事业发展全局中来看待，要从坚持和发展中国特色社会主义、全面建成社会主义现代化强国、实现中华民族伟大复兴的高度来对待。

---

① 习近平. 把中国文明历史研究引向深入 推动增强历史自觉坚定文化自信 [N]. 人民日报，2022–05–29(01).

青年兴则国家兴，青年强则国家强。为了实现传统文化传承的总体目标，《关于实施中华优秀传统文化传承发展工程的意见》明确规定："围绕立德树人根本任务，遵循学生认知规律和教育教学规律，按照一体化、分学段、有序推进的原则，把中华优秀传统文化全方位融入思想道德教育、文化知识教育、艺术体育教育、社会实践教育各环节，贯穿于启蒙教育、基础教育、职业教育、高等教育、继续教育各领域。"高校思想政治理论课作为帮助大学生树立正确世界观、人生观、价值观的核心课程，自然成为中华优秀传统文化教育的主阵地。事实上，在提高学生思想水平、政治觉悟、道德品质、文化素养方面，中华优秀传统文化和思想政治理论课有诸多契合之处。

（一）两者都重视世界观、人生观、价值观教育

世界观解决人如何看待世界的问题；人生观解决人应该怎样度过自己的一生、什么样的人生才有意义的问题；价值观则解决如何看待价值、如何正确进行价值评价的问题。高校思政教育的核心任务是让大学生在马克思主义的指导下科学地看待世界、人生和价值，养成用联系和发展的眼光看待世界，培养甘于奉献的价值取向和人生态度。在这些方面，中华优秀传统文化都蕴含着丰富的内容。例如，习近平总书记在中央党校建校 80 周年庆祝大会暨 2013 年春季学期开学典礼上，将中华优秀传统文化的精华概括为"讲仁爱、重民本、守诚信、崇正义、尚和合、求大同"[①]。其中，"尚和合"强调的是人们如何看待世界万物，"讲仁爱""守诚信"强调的是人生态度，"崇正义""重民本""求大同"则是价值选择，它们都是培养大学生正确三观的思想源泉。

（二）两者都是德性教育

目前的高等教育法以及国家高等教育方针都指出，我们的高等教育具有社会主义性质，培养的是社会主义事业的建设者和接班人，最能鲜明地体现出这一特色的课程就是思想政治理论课。根据教育部的要求，大部分高校都专设了马克思主义学院来承担思想政治教育课的教学任务，力求通过系统的讲授，使学生掌握马克思主义立场、观点、方法等，使学生具备良好的思想政治素养和理论水平，成为中华民族伟大复兴的优质后备军。中华优秀传统

---

① 习近平. 在中央党校建校 80 周年庆祝大会暨 2013 年春季学期开学典礼上的讲话 [N]. 人民日报，2013-03-03(01).

文化中丰富的道德教化内容可以提供大量的资源，例如"仁者爱人""见利思义""己欲立而立人，己欲达而达人""己所不欲，勿施于人""知行合一"等理念，在引导青少年学生明辨是非、遵纪守法、坚韧豁达、奋发向上方面提供了绵绵不绝的精神动力。在思想政治理论课教学中，引入这些圣贤智慧，可以促使大学生自觉弘扬中华民族优秀道德文化，形成良好的道德品质和行为习惯。

（三）两者都是人文素质教育

中华优秀传统文化是中国历史和文化的重要组成部分，它蕴含着丰富的内容，可以为高校思政教育提供重要的借鉴和启示。在世界观、人生观和价值观的培养上，中华优秀传统文化可以为大学生提供宝贵的思考和指导。高校思政教育可以通过对传统文化的学习和传承，帮助大学生用联系和发展的眼光看待世界，培养甘于奉献的价值取向和人生态度。同时，也应当注重与时俱进，结合当代社会的需求和挑战，引导学生将传统文化与现代知识相结合，形成符合时代发展的全面世界观、人生观和价值观。这样的教育引导将有助于培养具有社会责任感和创新精神的优秀人才，为社会的进步和发展作出积极贡献。

因此，将中华优秀传统文化与思想政治理论课有机结合，不但可以赋予思想政治理论课丰富的思想内涵和深刻的文化底蕴，增强思想政治理论课教学的生动性与感染力，也可为传统文化的教育传播提供重要的渠道和平台。党的十九大报告指出："中国特色社会主义文化，源自中华民族五千多年文明历史所孕育的中华优秀传统文化。"中华优秀传统文化是高校思想政治理论课教学的重要价值资源。中国特色社会主义道路是在对中华民族五千年灿烂历史文明的传承中走出来的，具有深厚的历史渊源和广泛的现实基础。将中华优秀传统文化引入思想政治理论课，对于引导青少年学生更加全面准确地认识中华民族的历史传统、文化积淀、基本国情，增强文化自信，养成良好的思想品德和行为习惯，弘扬爱国主义精神，自觉践行社会主义核心价值观，坚定实现中华民族伟大复兴中国梦的理想信念等，都具有重大而深远的现实意义，进而也可以增强大学思想政治教育的实效性和大学生政治素质的获得感。反过来，4门高校思政理论课作为所有大学生的必修课，也为中华优秀传统文化的传播和创新提供了基础平台和优良载体。从课程设置顺序来看，大学生入学后按照教学大纲依次学习"基础""纲要""概论""原理"课，从与大学生生活息息相关的道德法律开始，慢慢过渡到比较抽象的政治哲学等内容，符合大学生思维养成的一般规律和特点，有利于学生理解和吸收教学内容，并内化为自己的思想体系和价值观念。从教学内容来看，思想政治理论课程体系涉及哲史政法等多个领域，涵盖思想、政治和道德品质教育等诸多方面。将中华优秀传统文化与思想政治理论课教学内容进行融合，既能培育学生内在的知、情、信、义等品质，又能加深和巩固大学生对中华优秀传统文化的认同，激发其接受传播并进行创新转化的历史使命感和责任感。

二、优秀传统文化融入思想政治理论课的指导原则

正如习近平总书记所说："传统文化在其形成和发展过程中，不可避免会受到当时人们的认识水平、时代条件、社会制度的局限性的制约和影响，因而不可避免会存在陈旧过时或已成为糟粕的东西。这就要求人们在学习、研究、应用传统文化时坚持古为今用、推陈出新，结合新的实践和时代要求进行正确取舍，而不能一股脑儿都拿到今天来照套照用。"[1] 而"精华"与"糟粕"的区分方式就是利用马克思主义的基本立场、观点和方法去梳理中国传统文化。在这个过程中，高举中国特色社会主义伟大旗帜，全面贯彻党的十八大和十八届三中、四中、五中、六中全会精神，坚持以马克思列宁主义、毛泽东思想、邓小平理论、"三个代表"重要思想、科学发展观、中国特色社会主义理论体系为指导，深入贯彻习近平总书记系列重要讲话精神和治国理政新理念、新思想、新战略，紧紧围绕中华民族伟大复兴的中国梦，深入贯彻新发展理念，坚持以人民为中心的工作导向，坚持以社会主义核心价值观为引领，坚持创造性转化、创新性发展，坚守中华文化立场、传承中华文化基因，不忘本来、吸收外来、面向未来，汲取中国智慧、弘扬中国精神、传播中国价值，不断增强中华优秀传统文化的生命力和影响力，创造中华文化新辉煌。

---

[1] 习近平在纪念孔子诞辰 2565 周年国际学术研讨会暨国际儒学联合会大会开幕式上的讲话 [N]. 人民日报，2014-09-25.

传统文化需要甄别，将优秀传统文化融入高校思想政治理论课，也需要坚守一定的原则。

（一）方向性原则

方向性原则强调的是必须始终以马克思主义的正确方向为导向。高校思想政治理论课是对大学生进行思想政治教育的主渠道和主阵地，肩负着学习、研究、宣传马克思主义的重要使命，在教学过程中教师始终不能偏离这一轨道。因此，在把中华优秀传统文化的诸多元素和内容融入思想政治理论课堂教学的过程中，必须旗帜鲜明地坚持以马克思列宁主义、毛泽东思想、邓小平理论、"三个代表"重要思想、科学发展观和中国特色社会主义理论体系为指导；必须坚定不移地坚定马克思主义的立场，运用马克思观点和方法，保持社会主义文化的先进性、方向性；必须客观地评价传统文化，使大学生进一步坚定马克思主义信仰，成为中国特色社会主义事业的合格建设者和可靠接班人。

（二）继承与批判相统一的原则

所有文化的发展都是一个漫长的沉淀过程，每个人都自觉不自觉地生活在传统的掌心中，正如马克思所指出的，人们是在过去承继下来的条件下创造自己的历史的。因此，在高校思想政治理论课教学中继承中华优秀传统文化，也就是在维系中华民族的精神命脉，对大学生形成共同的思想认识和价值观念具有重要的价值。同时，世界上的任何一种文化都产生于特定的历史条件，具有鲜明的时代特点，都是当时自然条件和社会历史条件的产物，具有不可避免的历史局限性。因此，对待中华优秀传统文化，应以时代发展的内在要求为客观依据，批判地继承、实事求是地评价传统文化，使之与中国化的马克思主义理论有机融合，与当代中国社会发展的实际相适应。

（三）与时俱进、开拓创新的原则

中华优秀传统文化要保持生机和活力，在高校思想政治理论课堂上实现思想政治教育功能，不仅需要在批判中继承，更需要与时俱进不断创新。中共中央在《关于进一步加强和改进大学生思想政治教育的意见》中指出，改进大学生思想政治教育要"坚持继承优良传统与改进创新相结合。在继承党的思想政治工作优良传统的基础上，积极探索新形势下大学生思想政治教育的新途径、新办法"。在创新过程中，必须一方面坚持以马克思主义为指导，有力推进传统文化的现代化，以丰富多样的形式让青年学生感受到传统文化与现代生活并无不可跨越的鸿沟；另一方面，必须以开放的视野和博大的胸怀，立足全球，海纳百川，努力实现中华优秀传统文化和其他国家民族优秀文化的有机融合，在吸收其他优秀文化成果的同时，促进中华优秀传统文化在现代社会的创新发展，丰富高校思想政治理论课教育内容，增加广大青年学生对传统文化的亲切感。

（四）道德教育原则

思想道德教育是传统文化的重要组成部分，受到各个历史阶段的统治者和思想家、教育家的重视。各个民族在文化交流和发展过程中积累了丰富的传统美德，至今为我们继承、弘扬，这是我国精神文明建设和社会发展的重要源泉。大学生思想政治教育应从传统文化中汲取精髓，使中华民族的优良道德传统与当代思想道德建设相结合，促进中国特色社会主义德育的发展。中国传统的道德教育原则是在言传身教的基础上构建起来的，其代表性原则包括身教示范原则、因材施教原则和循序渐进原则。

1. 身教示范原则

重视道德教育是我们的优良传统，传统的教育家特别重视教育者自身的示范引领在道德教育中的作用。孔子在《论语·子路》中提出"其身正，不令而行；其身不正，虽令不从"。孔子还认为，施教者自身的人品形象也很重要，他对受教育者的道德养成起着导向的作用。《论语·颜渊》指出"君子之德风，小人之德草，草上之风必偃"，进一步彰显了教育者自身品行的重要性。此外，后世傅玄在《太子少傅箴》中也提出："近朱者赤，近墨者黑；声和则响清，形正则影直。"更进一步强调了教育者身教的重要意义。大学生思想政治教育工作者要站在新时代的潮头，进一步发扬光大传统道德教育。

2. 因材施教原则

孔子最早提出"因材施教"的思想并首先付诸实践。在日常的道德教育过程中，孔子把学生分为不同的类型，重视通过日常观察来掌握学生的品德才识，并根据不同的学生类型施以不同的教学内容和进度。孔子提出子路"可使治赋"，冉有"可使为宰"，公西华"可使与宾客言"，皆能"为千乘之国"办事。孔子了解人的基本方式是"视其所以，观其所由，察其所安"，即审视教育对象的日常行为，观察他所经历的事情，研判他的志趣意向。用这样的方式进行思想道德教育显然能收到良好的效果。今天的大学生思想政治教育完全可以借鉴。

3. 循序渐进原则

中国传统道德教育侧重于从实践层面的道德行为训练做起，即在受教育者小时候进行基本生活行为的练习，读书习字，乃至基本行为规范的训练。年龄稍长就要学习"子以四教：文、行、忠、信"，在实施教学时，分为"德行、言语、政事、文学"四科，思想道德教育被贯穿在各种学科中讲授，强调"立于礼，成于乐"。学习经书子集，学习做人的道理，在道德认知深化的同时形成高尚的道德修养。这种循序渐进的道德教育基本模式在中国传统社会中是极为普遍的，凸显了中国传统文化重视德性实践的特征。

综上，中国传统道德教育的基本原则是在坚持循序渐进的基础上，将受教育者的"无言之教"与"有言之教"整合，将言传身教融为一体形成教育合力，建构起道德教育实践的原则体系，顺应了教育对象的身心发展特点和规律，有利于提高其接受道德教育的主动性和自觉性，从而增强了教育的有效性。同时，这种教育体系具有内在的客观性和形式上的可操作性，也容易为施教者认知、理解和践行，这就有助于增强道德教育的目的性、针对性和实效性。

第二章 马克思主义与中华优秀
传统文化的结合

第一节 马克思主义基本原理同中华
优秀传统文化相结合的四重逻辑

习近平总书记的重要论述科学揭示出马克思主义中国化"两个结合"的实质内涵，充分彰显了马克思主义基本原理同中华优秀传统文化相结合的重要地位。习近平总书记在庆祝中国共产党成立100周年大会上强调："坚持把马克思主义基本原理同中国具体实际相结合、同中华优秀传统文化相结合。"[①]这一重要论述，科学地揭示出马克思主义中国化"两个结合"的实质内涵，充分彰显了马克思主义基本原理同中华优秀传统文化相结合的重要地位。我们要深刻理解蕴含于其中的内在逻辑，更好地运用马克思主义观察时代、把握时代、引领时代。

一、理论逻辑

文化体系的相互融通。马克思主义基本原理与中华优秀传统文化在认知观点上具有相通性、内在精神上具有一致性，这为二者相互融通提供了重要的学理基础。比如，大道之行、天下为公、大同社会的思想与共产主义理想，

---

① 习近平.为实现党的二十大确定的目标任务而团结奋斗 [N]. 求是，2022–10–31(01).

废私立公、贫富有度、与天下同利的思想与消灭私有制、实现共同富裕的主张，以民为本、以政裕民、安民富民的思想与马克思主义的群众观，万物自生、不信鬼神、重视人事的思想与马克思主义的无神论，以道制欲、不为物使、俭约自守的思想与马克思主义的消费观，克己奉公、集思广益、群策群力的思想与马克思主义的集体主义思想，知行合一、以行为本、知易行难的思想与马克思主义的认识论，道立于两、阴阳共生、物极必反的思想与马克思主义的辩证法之间，都有着天然的契合相通之处。马克思主义基本原理与中华优秀传统文化在根本上具有内在统一性，从学理上，看两者具备"相结合"后实现马克思主义中国化的良好基础。这种相融相通为马克思主义在中国的传播与发展、为中国人民接受和选择马克思主义提供了重要思想文化基础。

二、历史逻辑

百年党史的经验启示。中国共产党人带领中国人民不断走向胜利的百年历程，正是马克思主义基本原理同中国具体实际相结合、同中华优秀传统文化相结合不断深化的历程。在这一历程中，中国共产党人深切地感悟到：马克思主义与中华优秀传统文化必须相结合，二者都不能丢。丢了马克思主义，就会失去灵魂、迷失方向，就会走"改旗易帜"的邪路；抛弃传统文化，就会丢掉根本，就等于割断了自己的精神命脉。正因为如此，中国共产党人在理论和实践上进行了长期的艰辛探索，提出了一系列科学论断，积累了一系列认识成果。比如，毛泽东同志将班固《汉书》中"修学好古，实事求是"进行创造性转化，赋予"实事求是"以新的内涵，用以揭示辩证唯物主义的精神实质；《实践论》《矛盾论》等著作汲取中国古代认识论和辩证法思想，成为马克思主义哲学与中国革命实践有机结合的典范。中国特色社会主义进入新时代以来，习近平总书记高度重视并身体力行，深入推进马克思主义基本原理同中华优秀传统文化相结合。比如，他用中华文化中的"大道之行也，天下为公""德不孤，必有邻"等，深入阐释社会主义核心价值观；用"单则易折，众则难摧""和羹之美，在于合异"等，倡导弘扬人类命运共同体理念；用"去民之患，如除腹心之疾""政者，正也"等，论证说明全面从严治党的任务要求。习近平总书记大量引用传统文化经典用语，以说明问题和指引路径，使马克思主义中国化最新成果呈现出愈加鲜明的民族特色和中国风格。[①]

三、时代逻辑

复兴伟业的强大动力。当前，世界百年未有之大变局加速演进，中华民族伟大复兴正处于关键时期。一个民族要实现复兴，既需要强大的物质力量，也需要强大的精神力量，更需要科学的理论指引。在推进马克思主义中国化的过程中，我们党自觉地把马克思主义基本原理与中华优秀传统文化相结合，形成了具有中国风格、中国精神、中国气派和中国话语的马克思主义中国化理论成果，用马克思主义的真理力量激活了中华优秀传统文化的精神力量，为实现中华民族伟大复兴提供了思想指引和精神动力。新征程上，要统筹中华民族伟大复兴战略全局和世界百年未有之大变局，应对国内外各种风险挑战，着力破解时代课题，更好地满足人民对美好生活的新期待，就必须使马克思主义基本原理同中华优秀传统文化相结合的进程与中华民族伟大复兴的历史进程同向共进、同频共振，推动马克思主义中国化的理论创新与实践创造良性互动，用中国化马克思主义最新成果引领复兴伟业。

四、价值逻辑

共同发展的实现路径。马克思主义是我们立党立国的根本指导思想，是我们党的灵魂和旗帜。中华优秀传统文化是中华民族的"根"和"魂"，是中华民族的文化基因和精神家园。把马克思主义基本原理同中华优秀传统文化相结合，不是一个"吃"掉、"化"掉另一个，也不是二者合而为一，而是朝着相互融合的方向发展。一方面是坚持以马克思主义为指导，用马克思主义真理的力量进一步激活中华优秀传统文化生命力，推动中华优秀传统文化创造

---

① 习近平. 青年要自觉践行社会主义核心价值观：在北京大学师生座谈会上的讲话 [M]. 北京：人民出版社，2014.

性转化、创新性发展，使之从远古走进现代并与马克思主义科学世界观方法论会通联结，确保中华优秀传统文化朝着正确方向、沿着正确道路传承弘扬，充分彰显其功能、价值与力量；另一方面是坚守中华优秀传统文化根脉，传承中华优秀传统文化基因，使马克思主义深深植根于中华优秀传统文化的沃土中，让马克思主义从中汲取思想滋养、认识启迪与精神补给，丰富和发展中国共产党人的思想理论宝库，继续发展当代中国马克思主义、21世纪马克思主义。

第二节　弘扬中华优秀传统文化是马克思主义中国化的必由之路

习近平总书记《在庆祝中国共产党成立100周年大会上的讲话》中，在"以史为鉴、开创未来"的九项任务的第三项"必须继续推进马克思主义中国化"中提到"中华优秀传统文化"。开初我曾想，为什么不在任务第四项"必须坚持和发展中国特色社会主义"内去讲呢？经过思考，我逐渐明白了：第一，这是在党的庆祝大会上的讲话，而不是政府工作报告。第二，在当代中国，"领导我们事业的核心力量是中国共产党，指导我们思想的理论基础是马克思列宁主义"，只有马克思主义中国化搞好了，才有可能建设好、发展好中国特色社会主义。第三，讲话是在阐述马克思主义中国化的必由之路——"两个结合"时提到"中华优秀传统文化"的，完整的原话是："坚持把马克思主义基本原理同中国具体实际相结合、同中华优秀传统文化相结合。"[①] 这就是"两个结合"。在首先强调现状的实际时，不忘历史的实际，文化的实际。正如毛主席所指出的："今天的中国是历史的中国的一个发展；我们是马克思主义的历史主义者，我们不应当割断历史。从孔夫子到孙中山，我们应当给予总结，承继这一份珍贵的遗产。"批判地继承历史文化遗产，为马克思主义所一贯主张并践行。马克思主义的三个来源，就包含德国的古典哲学、英国的古典政

---

① 习近平. 在庆祝中国共产党成立100周年大会上的讲话[N]. 人民日报，2021-07-02(01).

治经济学和"同法国一般革命学说相连的法国社会主义"。列宁曾指出："马克思主义……吸收和改造了两千多年来人类思想和文化发展中一切有价值的东西。"

　　以马克思主义为思想指导的中国共产党，在探索马克思主义中国化的百年历程中，曾经历过一些曲折和挫败，才逐渐走向成熟和胜利。因而才有马克思主义与中国具体实际相结合的毛泽东思想的形成、发展和在党内指导地位的确立；才有 1941—1944 年的延安整风运动，毛泽东作《改造我们的学习》的报告，提出要纠正"不注重研究现状，不注重研究历史，不注重马克思列宁主义的应用"的"极坏的作风"；才有"文革"后与毛泽东思想一脉相承的邓小平理论、"三个代表"重要思想、科学发展观、习近平新时代中国特色社会主义思想相续引导中国社会主义革命和建设的航船，不断由胜利走向新胜利；也才有 2021 年习近平总书记在庆祝中国共产党成立 100 周年大会上的讲话中，宣示"继续推进马克思主义中国化"，提出坚持"两个结合"，继续发展当代中国马克思主义、21 世纪马克思主义。[①]

第三节　弘扬中华优秀传统文化必须坚持以马克思主义为指导

　　作为从历史上传承下来的中国传统文化，距今至少已有 110 年，再远溯，则是逾数百年、上千年，乃至数千年！各个历史时期（各朝代）传承下来的传统文化，由于当时人们的认识水平、时代条件、社会制度等的局限，到当今不可避免地会变得陈旧过时或已成为陈腐、糟粕性的东西。当然也有不少能世代传承、跨越时空、跨越国界、富有永恒魅力的思想精华，但这些精华与陈旧过时或已成为糟粕的东西混杂糅合在一起，需要人们仔细地辨别、区分和提取。这就需要有先进、科学的思想理论作指导。没有先进、科学的思想理论指导，人们就会迷失方向，不知所从。那么，在现当代世界，最先进、最科学的思想理论是什么呢？毫无疑问，是马克思主义。

---

　　① 习近平. 在庆祝中国共产党成立 100 周年大会上的讲话 [N]. 人民日报，2021-7-16(01).

马克思主义是马克思和恩格斯创立的科学理论体系，是工人阶级及其政党的世界观和指导思想。它包括三个主要组成部分：哲学即辩证唯物主义和历史唯物主义、政治经济学和科学社会主义。因而成为人们认识世界、改造世界的世界观和方法论。列宁指出："马克思认为他的理论的全部价值在于这个理论'按其本质来说，它是批判的和革命的'。"并在介绍马克思创建马克思主义的艰难历程时说："凡人类社会所创造的一切，他都用批判的态度加以审查，任何一点也没有忽略过去。凡是人类思想所建树的一切，他都重新探讨过，批判过，在工人运动中检验过。"所以毛主席1938年10月在党的六届六中全会上的报告谈到学习问题时郑重提出："学习我们的历史遗产，用马克思主义的方法给予批判的总结，是我们学习的另一任务。"（第一项任务是"学习马克思、恩格斯、列宁、斯大林的理论……学习他们观察问题和解决问题的立场和方法"。）

用马克思主义的立场和方法去批判继承历史文化遗产，不是一蹴而就之事，需要努力学习，严谨细致，仔细分辨，正确取舍，持之以恒，同时坚持古为今用，推陈出新，结合新的实践和时代要求进行选取或批判改造。这样，我们就一定能够在以马克思主义为指导，批判继承历史文化遗产、弘扬中华优秀传统文化、建设中国特色社会主义新文化的伟大事业中，不断取得新成果，作出有益贡献。

第三章 中华优秀传统文化与高校思想政治教育的融合现状与应用原则

第一节 中华优秀传统文化与高校思想政治教育融合的现状

一、现状分析

中国传统文化历史悠久，博大精深，对于中华民族来说，它既是精神纽带，又是一种心理支撑和发展动力。但是目前传统文化教育的断层和缺失现象已经愈加明显。对于传统文化与思想政治教育两者来讲，我国各地区研究发展不平衡。首先，大陆地区的传统文化目前已经进入到细节化的研究，众多学术团队对传统文化研究的成果部分已经逐渐产生有力的影响。其次，思想政治教育的研究发展进度正值过渡阶段，正由学科化向科学化过渡。关于思想政治教育的构成，诸如理念、载体等方面，则处于刚刚起始的探索阶段，距离系统化的形成还有一段距离。最后，在思想政治教育文化环境方面，目前对其研究正是起步阶段，取得的成果不多。在我国改革开放之后，文化多元化的冲击，带给学生们一些困惑与迷茫，一方面，不仅出现了自我意识膨胀，还出现了价值取向偏移等方面的问题；另一方面，在高校学生群体中间，逐渐出现了忽视中国传统文化精神的现象。

（一）对传统文化认知程度不高

传统文化，主要是指出现于历史之中，并且得以积淀、保存、延续下的内容，是一种既具有生命力，又具有重要价值的文化。文化具有相对的不变性，并且是跨越时代的洪流传承下来的，所以文化具有稳定性。另外，文化主要是通过载体传承下来的，这种载体可以是传统的节日、文学名著，还可以是音乐、戏剧等。因此，加强对高校传统文化的重视，这样学生既能够培养民族自豪感，还能够增强民族自信心。当前高校学生对传统文化认知的现状，是不甚令人满意的。在针对高校学生进行的关于传统文化书籍阅读情况的调查中，只有不足十分之一的学生读过部分四大名著，从未读过的学生也为数不少。

经史子集方面的图书更是乏人问津。通过相关调查得知，在高校学生的群体之中，大部分人对古往今来的思想家及其学说知之甚少，在有所了解的学生之中，只是简单地知道，多数是缺乏深入研究的。可以想象当前学生对传统文化知识的了解是多么贫乏。当前各高校学生对传统文化的认知程度，虽然不可能存在认识一致的情况，但是从宏观的角度出发，在整体上认识不足是客观现状，工科院校尤为明显。

改革开放以来，我国生产力和经济得到了迅速发展，在这种社会环境之下，实用主义和功利主义出现了，并且逐渐流传开来。高校学生重视的是一些应用性强的知识，传统文化在他们看来是没有办法给他们带来经济价值的。通过社会调研反馈，目前高校毕业的学生无论是在计算机、外语，还是在业务基础理论和能力方面，均具有相对较强的能力，但是学生在社会责任及工作责任感方面，却出现短板，用人单位针对这种现象，将其总结为文化水平不低而素质却不高。通常所说的人文素质，是指一种内在的品质，是一个人的内在，既包括知识、能力、观念，还包括情感、意志等，这些因素彼此联结，外在表现就是常说的人格、气质和修养。那么传统文化的作用就体现于此，不仅能够陶冶情操，还能够将文化素养浓缩于高校学生内在，使其能够转化为稳定的气质、修养和人格。

在向高校学生调查他们对于中华优秀传统文化的看法时，大部分学生表示肯定，认为优秀传统文化所起到的作用不容忽视，有助于其更好地迈向社会；约有四分之一的学生消极地认为，中国传统文化对于自身发展没有什么实在好处；还有小部分学生认为，传统文化与自身无关。尽管大部分学生在传统文化方面，是具有认同感的，但可惜的是仍有将近三分之一的学生，在认识与热情上有所缺乏。以高校学生为立足点，在中华优秀传统文化方面，对于认知和热情的缺乏还表现在对中国传统节日知识的了解上，以及传统文化书籍阅读情况上。

（二）对传统文化的情感认同

1. 对传统文化因素的认同度

"四书五经"虽然说是几千年前的智慧成果，但是其中的观点并没有过时，可以说对我们现实的工作还能够起到很大的指导作用。学习国学知识，不仅能够使高校学生了解我国的传统文化，还能够激发他们的民族自豪感，增强他们的民族自信心。自西方文化传入我国以来，西方思想所秉承的个性及我行我素思想，不断影响着我国最善于接受新事物的高校学生这一群体，使得传统文化中所蕴含的优秀思想逐渐被忽视。这种局面直接阻碍了传统文化的传承和发扬，也给高校思想教育带来了不利影响，使其对未来的发展方向模糊不清。在对高校学生进行"先天下之忧而忧，后天下之乐而乐"等多句包含传统文化处世精神的相关调查中，有将近一半学生"说不清"甚至不能分辨出这种处世哲学正确与否，将精神迷茫的状态表现得淋漓尽致。种种状况要求必须对思想政治教育有足够的重视。所以作为培养人才的高校，一方面，不仅要传授学生相应的理论知识，培养学生实际应用能力；另一方面，还要重视高校学生在文化素养方面的教育，实现提高学生文化素养的目的。

2. 中华民族的传统美德体现不足

我国历来是非常重视道德教育的，在重视增加知识的同时，也教人成为有德行的人。我国当前处于社会的转型期，再加上社会各界均受到多元文化的影响，不仅导致我国传承已久的传统文化失去了权威，还模糊了社会价值判断标准，影响我国高校学生的价值观。当前高校学生缺乏责任感这一话题的热度一直居高不下，高校学生不关注社会上的不道德现象，没有身为社会一分子的意识。

作为历史遗产和财富，中华传统美德应当被重视，但当前高校中频频出现与其违背的现象。高校学生在师道和孝道方面的表现尤为让人忧心。高校学生不仅缺乏集体主义精神，而且社会公德意识也十分淡薄，另外，心理素质也比较差。高校学生存在的问题主要表现在三个方面：首先，高校学生在思想意识方面，注重自我价值的实现，并且将之放在核心位置，忽视了社会、集体的价值；其次，在物质和精神关系方面，在机会和发展层面过于短视，局限于安稳的生活，追求较高的经济收入，将实用主义奉为人生信条，忽视了社会责任感，甚至还出现了极端个人主义的现象；最后，在索取与奉献关系方面，只强调索取，并且持有个人贡献与社会索取等价的观点。在高校学生群体中还有部分学生急于求成，不仅缺乏敬业意识，还存在理想追求淡化的现象。

综上所述，高校学生存在的问题可以划分为四个方面。首先，重个人轻集体；其次，重实用轻理想；再次，重利益轻奉献；最后，重等价交换轻付出。在传统道德方面，主要表现在忽视"师"道和"孝"道，一方面，表现在以自我为中心；另一方面，不懂得尊重师长、父母，并且还会产生冲突。

（三）获得传统文化知识的途径有限

为了达到加深学生了解传统文化的目的，很多高校开设了传统文化的选修课程。但是从学生的角度来讲，主要目的是获得学分，为了兴趣而参与到课程中来的学生并不多，所以课堂教育产生的效果有限。在信息化飞速发展的今天，学生要获取传统文化知识，所能采用的渠道还是非常多的，诸如课外阅读、媒体等。如《百家讲坛》中别具一格的讲授方式，受到了广大高校学生的欢迎。还有一些现代信息交流网站及视频，通过这些手段做的一些有关传统文化的专题，也受到了学生们的青睐，对高校学生起到了一定的吸引作用。针对高校学生在传统文化知识获取途径方面，高校应重视并且不断地进行拓宽和深入发掘，只将教育重心放在课堂，已经难以跟上时代的发展了。

二、原因分析

（一）多元文化的影响

1. 西方文化的影响

改革开放以来，由于受到西方文化的冲击，学生偏重于自身"地球人"的身份地位，对自己的民族性方面，不管是在身份的保持上，还是在中国传统文化的学习方面，均有所忽视，甚至将继承传统文化视为守旧过时。这种问题导致中国传统文化在融入思想政治教育的进程中显得愈发艰难。

2. 全球化对文化的影响

伴随着经济全球化的发展，不同国家之间开始频繁交流，并且相互影响。为应对文化全球化带来的一系列挑战，高校在思想政治教育方面必须加以重视，对高校学生进行积极的引导，让其学会"取其精华，去其糟粕"，学会辩证地看待传统文化。这就要求高校不仅要在日常思想政治教育方面，还要在课堂教育方面，注重传授优秀的传统文化思想，采用科学合理的教育方式，将传统文化渗透于高校学生的行为指导思想之中，这样才能有利于思想政治教育取得实效。综上所述，结合当前的时代条件，若是使高校学生的思想政治教育不断取得发展，就必须从文化的角度出发，进行深刻的思考。

（二）我国现行教育体制的影响

1. 教育体制存在的问题

从我国的教育体制方面分析，在很长一段时间中所设置的教育导向，主要是以应试、升学、就业等方面作为目标，带有明显的功利性色彩，"缺少对学生综合素质、个性特长的全面评价"[①]，直接导致高校学生的思想道德素质和文化素质教育出现缺失，产生的不良影响也得以被教育界关注。为了解决应试教育存在的问题，我国提出了素质教育改革，虽然得到了教育理论界的重视，并且在实践中也逐步取得了一些成效，但还是存在诸多问题，暂时还难以取代应试教育深入人心的位置。一方面，是由于应试教育影响深远；另一方面，是因为素质教育还处于成长发展阶段，与之相适应的教育目标体系等方面还没有发展完善，当前素质教育在我国各地的发展现状，整体来说还没有取得突破性的进展，也就说明我国在全面推进素质教育时，距离这一目标的实现还存在一定的困难，其产生的原因有以下两种：一是素质教育与应试教育难以抉择。首先，从素质教育的角度出发，能够带来远期利益。其次，从应试教育的角度出发，能够带来近期利益。人们对于这两方面难以进行抉择，导致出现了这一教育改革矛盾，这种矛盾可以说是远期利益与近期利益

---

① 杜彦武. 地方大学数学教育与基础教育互动发展研究 [M]. 长春：吉林出版集团股份有限公司，2019：247.

之间的矛盾。二是，基础教育的导向未变。在我国的基础教育导向方面，依旧是升学，并且无论是在教育行政机构方面，还是在学校方面，对于教育成功与否的评价标准仍然是升学率。在高校及学生方面，高校的扩招直接加剧了学生的就业压力，导致高校与学生更加注重各种实用技能的培养与学习，导致中国传统文化方面相关课程的学习没有得到充分的重视，最终培养出来的学生对中国传统文化缺乏基本认识和理解。

2．对传统文化课程重视不够

目前，高校传统文化教育中存在着诸多的问题，高校忽视传统文化的原因有以下几种。首先，是"急功近利思想"的影响。学校将学生的就业率放在了中心位置，直接影响了高校专业课程的设置，使之偏重于易就业的专业，长此以往对于思想素质教育意识就愈发淡化。

其次，高校在传统文化对高校思想政治教育所能产生的作用和意义上没能正确评估，缺乏传统文化具有重要价值的意识，更别说意识到将高校思想政治教育与传统文化进行渗透融合，只是简单地将传统文化置于普通课程之中，没有进行过多的关注。

最后，部分理工类院校存在着课程设置不平衡的状态，具有重理轻文的倾向。在学科建设上，注重培养技术型人才，各理工类院校均存在着不同层次的对于人文社科类的忽视。这种现象在短期内难以改变，在高校方面加强传统文化教育方面的努力，但收效甚微。

（三）市场经济高速发展带来的影响

随着社会主义市场经济体制的确立，经济的发展，当代高校学生面临的竞争将会越来越激烈，为了迎接挑战，高校学生有选择地学习，减少学习选修课内容的时间，或是根本不学。

在高校的选修课堂之上，部分学生会选择学习英语或是其他考证资料。高校学生的竞争不仅仅表现在就业上，在高校之内也还存在着种种竞争，诸如竞选学生会、入党等方面。总而言之，高校学生不管是在学习中还是在日常生活中，他们的时间已经被安排得满满当当，他们几乎没有时间进行传统文化的研习，即使高校在传统文化课程的设置上用尽心思，但最后全部努力都将付之东流。

（四）互联网与传统文化教育软环境的不足

当前我国已进入互联网时代，互联网在推动经济发展的同时，更是带来了机遇和挑战。很多高校学生喜欢通过互联网来进行学习与交流，作为一种全新的文化环境，从互联网本身来讲，不具有文化辨别性，那么就导致在传播优质文化和提供便利时，其所隐含的另一方面出现了违背社会文明内容的异质文化，这些不良文化的传播给高校学生带来了不良影响。面对互联网文化的现状，当然不能对其进行全面否定，若是能够做到正确借助网络力量，通过中华优秀传统文化的内容来建设优良网络软环境，加强校园网络净化工程将会给高校学生传统文化教育注入清泉活水，使之能够焕发新的活力。

第二节　中华优秀传统文化在高校思想教育中的应用原则

一、方向性准则

统治阶级思想意识在被社会达成共识并普遍接受的前提下，逐渐成为社会主流思想意识。思想政治教育的首要任务是要将敌对意识形态的影响削弱甚至根除，在经济全球化和政治多元化的条件下，我们应遵循以下两点方向性原则。

（一）保持自己独特的文化和意识形态

随着改革开放以及世界贸易经济的崛起，世界各国之间的经济、政治、文化、技术等多维度联系日趋密切，并在全球范围内逐渐形成了一个相对整体，这在一定程度上刺激了各国之间的竞争，促使各国统治者为了使本国在国际中得到更大的利益，开始加强了对他国的干涉和渗透。换而言之，他们将本国所具有的意志强加于他国，甚至出现对他国各方面进行控制和管束的现象。因此，我们在对大学生进行传统文化教育的同时，应本着保持自己所特有文化和意识形态的原则，既不排斥他国的意识形态，但也不动摇我国所固有的文化意识形态。

（二）切实把握好开发与利用各个环节的政治方向

各国间经济、政治、思想、文化等的相互碰撞，在一定程度上也给思想带来了更多选择。因此处于青春期的大学生在思想政治方面面临着严峻的考验以及巨大的挑战。这关系到大学生的价值取向的问题，要知道一个人的价值取向对这个人的一生是十分重要的。各国的文化碰撞，使我国社会价值取向趋于多元化，这就需要大学生明确价值导向的专一化。因此，在开发和利用我国优秀传统文化资源的基础上，还需把握政治方向。要将中国文化与外来文化之间的关系处理得当，首先要正确对待我国固有的传统文化，然后再在此基础上对外来文化加以适当的借鉴和创新。总而言之，我们既要将已有的本国文化牢记于心，树立高度的文化自信，又要善于学习、借鉴其他文化的优秀成果，取其精华，去其糟粕，防止陷入"守旧主义"和"封闭主义"泥潭。

二、针对性准则

大部分事物都处于不断变化之中，思想政治教育内容也是如此，其内容要顺应时代的发展，才能够更好地服务大学生。随着时代的变迁和飞速的发展，当代大学生所接受的思想更为广泛和自由，与以往相比已经形成了巨大差异，甚至会出现两种相反或是极端的价值观，这时以往陈旧的教育模式就不再适应当代教育发展的需要。为此，我们在对大学生进行传统思想教育时要本着针对性原则，从大学生的实际情况出发，针对大学期间所存在的差异，区别对待，不要搞"一刀切"，将"广泛性"和"先进性"适当结合起来，只有这样才能充分发挥思想政治教育的针对性和时效性。

三、批判继承与发展创新准则

特定的文化形态在一定程度上影响和制约着人类思想政治观点的发展，以至于使丰富的文化背景和文化资源成了思想政治教育在构建其自身体系时的主要支撑所在。我国的思想政治教育工作也是如此，这主要是由于我国传统文化本身包含着无法回避的、具有多元化的育人内容以及显而易见的思想影响力和道德感化力，这一现象是任何教育工作都无法回避的问题。所以面对我国现有的思想政治教育，要在致力于发展优秀传统文化基础上，充分挖掘中国文化精神宝库中所具有的精华成分并赋予其鲜明的时代特征，为培育社会主义现代化建设所需要的新型人才提供优质的思想资源以及道德启示。

我国传统文化的博大精深，对当代大学生的思想政治教育有着深远且巨大的意义，因此，怎样将我国传统文化转变成当代的一部分，并将原有的陈旧体制转换成新的传统，如何将此作用充分发挥出来，都是我们需要考虑的重要问题。传统文化在一定程度上影响着大学生的价值观以及人格的塑造。但将传统文化知识以强制性教授方式传授给学生的办法并不可取，因为在大学阶段，学生已经形成了自我认知观念，被动接受的知识或是事物会给他们带来排斥心理，同时使他们在情感状态上存在一定的疑虑。所以要想使传统教育效果达到期望值，就需要调动学生的积极性，使之自觉吸收传统文化精髓。

（一）以批判的眼光传承中华传统文化思想、道德精髓

要想更好地学习传统文化知识就需要在其原有思想精华和道德精髓的基础上，注入新的力量。只有在原有事物基础上进行反复实践，并将其进行重塑、创新，才能使其更好地发展下去。努力用中华民族创造的一切精神财富来以文化人，以文育人。

（二）顺应时代，在新的实践中推动传统文化的创新

事物都是在不断变化的，也只有在不断变化中才能向前迈进，因此，在大学生传统文化教育方面，也要顺应时代的变化，同时还应在一定程度上满足人们对其所具有的期望。尽可能将中国传统民族文化基因与当代的文化发展相适应，使学生乐于了解、学习中国传统文化知识，并在一定程度上起到弘扬文化精神的作用。做好将传统继承与现代转换有机结合的重要工作，用实践进行创新，并在此基础上坚持和发展传统文化。

第四章 微时代背景下大学生思想政治教育态势及路径

网上曾调侃说，现代社会中最不离不弃的就是手机。大学生说，离开手机没法学习和生活。当代的大学生，基本上都是"00后"，他们都是数字时代的原住民，从出生就生活在这样的时代环境中。随着移动互联网的迅猛发展，可以说他们处于微媒体时代，简称微时代。微媒体主要指以微博、微信、QQ、微视频等为主要代表的传播媒介。这深刻改变了信息的传播途径，大大加快了信息的传播速度和以惊人的效应扩大其影响。在高等学校中，微媒体几乎进入了当代大学生学习生活的方方面面，当前的大学生是微媒体的主要应用者、参与者。因微媒体的应用方便快捷且信息量丰富，普遍受到了大学生的青睐，给大学生的学习和生活方式带来了前所未有的变化，同时也给大学生的思想政治教育工作带来了新的机遇和挑战。

第一节 微时代给大学生思想政治教育带来的机遇

一、丰富了大学生思想政治教育内容

大学生群体是微时代最广泛、最积极的践行者和使用者，微媒体的使用已经成为当今大学生学习、生活不可或缺的一部分，并对大学生的思

想、观念、习惯、行为产生了重要的渗透和影响。为此，相对传统思想政治教育而言，微时代条件下大学生思想政治教育不断扩展延伸，涵盖了网络教育、思想教育、政治教育、道德教育、法治教育、国情教育、文化教育、心理健康教育等，内容更加丰富，并更具有时代性、扩展性和多样性特点。

二、拓宽了大学生思想政治教育形式

微时代的到来不仅仅是一场技术革命，更是一场观念转变的革命，微媒体介入大学生思想政治教育成为时代发展的必然趋势，并成为大学生思想政治教育的重要载体。传统的大学生思想政治教育主要采取面对面的形式，依托思想理论课、主题报告、社会实践开展。然而在微时代下，思想政治教育打破了时间和空间的限制，任何组织和个人都可以利用微媒体，在任何时间、任何地点，采取灵活多样的形式互动交流，这样，高校思想政治工作者可以在第一时间了解到大学生的思想动态，因材施教，也使得思想政治教育工作更加及时、有效、贴切和深入。

三、增强了大学生思想政治教育效果

传统的大学生思想政治教育工作中，单向灌输法在很大程度上影响了学生接受教育的积极性和主动性，如何让师生之间积极地双向互动，是开展大学生思想政治教育工作的难点之一。在微时代，微媒体的平民化和互动性特点，给教育者和受教育者创造了一个轻松愉快、平等交流的环境，这让更多的大学生参与其中，更大程度地调动了大家的积极性，拉近了师生之间的距离。而且在交流过程中，微媒体可将文字、图片、声音、视频等有效结合起来，内容更加形象和直观，给受教育者带来了强烈的冲击力和震撼力，也使得思想政治教育效果进一步增强。

第二节　微时代给大学生思想政治教育
带来的挑战

一、给思想政治教育工作引导增添了难度

微时代的到来是一把"双刃剑"，它给大学生思想政治教育带来了机遇的同时也带来了新的挑战。微信、微博在大学生群体中的广泛应用，给高校思想政治教育工作带来了前所未有的问题和压力。传统的教育环境中，信息来源单一、可控性较强，而微媒体的出现，给大学生思想政治教育提供了一个全新的平台，同时也在一定程度上增加了教育管理中的不可预见及不可控性。微时代下，每个人都可以是信息的接收者、使用者和传播者，网络真实和虚拟的矛盾，信息良莠不齐、真假复杂难辨，舆情范围广、危机覆盖面大、可控性减弱，教育者话语权遭动摇、主体地位下降等，不仅增添了大学生思想政治教育的新问题，还减弱了传统思想政治教育成果，给大学生思想政治教育工作带来了新的严峻的挑战。

二、对大学生价值观确立带来了冲击

以微信、微博为代表的"微时代"体现了现代社会最新的技术、理念和文化，它创造了信息获取与传递的新方式、新格局，同时在这种新传播模式中，正面信息和负面信息共存，主流与非主流舆论共生，"人人都有麦克风"，每一个人都可能成为价值观的影响者和被影响者。首先，微媒体的运用拓宽了大学生获取外界信息的渠道，也提高了大学生对社会重大事件或热点事件的关注度，然而与此同时，大学生辨别信息真伪的能力较弱，在缺乏正确引导的情况下，很容易相信错误的信息，甚至在不知不觉中成为不良信息的传播主体；其次，微媒体发布信息门槛低，人人都可以随意发布信息，导致各种腐朽思想、极端言论、炫富炒作及低俗信息充斥其中，这些信息冲击着大学

生的头脑，腐蚀了大学生的心灵，在频繁地接触这些不良思想和言论的情况下，大学生们很容易混淆是非，并导致道德观念扭曲，个人主义、利己主义、享乐主义滋生，影响正确价值观的建立。

三、向大学生思想政治教育者提出了新要求

在传统的教育过程中，教育者处于信息的优势地位，而如今"微时代"下，微博、微信成了大学生必不可少的信息获取和传递载体，这在很大程度上削弱了教育者的信息优势。现实中，一方面，一些大学生思想政治教育者往往不愿意主动接受新鲜事物，缺乏新媒体的使用意识，网络技术水平不高，对信息的敏感度不强，网络沟通能力欠缺，沟通技巧不熟练，对微媒体发展无所适从，种种原因让教育者和大学生之间无法形成平等交流、情感交互的良好局面，教育内容、方法与大学生思想严重脱节，更无法做到因材施教、因势利导；而另一方面，微时代信息多元化、来源广、传播速度快、复杂度高，尚需要思想政治教育者及时辨别引导，做好大学生的指路人，这也给教育者的思想素质、道德素质、文化素养提出了更高的要求。所以，思想政治教育工作者如何加强新媒体、新技术的学习，转变自身知识结构，提高个人综合素质等，都成为"微时代"大学生思想政治教育工作者面临的新问题。

第三节 微时代大学生思想政治教育创新路径

微时代背景下，打破传统思想政治教育方式，构建顺应时代发展的思想政治教育新格局，是微时代大学生思想政治教育的必要内容。做好微时代下的大学生思想政治教育工作，要利用好微媒体平台，与时俱进、创新思维、多方协作，以利思想政治教育更稳定、更顺利地发展。

一、遵循规律，把握思想政治教育总原则

微时代背景下大学生思想政治教育的创新发展，不仅仅要从传统媒体向新兴媒体应用转变，更要在着眼于教育育人、服务育人的基础上，遵循思想政治教育客观规律，充分利用媒体的功能优势，促进思想政治教育健康发展。要"以人为本"，从大学生思想现状和发展需要出发，充分尊重大学生的主体地位和需求，注重大学生个性上的差异，将大学生参与微媒体的积极性作为开展思想政治教育工作的环境优势，加强关注、注重引导，促进大学生自由而全面发展。

二、转变观念，占领思想政治教育新阵地

微时代的到来，给师生提供了一个思想展示、交流互通、师生互动的新平台。作为思想政治教育工作者，要紧跟时代技术发展步伐，熟悉使用新媒体，开辟思想政治教育新阵地。要通过新媒体将学生吸引和凝聚起来，主动掌握舆情，并做好聆听者和引导者，这样学生可以通过互粉等方式即时与教师沟通，解决困惑；教师可以通过微信、微博中的关注、朋友圈等功能，第一时间了解学生的生活动态、心理变化、思想波动等情况，并及时给予关怀、指导和帮助。

三、创新思维，探索思想政治教育新方法

习近平总书记指出："只有站在时代前沿，引领风气之先，精神文明建设才能发挥更大威力"，"当前，社会上思想活跃、观念碰撞，互联网等新技术新媒介日新月异，我们要审时度势、因势利导，创新内容和载体，改进方式和方法，使精神文明建设始终充满生机活力。"[1] 新的环境下，大学生思想政治教育者要主动融入微时代，在传统的课堂教学、主题教育、实践活动基础

---

[1] 习近平. 谈精神文明建设：站在时代前沿，引领风气之先. 人民网—中国共产党新闻网，2018–11–30. 来源：习近平系列重要讲话数据库，http://jhsjk.people.cn/article/30434980.

上，充分利用微时代的新技术、新手段，大胆探索大学生思想政治教育新途径、新方法。张立梅教授在《毛泽东领导方法及其时代价值研究》中对毛泽东思想方法和工作方法进行了分层次研究，探讨了矛盾分析法、"从群众中来，到群众中去"的方法、调查研究法以及其他具体领导方法和工作方法的原则和毛泽东对这些方法的运用。这些思想和方法对高校思想政治教育工作同样适用，颇具指导和启迪意义。其中矛盾分析法在实践中应用的具体方法包括"理论和实践相结合""一般和个别相结合""领导和群众相结合""原则性和灵活性相结合""务虚与务实相结合"。[①] 高校应始终坚持教与学、师与生等矛盾的对立与统一；坚持"从学生中来，到学生中去"的方法，教学中问题才能得到有效解决；调查研究是做好一切工作的基础，尤其做思想政治教育工作，更应了解学生所思所想及其思想中的盲点或困惑，才能对症下药，提高思想政治教育的实效性。如，促进校、院、班各级官方微信、微博、抖音等公众平台建设，开展线上党团工作和主题活动，进行各种主题线上调研，同时结合线下调研，这些既可以丰富和活跃大学生文化生活，又可以了解和把握大学生思想动态，让社会主流思想真正融入大学生学习生活和精神世界。

四、加强引导，提升思想政治教育自觉性

微时代信息更新速度快，获取快捷，内容包罗万象，应有尽有。然而，面对纷繁复杂的信息，要做到明辨是非、甄别筛选，仅仅依靠思想政治教育者开展教育活动是远远不够的。微时代背景下，作为新时代的大学生，要加强自我教育、强化自律意识、树立责任意识、提升自我修养。孔子曰："学而不思则罔，思而不学则殆。"当代大学生要努力学习科学文化知识，也要认真学习道德修养知识，善于思考、明辨善恶；要坚持正确的道德信念，严格要求自己，不断自律反省，防微杜渐；要将提高道德意识与实践结合起来，做到"知行合一"，真正将优良的道德品质内化于心、外化于行。

---

① 张立梅. 毛泽东领导方法及其时代价值研究 [M]. 北京：人民出版社，2020.

五、多方参与，助力思想政治教育新常态

高校是引领和弘扬社会主义先进文化的主阵地，微媒体打破了传统校园文化的空间限制，提升了信息传播效率，逐渐成为高校校园文化建设的新环境、新载体。高校大学生思想政治教育工作者要积极适应新常态，注重思考和创新，做好思想的引领者，坚持立德树人，当好正能量的传播者；高校信息技术部门要做好日常监督管理，做好网络舆情监测、提高研判能力、健全舆情引导机制，营造健康和谐的新媒体环境；高校教学、科研、学工等部门要积极研究、探索"微教学"平台建设，充分利用"翻转课堂""微课""慕课"等新型教学模式，实现教学互动，全方位启迪智慧，促进大学生综合素质提高；高校团委、宣传部相关部门要切实加强校园文化建设，充分发挥文化的育人功能，积极打造一些弘扬主旋律、传播正能量的微媒体平台，并探索传统媒体和新兴媒体融合发展，推动社会主义核心价值观的传播与弘扬，促进大学生思想政治教育健康发展。

第五章　新时代高校思政教育的特征、新要求、新目标和对策

第一节　新时代高校学生思想政治教育工作的特征

在中国特色社会主义进入新时代的伟大历史时刻，青年一代的重要性得到充分肯定，同时也被寄予了厚望。作为国家的未来和民族的希望，青年一代在实现中国梦的接力奋斗中扮演着重要角色。因此，高校在新时代的思想政治教育工作中具有重要的地位和使命。

随着时代的变化，高校思想政治教育的地位和作用发生了新的变化。高校应该厘清新时代学生思想政治教育的各个方面，切实做好广大青年学生的教育工作，特别是思想政治教育工作。这包括培养高校学生的志向和追求，坚定他们的理想信念，使他们成为勇于担当民族复兴重任的时代新人。

青年学生是高校思想政治教育的重点对象。高校应该通过多种形式和渠道，为学生提供广阔的学习和实践平台，培养他们的综合素质和创新能力。在高校思想政治教育工作中，教师的角色至关重要。教师应该具备高尚的师德师风，关心学生的成长和发展，引导他们树立正确的人生目标和追求。教师还应注重与学生的互动和沟通，关心他们的思想动态，及时解答他们的困惑和问题，帮助他们健康成长。

一、教育的内容随新时代的到来而变化

2017 年，张毅翔在他发表的文章《新时代思想政治教育的新使命和新要

55

求》中认为，进入新时代，思想政治教育有新的要求和使命，主要围绕新时代社会主义建设的总目标，精准把握时代内涵，明确定位和认清当前主要矛盾，着力推进使命的实现并化解社会、人民及两者之间的各种矛盾，牢牢把握领导干部和广大青年两大主要教育群体，全面激发他们投身建设社会主义的生机和活力。2017年，刘宏达在他发表的文章《新时代思想政治教育的历史使命、理论基础与实践要求》中也认为，新时代思想政治教育必须在提升公民理想信念和目标引领下提升全民思想道德素养，增强"四个自信"，同时重点突出对担当民族复兴使命的时代新人的培养，尤其是青年一代接班人。在新时代，高校思想政治教育工作的目标是实现中华民族的伟大复兴。为此，我们需要全面提升广大学生的思想道德素质，增强他们实现伟大中国梦的理想信念。同时，我们要充分利用当前经济和科技的支撑作用，着力推进高校思想政治教育的现代化建设，培养具有信念坚定、目标明确、脚踏实地、勇于担当的新时代合格大学生。

二、教育的方式、途径及环境多元化

随着科技进步和经济社会的不断发展，教育途径和方式呈现出多样化的趋势。学生们可以通过书籍、网络、家庭、社会等多个渠道获取相关知识，并进行知识的延伸。在当前网络和新媒体高度发达的时代，高校学生可以利用网络主动查询各类信息。例如，当一个学生在学习中不理解"社会主义核心价值观的内涵"时，他可以通过论坛、搜索引擎等方式进行讨论或查询，或者通过诸如QQ、微信等社交媒体与老师进行交流，从而理解社会主义核心价值观的含义。因此，教师对学生进行思想政治教育的方式已经不再局限于传统的课堂形式。

多样化的教育形式和途径为教师加强思想政治教育、提高学生思想道德学习效果等方面带来了巨大的作用和意义。教学形式的多元化为教师提供了更多的教学选择，可以更好地激发学生的学习兴趣和参与度。同时，学生通过自主查询和交流的方式，可以更加灵活地获取知识和信息，加深对内容的理解。

然而，多样化的教育形式也带来了一些隐患。在复杂的网络环境中，大量的信息充斥着学生的视野，学生在学习和利用信息的过程中很难辨别信息的真实性和准确性，容易受到误导。此外，一些不法分子和国内外敌对势力利用各种途径散布谣言或歪曲理论，试图误导广大青少年，对他们的健康成长产生负面影响。这增加了思想政治教育的难度和有效性的挑战。

三、新时代高校学生思想及价值多元化

近年来，国家和居民经济水平取得了显著的增长，居民的可支配收入和消费水平也有了明显提高。这些数据反映了居民整体生活水平的提升，普通家庭能够享受到互联网、电脑、电视、手机等硬件和软件设备，并广泛使用它们。当前的大学生大多是在这样的条件下成长起来的，他们接触和了解的事物更多，具有一定的价值观念，并呈现出多元化的价值取向。由于成长环境等因素的影响，目前在校和即将进入高校的学生个性鲜明，思想独立，自尊心强，并且对自己具有很强的自信心。此外，由于他们从小生活和成长的环境相对较好，而且大多数是独生子女，他们受到家庭的过度关爱较多，没有或很少经历过挫折，因此在面对挫折和压力时容易产生心理困惑。换句话说，他们相对较为脆弱，遇到挫折和压力时容易感到困惑和无助。

第二节　新时代高校思政教育工作的新要求

一、进一步明确新时代高校思政教育的主体

谁是新时代高校思想政治教育工作的主体，这是首先必须搞清楚的重要问题。其实，这个问题不是新问题，而且是已经解决了的旧问题。早在 2004 年 8 月 26 日中办发的〔2004〕16 号文件《中共中央国务院关于进一步加强和

改进大学生思想政治教育的意见》中，就对此做了明确规定，文件指出："大学生思想政治教育工作队伍主体是学校党政干部和共青团干部，思想政治理论课和哲学社会科学课教师，辅导员和班主任。学校党政干部和共青团干部负责学生思想政治教育的组织、协调、实施，思想政治理论和哲学社会科学课教师根据学科和课程的内容、特点，负责对学生进行思想理论教育、思想品德、教育和人文素质教育；辅导员、班主任是大学生思想政治教育的骨干力量，辅导员按照党委的部署有针对性地开展思想政治教育活动，班主任负有在思想、学习和生活等方面指导学生的职责。"很明显，高校思想政治教育的主体是三部分人：学校党政干部和共青团干部，思想政治理论课和哲学社会科学课教师，辅导员和班主任。在新时代，这三种人员仍然是高校进行思想政治教育的主体。

学校党政干部和共青团干部，主要指在高校各个管理岗位、学院（系、部）担任领导职务的人员以及从事共青团工作的人员。高校的管理岗位直接或间接服务于学生的各项事务，其中一些是直接服务于学生的，如学工部、招生就业部（处）；一些是服务于师生的，如教务处、财务处（或计财处）、后勤部门、科技部门、党委组织部门、图书馆等；一些是支撑部门，如党委宣传部、工会、审计等。高校的这些党政部门的干部和领导，通过各种方式、渠道与大学生打交道，在为学生提供各种管理服务时，潜移默化中进行了思想政治教育。当前在教育部着力推行的"三全育人"中，就有管理育人、服务育人、科技育人、组织育人、文化育人，而这些育人工作需要这些部门来执行，当然，育人主要指的就是思想政治教育，对大学生进行思想引导和教育。共青团工作的主要对象就是大学生和青年教师，主要是大学生，在组织开展大学生的团组织活动，各种思想文化管理和服务活动中，对大学生的思想政治进行教育与引导。

高校哲学社会科学教师是在高校从事社科研究与教学工作的教师，由于目前高校普遍重视大学生的文化素质教育，在高校综合发展过程中，也建立起不少的文科学院，这些哲学社会科学的教师，一方面进行相关的学科知识的传授和相关专业知识的讲解，另一方面，在进行专业课程教学中，同样承担着大学生思想政治教育的任务，而且是更加隐性的教育，尤其是在进行思想道德教育方面，发挥着重要作用。

辅导员、班主任是高校进行思想政治教育的主流群体。我国在高校中设置辅导员和班主任由来已久。1957 年，中国教育部发布了《关于在高等学校中设置辅导员的决定》，标志着中国高校辅导员制度的正式建立。最初，辅导员主要负责学生的思想政治教育和学生组织管理。在中国的大规模高等教育扩张和改革开放的背景下，辅导员制度逐渐得到了广泛的发展和完善。20 世纪 80 年代以后，随着高校招生规模的不断扩大和学生群体的多样化，高校中的大学生帮困工作、心理辅导、职业辅导等工作也逐渐由辅导员来承担。进入 21 世纪以来，党和国家对思想政治教育工作更加重视，连续发布了一系列关于大学生思想政治教育工作的文件，辅导员的工作职能得到了拓展，其重要性也得到了肯定。同时，辅导员成长所需的各种支持措施也不断涌现，极大地加强了辅导员队伍的建设。班主任队伍也是进行思想政治教育的重要队伍，班主任一般由辅导员担任，也有一些由思想政治理论课和专业教师担任。班级的思想教育和主题教育一般都由班主任来具体组织进行，大学生的一些具体实际问题和困难也由班主任来协助解决，在大学生的日常管理服务活动中，班主任也发挥着重要作用。

当然，随着社会发展和时代进步，教育部也日益清醒地认识到，其他专业课程教育教学中，也承担着对大学生进行思想政治教育的职责，2018 年教育部在高〔2018〕2 号《关于加快建设高水平本科教育全面提高人才培养能力的意见》（以下简称《意见》）中，提出了"课程思政"的概念，《意见》提出："强化课程思政和专业思政。在构建全员、全过程、全方位'三全育人'大格局过程中，着力推动高校全面加强课程思政建设，做好整体设计，根据不同专业人才培养特点和专业能力素质要求，科学合理设计思想政治教育内容。强化每一位教师的立德树人意识，在每一门课程中有机融入思想政治教育元素，推出一批育人效果显著的精品专业课程，打造一批课程思政示范课堂，选树一批课程思政优秀教师，形成专业课教学与思想政治理论课教学紧密结合、同向同行的育人格局。"其中《意见》"在每一门课程中有机融入思想政治教育元素"的提出，实际上明确了每一位任课教师的思想政治教育职责。从这个角度来看，高校每位任课教师都是对大学生进行思想政治教育的主体。

二、新时代高校思政教育主体价值与功能的拓展

如前所述，新时代高校大学生思想政治教育工作队伍主体是学校党政干部和共青团干部，思想政治理论课和哲学社会科学课教师，辅导员和班主任。在新的历史条件下，这些教育主体将思政教育的价值与功能极大地拓展了。

（一）思想引领功能的拓展

思想政治理论课的重要作用与功能就是对大学生进行思想教育。随着时代的发展和社会的进步，思想也处于发展变化之中。马克思主义理论是当代大学生应知应会的思想理论，马克思主义基本原理的科学内容尽管在时代发展中接受了许多检验，但依然充满真理性和科学性。特别是马克思主义在中国发展的成果，是经过中国革命、建设、改革实践证实的科学理论，是与时俱进的理论成果。进入新时代后，习近平新时代中国特色社会主义思想是马克思主义在中国发展的最新理论成果，是中国实现"两个一百年"奋斗目标的理论武器，也是目前对青年大学生进行思想引领的新成果，是新时代大学生必须学懂弄清做实的。因此，广大思想政治教育主体在对青年大学生进行思政工作时，就是切实引导广大青年大学生掌握习近平新时代中国特色社会主义思想的科学内容和精神实质，把握其精神特质，使思想引领的功能得到拓展。

（二）理想信念教育功能的拓展

由于青年大学生正处于拔节孕穗期，理想信念坚定正确与否，影响其一生的航向，对于成长成才至关重要。当前，影响大学生理想信念的因素也很多。在社会主义市场经济条件和复杂社会环境下，一些不正常的权钱交易、权色交易等腐败行为，一些公共行政事业单位、组织和领导干部不同程度存在的"四风"现象，以及"四个多样化"的生活方式和一些违法乱纪案例的存在等，都在诱使青年大学生的理想信念发生动摇。因此，在当今时代，要毫不动摇地用共产主义远大理想和中国特色社会主义共同理想引领大学生，坚定对中国特色社会主义的信心，坚定对党和政府的信任，在理想信念的感召下，扣好人生的第一粒扣子。

（三）价值导向功能的拓展

世界观、人生观、价值观是影响人一生的，是人对人类社会、自然界和

自身的发展的根本看法和观点。大学生由于正处在人生成长的关键时期，"三观"的形成需要引导。广大思想政治教育主体要利用各种时机和场合，给予正确的引导。改革开放新时期以来，在大学校园里面，在教育部门的要求下，先后对大学生进行了中国革命史教育、共产党党史教育、社会主义道德教育、爱国主义、集体主义、"八荣八耻"教育等。新时代以来，特别是社会主义核心价值观提出以来，"富强、民主、文明、和谐""自由、平等、公正、法治""爱国、敬业、诚信、友善"24字的社会主义核心价值观，成为对思政教育主体对青年大学生进行思政教育的新内容。社会主义核心价值观不仅吸收了人类文明的成果，也体现了中国共产党人近百年来的价值追求，也是中国人民在漫长的发展过程中的价值求索。对大学生进行社会主义核心价值观教育，不仅拓展了思政教育内容，而且体现了社会发展和时代进步的要求。

（四）道德教育功能的拓展

千百年来，无论是封建时代还是中华人民共和国成立后，广大教育工作者都注重对大学生进行道德教化。当然，不同时代道德教化的内容和功能有所差异。封建时代，道德教化主要在于"三纲""五常"的教化，在于封建等级秩序的维护与忠君思政的强化，所教导出来的是封建制度的"忠民""愚民"甚至"奴民"。中华人民共和国成立后，在大学校园内和课堂上，对大学生进行的道德教育，主要是进行社会主义道德和共产主义道德、职业道德和家族美德等教育。在新的历史条件下，特别是在国外反动势力、邪教势力和"港独""藏独""台独"以及国内一些"精美""精日""精英"等的干涉与错误引导下，混淆了一些传统的道德与价值观念，使一些大学生由于辨别力不高而无所适从。因而，特别需要对青年大学生进行道德教育，在青年大学生群体中形成新的道德自律意识，筑牢道德防线，打好道德保卫战。

三、加强新时代高校思想政治教育主体队伍建设

要加强思想政治教育主体的队伍建设，为此，必须明确队伍建设的目标和要求，并抓好制度和长效机制建设。

（一）按要求建好思政教育主体队伍

高校党政干部和共青团干部，思想政治理论课和哲学社会科学课教师，辅导员和班主任，其他专业课教师都是进行思政教育的主体，但是不同主体在思想政治教育的作用和功能不同，主体的队伍建设要求和内容也不一样。

高校党政干部和共青团干部在从事相应管理服务中，承担着对大学生进行思想政治教育的任务。这就要求，高校党政干部特别是直接与大学生事务相关的学工部门、招生就业部门、党组织和宣传部门、保卫部门、后勤部门、团组织的党政干部，由于与大学生直接接触，对大学生进行管理与服务。因而，对于高校党政干部和共青团干部的思想政治素质要求较高，对于其学识学历要求较高，对于其学历能力要求较高。在 2004 年 8 月 26 日中办发的〔2004〕16 号文件《中共中央国务院关于进一步加强和改进大学生思想政治教育的意见》中就提出："按照政治强、业务精、纪律严、作风正的要求，坚持专兼结合的原则，研究和制定加强高校思想政治教育工作队伍建设的具体意见，吸引更多的优秀教师从事学生思想政治教育工作。""政治强、业务精、纪律严、作风正"既是对高校思想政治教育队伍的要求，更是对高校党政干部和共青团干部的要求。一般来说，"政治强"就是自觉增强"四个意识"、坚定"四个自信"、做到"两个维护"，政治意识、政治规矩、政治态度、政治素质强；"纪律严"就是严格恪守思想政治教育的相关规定与要求，做大学生思想政治教育工作时注重摆事实、讲道理，注重政治纪律与政治要求，做到守纪律、讲规矩；"作风正"就是要求自身要做表率，作风要正派，行事要正，办事要公道，自觉遵守社会公德、遵守职业道德、讲求家庭美德。按照"政治强、业务精、纪律严、作风正"的要求来选配高校党政干部和共青团干部，就能确保管理队伍的建设质量。

对于思想政治理论课教师队伍的建设，教育部出台了很多的文件和规定。如 2015 年 9 月出台的《高等学校思想政治理论课建设标准》，2017 年 9 月公布的《高等学校马克思主义学院建设标准》，2019 年 4 月制定的《普通高等学校思想政治理论课教师队伍培养规划 (2019—2023 年)》，2019 年 8 月颁布的《关于深化新时代学校思想政治理论课改革创新的若干意见》，2020 年 1 月出台的《新时代高等学校思想政治理论课教师队伍建设规定》等，都对思想政治理论课教师队伍建设提出了明确的要求和规定。在 2015 年 9 月出台的《高等学校思想政治理论课建设标准》中包括"组织管理""教学管理""队伍管理""学科建设"和"特色项目"5 个一级指标，其中"组织管理"下设"领导体制""工作机制""机构建设""专项经费"4 个二级指标和 9 项三级指标。"教学管理"下设"管理体制""课程设置""教材使用""课堂教学""实践教学""教学方法改革""教学成果"7 个二级指标和 11 个三级指标，"队伍管理"下设"政治方向""师德师风""教师选配""培养培训""职务评聘""经济待遇""表彰评优"等 7 个二级指标和 13 个三级指标，"学科建设"下设"学位点建设""科研工作"2 个二级指标和 4 个三级指标，"特色项目"下设"教学改革特色项目"和"其他"2 个二级指标和 2 个三级指标。"队伍管理"就是对思想政治理论课教师队伍建设提出的要求，其中提出"政治方向"方面"思想政治理论课教师应坚持正确的政治方向，有扎实的马克思主义理论基础，在事关政治原则、政治立场和政治方向的问题上与党中央保持一致。""师德师风"方面"思想政治理论课教师具有良好的思想品德、职业道德、责任意识和敬业精神，无学术不端、教学违纪现象。""教师选配"方面"本科院校思想政治理论课专职教师按师生比例 1∶350—400 配备，专科院校思想政治理论课专职教师按师生比例 1∶550—600 配备。""兼职教师具有硕士研究生以上学历（专科院校兼职教师具有本科以上学历）和相关专业背景，按学校有关规定考核合格。""新任专职教师原则上应是中共党员，并具备马克思主义理论相关学科背景硕士以上学位。"在"培养培训""职务评聘""经济待遇""表彰评优"方面都有明确的规定和要求。

2017 年 9 月公布的《高等学校马克思主义学院建设标准》中在"思想政治理论课教学"的一级指标下设置了"师资配备"的二级指标，对思想政治理论课教师的思想政治、道德原则、选配原则、队伍建设等提出要求，尤其是确定了 1∶350 的师生比例。2019 年 4 月制定的《普通高等学校思想政治理论课教师队伍培养规划 (2019—2023 年)》，从"指导思想""工作目标""培养途径和措施""组织领导和实施"四个大的方面提出"建设一支专职为主、专兼结合、数量充足、素质优良的高校思想政治理论课教师队伍。"2019 年 8 月颁布的《关于深化新时代学校思想政治理论课改革创新的若干意见》，从"第一，重要意义和总体要求""第二，完善思政课课程教材体系""第三，建设一支政治强、情怀深、思维新、视野广、自律严、人格正的思政课教师队伍""第四，不断增强思政课的思想性、理论性和亲和力、针对性""第五，加强党对思政课建设的领导"五个方面提出了20条措施，其中第8—12条规定中就对思想政治理论课教师明确提出了要求：(8)加快壮大学校思政课教师队伍。(9)切实提高思政课教师综合素质。(10)切实改革思政课教师评价机制。(11)加大思政课教师激励力度。(12)大力加强思政课教师队伍后备人才培养工作。强调"高校要严格按照师生比不低于1∶350的比例核定专职思政课教师岗位，在编制内配足，且不得挪作他用，并尽快配备到位。""严把政治关、师德关、业务关，明确与思政课教师教学科研特点相匹配的评价标准，进一步提高评价中教学和教学研究占比。""增强教师的职业认同感、荣誉感、责任感"等，具有较强的操作性。

2020年1月出台的《新时代高等学校思想政治理论课教师队伍建设规定》，内容分为"第一章总则""第二章职责与要求""第三章配备与选聘""第四章培养与培训""第五章考核与评价""第六章保障与管理""第七章附则"共七章28条。其中"第三章配备与选聘"从第七条到十二条，对于思想政治理论课教师队伍建设提出了明确要求，第七条明确提出"建设专职为主、专兼结合、数量充足、素质优良的思政课教师队伍。""根据全日制在校生总数，严格按照师生比不低于1∶350的比例核定专职思政课教师岗位。公办高等学校要在编制内配足，且不得挪作他用。"第八条提出"高等学校应当根据思政课教师工作职责、岗位要求，制定任职资格标准和选聘办法。"可以在思政课教学内容相关的学科遴选优秀教师、探索胜任思政课教学的党政管理干部转岗、推动符合条件的辅导员、鼓励政治素质过硬的相关学科专家四类人中转任思政课教师。第九条提出"高等学校可以实行思政课特聘教师、兼职教师制度。鼓励高等学校统筹地方党政领导干部、企事业单位管理专家、社科理论界专家、各行业先进模范以及高等学校党委书记校长、院（系）党政负责人、名家大师和专业课骨干、日常思想政治教育骨干等讲授思政课。支持高等学校建立两院院士、国有企业领导等人士经常性进高校、上思政课讲台的长效机制。"第十条提出"主管教育部门应当加大高等学校思政课校际协作力度，加强区域内高等学校思政课教师柔性流动和协同机制建设，支持高水平思政课教师采取多种方式开展思政课教学工作。采取派驻支援或组建讲师团等形式支持民办高等学校配备思政课教师。"第十一条提出"高等学校应当严把思政课教师政治关、师德关、业务关，明确思政课教师任职条件，根据国家有关规定和本规定要求，制定思政课教师规范或者在聘任合同中明确思政课教师权利义务与职责。"第十二条提出："高等学校应当设置独立的马克思主义学院等思政课教学科研二级机构，统筹思政课教学科研和教师队伍的管理、培养、培训。"《新时代高等学校思想政治理论课教师队伍建设规定》成为目前加强高校思想政治理论课教师队伍建设的纲领性文件。其中可以看出对哲学社会科学教师队伍进行思想政治理论课教学也提出了要求。

辅导员和班主任是对大学生进行思政教育的重要力量。2017年8月31日经教育部2017年第32次部长办公会议修订通过了《普通高等学校辅导员队伍建设规定》，2017年10月1日起正式施行。规定包括"第一章总则""第二章要求与职责""第三章配备与选聘""第四章发展与培训""第五章管理与考核""第六章附则"共六章22条。对辅导员的要求与职责、培训、管理、考核等提出了明确的要求。尤其是在"第三章配备与选聘"中，从第六条到第九条对辅导员的配置、基本条件、选聘方式等提出了明确的要求。第六条规定："高等学校应当按总体上师生比不低于1：200的比例设置专职辅导员岗位，按照专兼结合、以专为主的原则，足额配备到位。""高等学校可以从优秀专任教师、管理人员、研究生中选聘一定数量兼职辅导员。兼职辅导员工作量按专职辅导员工作量的三分之一核定。"第七条提出了"辅导员应当符合以下基本条件：（一）具有较高的政治素质和坚定的理想信念，坚决贯彻执行党的基本路线和各项方针政策，有较强的政治敏感性和政治辨别力；（二）具备本科以上学历，热爱大学生思想政治教育事业，甘于奉献，潜心育人，具有强烈的事业心和责任感；（三）具有从事思想政治教育工作相关学科的宽口径知识储备，掌握思想政治教育工作相关学科的基本原理和基础知识，掌握思想政治教育专业基本理论、知识和方法，掌握马克思主义中国化相关理论和知识，掌握大学生思想政治教育工作实务相关知识，掌握有关法律法规知识；（四）

具备较强的组织管理能力和语言、文字表达能力及教育引导能力、调查研究能力，具备开展思想理论教育和价值引领工作的能力；（五）具有较强的纪律观念和规矩意识，遵纪守法，为人正直，作风正派，廉洁自律。"第八条规定"辅导员选聘工作要在高等学校党委统一领导下进行，由学生工作部门、组织、人事、纪检等相关部门共同组织开展。"第九条提出"青年教师晋升高一级专业技术职务（职称），须有至少一年担任辅导员或班主任工作经历并考核合格。高等学校要鼓励新入职教师以多种形式参与辅导员或班主任工作。"很明显在辅导员选配上，高校的各个部门都承担着职责，尤其是学校党委负有主要责任。

其他专业课教师是对大学生进行思想政治教育的补充力量。2014年以来，全员、全程、全课程"三全育人"体系的提出，一个重要内容就是要求各类课程与思政课程同向同行，强化了"课程思政"的理念。"课程思政"是中国高校教育中的一个重要理念，旨在将思想政治教育贯穿于各门课程之中，以促进学生的思想道德素质和综合素养的全面发展。"课程思政"的目标是培养具有良好思想道德素质、创新精神和实践能力的高素质人才，使学生在学习知识的同时，具备正确的价值观和社会责任感，为社会的发展和进步作出贡献。因而，其他专业课程的教师也将成为大学生思政教育的补充力量。教师被指出是全面推进课程思政建设的关键，因此，推动广大教师进一步强化育人意识、提升育人能力，确保课程思政建设能够有效实施，取得实效。纲要还提出了加强教师课程思政能力建设、建立资源共享机制、加强培训等一系列举措，这些都是进行思政队伍建设的重要方式和方法。

（二）进一步完善思政教育队伍建设制度

新时代加强大学生的思政教育面临复杂的国内外环境，加强思政教育队伍建设是一项根本性建设，在贯彻执行党和政府已经出台的关于加强高校思想政治教育各项方针、政策、措施的基础上，进一步完善思政教育队伍建设制度。

加强制度建设是确保建设一支过硬高校思政教育队伍的根本保障。习近平总书记在2019年3月18日主持召开的学校思想政治理论课教师座谈会上强调："要配齐建强思政课专职教师队伍，建设专职为主、专兼结合、数量充足、素质优良的思政课教师队伍。"① 号召"学校党委书记、校长要带头走进课堂，带头推动思政课建设，带头联系思政课教师。"在 2020 年 5 月教育部发布的《高等学校课程思政建设指导纲要》中提出"鼓励支持院士……国家级教学名师等带头开展课程思政建设。"可以看出教学名师、地区和部门的负责同志、院士等都是重要的思政教学力量。

完善思想政治教育队伍建设主要是从三方面加强制度建设。

（一）对现有思政教育队伍建设制度的执行和强化

如前所述，目前在关于思想政治理论课教师、辅导员两个重要主体力量的建设方面，出台的政策和办法较多，其中尤其是关于思想政治理论课教师队伍的建设，体现在关于马克思主义学院的建设、思想政治理论课的建设以及思想政治理论教师队伍建设和规划的许多文件之中，比较完备与完善。关于辅导员队伍的建设也出台了多个文件，高校团干部的建设也有一些指导性文件。但是尽管关于思想政治理论课教师队伍和辅导员队伍建设的文件较多，但实质上效果却不尽如人意。其中一个核心与关键问题就是制度的执行问题。因此，加强对这些制度执行的检查力度，在全国范围和全省市范围内开展督查活动，非常有必要。通过督查，重点检查三个方面的内容：一是检查相关制度的执行情况，文件中提出的相应机制是否到位。二是检查思想政治理论课教师的配置情况，是否 1：350 的师生比到位；辅导员 1：400 的师生比是否到位。三是教师的培训是否到位。发现没有到位的高校，要发布整改通报，要求限期整改到位，以期达到促进建设的目的。

（二）出台新的相关队伍建设的办法与措施

目前尽管提出了哲学社会科学课教师、其他专业课教师、教学名师、地区和部门的负责同志、院士等都是思想政治教育的队伍与力量，但是只是一个笼统的要求，并没有具体明确的规定与措施。因此，建议分别对哲学社会科学课教师、其他专业课教师，教学名师，地区和部门的负责同志，院士等分别出台政策和办法，提出具体明确的要求。很显然，每个群体由于其所在岗位不同，工作职责和范围不同，自身学养和素质不同，在进行思想政治教

---

① 习近平. 用新时代中国特色社会主义思想铸魂育人 贯彻党的教育方针落实立德树人根本任务 [N]. 人民日报，2019-03-19(01).

育时的要求也因此不同，需要分门别类地加以明确。

（三）要加强党委领导的制度建设，明确各级党委在办好思想政治教育中的职责与功能

习近平在 2019 年 3 月 18 日主持召开的学校思想政治理论课教师座谈会时强调："办好中国的事情，关键在党。各级党委要把思想政治理论课建设摆上重要议程，抓住制约思政课建设的突出问题，在工作格局、队伍建设、支持保障等方面采取有效措施。要建立党委统一领导、党政齐抓共管、有关部门各负其责、全社会协同配合的工作格局，推动形成全党全社会努力办好思政课、教师认真讲好思政课、学生积极学好思政课的良好氛围。"[1] 这就非常明确地指出了各级党委在思想政治教育方面的责任，主要是工作格局、队伍建设、支持保障三个方面。建议出台新的《新时代各级党委会关于加强思想政治教育工作的实施意见》（以下简称《意见》），在《意见》中明确其工作内容、责任方式、建设内容等，将党委抓好思想政治教育的工作作为其重要的职责与议程当中，其中也要明确党委书记自身的责任，并适时将党委对思想政治教育的领导作为考核的内容。

四、强化新时代高校思想政治教育主体的供给能力

在供给侧视角下，思想政治教育主体是对大学生进行思想政治教育的供给方，大学生则是接受方，接受方对于供给方供给的教学新产品的质量，直接影响了接受方的认同度、亲和力与吸引力。很明显，思想政治教育主体的供给能力是确定供给效果和供给质量的决定力量，因此，在加强队伍建设的同时，强化新时代思想政治教育主体的供给能力，是必须关注的重要问题。

（一）把握高校思政教育主体供给能力的内涵

高校思想政治教育主体的供给能力，指的是教育主体在进行思想政治教育时所体现出来的专业能力与素质。准确把握高校思政教育主体的供给能力，是提升教育主体自身素质的必然要求。当然，高校教师在对大学生进行思政

---

[1] 习近平. 用新时代中国特色社会主义思想铸魂育人 贯彻党的教育方针落实立德树人根本任务 [N]. 人民日报，2019–03–19(01).

教育时所需要的具体能力内涵各有侧重，不同教育主体能力的体现和要求各不相同，但是也有共性之处。下面，就从普遍性的角度来探讨高校思政教育主体供给能力的内涵。

一是进行思想政治教育教学的能力。思想政治理论课教师、辅导员和班主任是对大学生进行思想政治教育的骨干人员，是专职从事思想政治理论课教育教学的，对于思政理论课教育教学的基本能力与技能比较娴熟。高校党政干部和共青团干部是对大学生进行思想政治工作的力量，从事具体的课程教学较少，因此对于这部分力量来说，主要是提升其理论教育教学的能力，比如熟练掌握相关课程的内容，把握课程基本的教学技巧。哲学社会科学教师和其他专业课教师，主要是结合自己所任教的课程内容，加入思想政治教育的元素和内容，在其他专业课程的教学过程中，有意识地对大学生进行思政教育，寓思政教育于无形，化腐朽为神奇。当然，在专业课程教育教学中，如何进行思政教育是一个新的课题，其中有不少规律性的、技术性的因素需要教师进一步探索，也需要高校教学管理部门有意识地引导。

二是与大学生进行思想沟通的能力。思想沟通是解决思想认识问题、理想信念问题、思维方式问题的主要手段，思想沟通能力是思政教育主体对大学生进行思政工作时所体现的能力。这种能力体现在教师与学生之间的座谈、交流、谈心、谈话等各种形式的沟通。教师思想沟通的能力具体体现在对当前国内外形势的掌握能力、对于当前主流思想舆论的把握能力、对于大学生思想状况的分析能力、对于大学生思想上答疑解惑的能力、引导大学生思维的能力等。大学生许多思想问题是由于其对于当前国内外形势的掌握不全或者把握不准，教师在进行沟通时就要有这种战略思维、全局意识，引导大学生正确认识。大学生面对当前主流思想舆论，往往认识不清、是非不辨，特别是一些别有用心之人，对此进行恶意地歪曲。所以教师在沟通时一个重要的任务是要有效地引导大学生明辨是非，分清主次，站稳主流，增强"四个意识"、坚定"四个自信"、做到"两个维护"。与大学生进行思想沟通，一个重要前提是教师要准确地把握和分析大学生的思想状况以对症下药，这就需要教师在沟通中，分析大学生的思想问题的症结，指出思想问题的根源，提出大学生思维方式方法中的问题，再有意识地进行循循引导，从而解决其思想认识上的疑难问题。

三是语言表达能力。语言表达能力是思想政治教育主体在进行教育教学、沟通时的话语能力。这也是供给能力的重要体现。一般来说，语言的运用、语言方式的切入、对于被教育者或沟通对象心理的分析、及时提出有效有用的对策等是其主要内容。准确地表达观点、遣词造句的得心应手体现了思政教育主体的语言运用能力，不能使被教育和沟通对象觉得无所适从。语言方式的切入也就是话语的艺术要讲究，在掌握被教育和沟通对象思想认识状况的基础上，适时注意话语的方式，这是非常重要的，其中也要考虑对象的心理接受度，这种能力也是需要进行学习和训练的。在进行教育和沟通中，对于被教育者和沟通对象的心理进行分析非常重要，是对沟通对象的心理和思想变化进行分析和掌握的一种能力，这需要有一定的判断能力。在与沟通对象进行交流过程中，要善于从沟通对象的言谈中找出困扰其思想和认识问题的症结，然后，提出建议与对策，这是一种必备的能力。由此可见，语言表达能力是思政教育主体的一项必备基本功。

四是运用现代教育技术的能力。随着现代科技的进步与发展，现代教育技术也得到了发展和进步，教育技术和手段方式日益增多。对于思想政治教育主体来说，就要及时掌握这些现代教育技术手段。从目前来说，现代教育技术将声、文、图、像结合在一起，并且通过 PPT、网站、视频课程等形式将这些联结在一起，在慕课 (MOOC) 兴起之后，出现了超星、智慧树等不少网络课程公司，拥有专业的掌握现代教育技术的平台和专用 App 软件。因此，对于思政教育主体来说，在必须掌握 PPT 制作技术的基础上，主要是要学会运用这些现代教育技术，通过网络课堂的形式，进行远距离视频的在线教学。随着时间的推移，思政主体教师的这项技术应该得到强化。

（二）多方面多途径提升思政教育主体的供给能力

思想政治教育主体的供给能力，主要体现在思想政治教育教学的能力、与大学生进行思想沟通的能力、语言表达能力、运用现代教育技术的能力等方面的能力，为提升供给能力，必须多方式多途径综合采用，以收到事半功倍之成效。

一是教育教学行政管理部门的高度重视与实际行动。思政教育主体的供给能力事关思政教育教学的质量，教育行政部门负有主要责任。因此，加强领导，履行职责是必然的。目前在教育部 2019 年 4 月印发的《普通高等学校思想政治理论课教师队伍培养规划 (2019—2023 年)》中，就提出了对思想政治理论课教师培养的路径，主要有：

(1) 专题理论轮训计划：开设"周末理论大讲堂"，组织马克思主义经典著作专题培训；学习贯彻习近平新时代中国特色社会主义思想主题教育；"习近平新时代中国特色社会主义思想的生动实践"专题实践研修：专题研修；实践研学。

(2) 示范培训计划：思政课教师队伍后备人才培养专项支持计划；骨干教师研修项目：国内研修项目，国外研修项目，网络培训项目；思政课教师在职攻读博士项目；思政课教师省校协作培训项目；思政课教师校际协作项目。

(3) 宣传推广计划；全国高校思政课示范教学展示活动；全国高校思政课教师队伍建设先进经验宣传。2017 年 8 月颁布的《普通高等学校辅导员队伍建设规定》中提出"建立国家、省级和高等学校三级辅导员培训体系。教育部设立高等学校辅导员培训和研修基地，开展国家级示范培训。省级教育部门应当根据区域内现有高等学校辅导员规模数量设立辅导员培训专项经费，建立辅导员培训和研修基地，承担所在区域内高等学校辅导员的岗前培训、日常培训和骨干培训。高等学校负责对本校辅导员的系统培训，确保每名专职辅导员每年参加不少于 16 个学时的校级培训，每 5 年参加 1 次国家级或省级培训。"省级教育厅也相应地建立了制度。当然，还需要针对其他的思政教育主体出台相应的政策与措施。

二是高校教务主管部门、人事部门和二级单位的高度重视与具体行动。各高校教务部门由于是对高校教师的教育教学进行管理、人事部门负责教师素质的培训，这两个部门对于高校思政教育主体的教育教学能力和质量负有重要职责。从教学管理角度来看，主要针对教师教育教学方法、现代教育技术的培训、教育教学质量的把关和培训等，这就需要通过组织教育教学比赛、教学方法、教育技术制作与运用讲座与培训来提高教师的教育教学技能。人事部门主要是通过对教师进行学历教育、访学等方面的支持，支持教师攻读硕士、博士、博士后，到国内外知名大学与研究机构进行访学、进修与交流，甚至与企业、行政事业单位进行合作，派出教师进行挂职锻炼，或者派出教师到相关实践基地进行研修等，都是比较好的方式与途径。思政教育主体所在的二级单位是对教师进行管理的实施单位，负有直接职责，特别是马克思主义学院或者思政教学部、学工部两个单位，马克思主义学院或者思政教学部主要负责对思政理论课教师的管理、培训的实施，相关政策的执行与活动的具体组织，都需要学院或者部门具体实施。学工部主要负责辅导员的管理与培训。在强调课程思政的今天，各个专业学院也有对任课教师进行培训的任务与职责，在广大专业教师中多种方式激发其进行课程思政的教学与育人实践，是必须认真思考的。因此，必须引起高校各相关部门和二级单位的高度重视付诸行动。

三是广大思政教育教学主体的自觉意识与自主作为。作为思想政治教育教学的主体，也是提升思政教育教学供给能力的主体力量。因此，一方面，要强化自身自觉意识。要意识到时代进步、科技发展和教育发展对教师自身素质提出的高要求，充分认识到国家教育行政部门对于思政教育提出的高要求，强化自身的危机感、责任感、使命感，努力使自身教育素质和教育教学技能跟上时代发展的要求；另一方面，要努力自主作为，自觉参加各种形式的学习，努力提升自身的知识素养和能力素质，主动学习马克思主义理论知识，掌握马克思主义理论中国化和党的建设理论发展的最新成果。尤其是要掌握现代教育技术，熟练运用现代教育技术和方法，能够在各种可能的条件下，熟练进行网络教学、在线教学，掌握 PPT 制作技术、视频制作技术，自如地运用到教育教学过程当中，并时常主动参加各种有益的关于教学方法、教育技术方面的培训，不断提升自身的教育教学技能，主动提高自身对当代大学生进行思政教育教学的供给能力。

第三节　高校思想政治教育工作的新目标

根据积极心理学的观点，幸福被认为具有最高的价值，是人生的终极目标，也是各种思想、政治和教育活动的最终目标。教育并不是一个独立的目的，而是达到人生幸福的手段之一。积极心理学被定义为一门致力于研究人类发展潜力和美德的科学，它不以解决个体生命系统中的问题为导向，而是充分肯定人类内在的潜能，并认为人们有能力通过自身的力量解决内心的冲突，不断完善自我。积极心理学主张发掘和培育人类固有的积极力量，以实现理想的生活方式。

一、大学生思想政治教育新目标的实现

（一）大学生思想政治教育目标应使学生变得快乐和幸福

什么是快乐？快乐是一种对特定活动或事物表现出强烈兴趣并能够完全投入其中的情绪体验。它通常与对特定活动或事物的兴趣和投入密切相关。快乐可以是由欢乐、满足、愉悦、喜悦和满足感等积极情绪所构成的心理状态。快乐是人们追求的目标之一，它在个体的心理和生活中扮演着重要的角色。当人们感到快乐时，他们通常体验到积极的情绪，感觉轻松、愉悦和满足。快乐可以来源于不同的领域，例如人际关系、事业成就、学习进步、兴趣爱好的追求等。在大学生思想政治教育中，使学生变得快乐和幸福是一个重要的目标。通过积极的思想政治教育，可以帮助学生培养正确的价值观、道德观和人生观，提高他们的自我认知和情绪管理能力，从而增强他们的幸福感和快乐感。因此，积极心理学给予思想政治教育一个有益的启示，即使学生能够轻松愉快地接受教育，使他们感到快乐应该成为思想政治教育的重要目标。换言之，思想政治教育应该致力于给予学生快乐，使他们成为快乐的个体。

什么是幸福？幸福是一个古老而又广泛存在于人类文化中的概念，被视为人们追求的终极目标。幸福的精确定义在不同的时期和人群中可能存在差异，因此它的确切含义很难界定。根据《现代汉语词典》的解释，幸福可以理解为"心灵得到满足，感到快乐、安宁、满足的状态"。幸福是一种主观的感受和体验，它涉及个体的情感、认知和生活满意度等多个方面。幸福的体验是因人而异的，每个人对幸福的追求和感受可能有所不同。对于某些人来说，幸福可能与物质财富和物质生活的舒适度相关，而对于其他人来说，幸福可能更多地与人际关系、社交支持和情感满足有关。此外，个人的价值观、文

化背景、生活经历等也会影响对幸福的理解和追求。因此，大学生思想政治教育的目标之一应该是让大学生体验到幸福，增强他们的获得感和满足感。换句话说，思想政治教育应该努力帮助大学生实现幸福，提升他们的幸福感。

（二）思想政治教育目标应使学生形成积极人格，促进全面发展

积极心理学与传统心理学的重要区别之一在于其关注人格，尤其是积极人格。根据积极心理学的观点，完善人格意味着个体要发挥自身的优势，进行自我构建，并接受正向的环境引导。在大学生思想政治教育中，积极心理学的观点可以提供有益的指导。

积极心理学认为每个人都有自身的优势和潜力，大学生思想政治教育可以帮助学生发现和发挥自己的优势。通过了解自己的个性特点、兴趣爱好和能力所在，学生可以更好地认识自己，从而更有动力地追求个人发展和成就。在大学生思想政治教育中，学生可以通过反思和自我探索来建立积极的人格特质，如乐观、自信、坚忍和适应性。这可以通过培养积极的自我谈话、设定目标和寻找意义等方式实现。

在大学生思想政治教育中，可以提供正向的环境引导，包括营造积极的学习氛围、鼓励学生之间的支持和合作、提供心理健康支持和资源等。这些正向环境可以为学生提供成长和发展的机会，促进他们的积极人格特质的培养。大学生思想政治教育可以通过实践和应用的方式来帮助学生将积极心理学的理念融入实际生活中。例如，组织学生参与志愿者活动、社会实践项目或领导力培训，让他们有机会将积极心理学的原则应用于实际情境中，提升他们的个人发展和满意度。

大学生思想政治教育可以借鉴积极心理学的观点，关注个体的优势和积极人格的发展。通过帮助学生发现自身优势、进行自我构建，并提供正向的环境引导，可以促进学生的积极成长、个人发展和幸福感。这将有助于培养大学生全面发展的能力，提高他们的综合素质和生活满意度。

（三）完善大学生思想政治教育目标体系

随着社会的快速发展和变革，大学生思想政治教育的重要性日益凸显。作为培养未来社会主义建设者和接班人的重要阶段，大学阶段的思想政治教育承载着培养学生正确的世界观、人生观和价值观的使命。然而，当前的大

学生思想政治教育目标体系仍存在一些不足之处，需要进一步完善。

第一，加强马克思主义理论教育。作为中国特色社会主义的指导思想，马克思主义在大学生思想政治教育中具有重要地位。完善目标体系需要加强对马克思主义理论的教育，培养学生对马克思主义基本原理的理解和运用能力。通过开设马克思主义基本原理课程、组织相关研讨和讲座等形式，使学生深入了解和把握马克思主义的核心观点，增强对社会主义核心价值观的认同和理解。

第二，注重培养学生的创新精神和实践能力。大学生思想政治教育应当注重培养学生的创新精神和实践能力。创新是推动社会进步和发展的重要动力，因此，大学生思想政治教育目标体系应明确培养学生的创新意识和创新素质。通过开展创新创业教育，提供创新创业平台和资源，激发学生的创新潜能，培养他们的创新思维和实践能力。

第三，强化社会责任感和公民意识教育。作为社会主义建设者和接班人，大学生应具备良好的社会责任感和公民意识。完善目标体系需要加强社会责任感和公民意识的教育。通过引导学生参与社会实践、志愿服务等活动，让他们亲身感受社会问题和发展需求，培养他们的社会责任感和公民意识，激发他们为社会进步和人民幸福作出贡献的热情和动力。

第四，注重培养学生的自主学习和终身学习能力。随着社会的不断变化和知识的快速更新，大学生思想政治教育的目标体系应注重培养学生的自主学习和终身学习能力。通过教授学习方法和学习技巧，引导学生形成自主学习的习惯和能力，培养他们不断学习、适应新知识和新技术的能力，以应对未来社会的挑战和需求。

第五，促进学生身心健康发展。大学生身心健康是思想政治教育中不可忽视的重要方面。完善目标体系需要注重促进学生身心健康的发展。学校应加强心理健康教育和心理咨询服务，帮助学生解决心理问题，提高心理素质。此外，还可以开展体育运动、健康教育和生活习惯培养等活动，培养学生良好的生活方式和健康意识，提升他们的身体素质和心理抗压能力。

第六，加强思想政治教育与专业教育的融合。大学生思想政治教育与专业教育应当相互融合，形成有机的整体。完善目标体系需要加强思想政治教育与专业教育的衔接和融合。教师可以通过案例教学、专业伦理教育等方式，将思想政治教育与学科知识相结合，引导学生在学习专业知识的同时，培养正确的价值观和职业道德，提高专业素养和社会责任感。

第七，开展多样化的思想政治教育活动。为了激发学生的兴趣和参与度，完善目标体系需要开展多样化的思想政治教育活动。可以组织学生参与辩论赛、主题演讲、社团活动等，提供多样化的思想交流和实践平台。此外，还可以邀请社会名人、专家学者等来讲课，举办座谈会，丰富学生的思想视野和知识储备。

完善大学生思想政治教育目标体系是培养新时代大学生的重要任务。通过加强马克思主义理论教育、培养学生的创新精神和实践能力、强化社会责任感和公民意识教育、注重自主学习和终身学习能力、促进学生身心健康发展、加强思想政治教育与专业教育的融合以及开展多样化的思想政治教育活动，可以更好地适应时代需求，培养具有坚定信仰、积极向上、社会责任感强的新时代大学生。只有完善目标体系，才能更好地发挥大学生思想政治教育的作用，为培养社会主义建设者和接班人作出贡献。

（四）大学生思想政治教育目标体系实现层次性和系统性的协调

大学生思想政治教育是培养新时代大学生全面发展的重要途径，也是塑造学生良好思想品质和社会责任感的关键环节。为了确保大学生思想政治教育的有效性和实效性，建立一个层次性和系统性协调的目标体系至关重要。

第一，确立全面发展的基本目标。大学生思想政治教育目标体系的首要任务是确立全面发展的基本目标。全面发展包括思想、品德、智力、体质和美育等多个方面，因此目标体系应该涵盖这些方面，并明确各个方面的重要性和相互关系。例如，思想方面要培养学生正确的世界观、人生观和价值观；品德方面要培养学生的社会责任感和公民意识；智力方面要培养学生的创新能力和终身学习能力；体质方面要培养学生的身心健康；美育方面要培养学生的审美情趣和艺术素养。通过明确全面发展的基本目标，可以确保目标体系的层次性和系统性。

第二，建立层次分明的目标层级。在大学生思想政治教育目标体系中，应建立层次分明的目标层级。不同层级的目标相互联系、相互补充，形成一个有机的整体。例如，可以将目标分为基本目标、阶段目标和细化目标三个层级。基本目标涵盖了全面发展的基本要求，是整个目标体系的核心；阶段目标针对不同学习阶段的学生，具体规定了在特定阶段应达到的目标要求；细化目标则进一步细化了阶段目标，明确了具体的教育内容和培养要求。通过建立层次分明的目标层级，可以实现目标体系的层次性和系统性协调。

第三，构建各层次目标之间的衔接机制。在大学生思想政治教育目标体系中，各个层次的目标之间应建立起有效的衔接机制，使其相互关联、相互促进。衔接机制可以通过以下几个方面实现：

教育计划与评估：制订相应的教育计划，明确各个层次目标的实施步骤和时间节点，并通过评估机制对学生的达成情况进行监测和评估，及时调整教育策略和方法。

教育内容的渗透：在不同的教育内容中渗透全面发展的理念，将各个层次目标融入具体的教育活动中，使学生在学习中能够全面发展。

跨学科的整合：加强各学科之间的协同合作，通过跨学科的整合，使各学科的教育目标相互融合、相互支持。例如，在课程设计上可以安排多学科的教学内容，让学生在不同学科中综合运用知识，培养综合素养。

辅助资源的提供：为学生提供相关的辅助资源，包括图书、网络平台、社会实践等，帮助他们在实践中实现各个层次目标的衔接与提升。

第四，培养学生自主发展的能力。大学生思想政治教育目标体系的实现还需要培养学生自主发展的能力。学生应该具备自我学习、自我管理和自我发展的能力，能够主动参与思想政治教育的过程，并根据自身的发展需求进行目标的制定和实施。学校应该提供相应的培养机制和平台，如学生社团、志愿者活动等，让学生有机会实践和提升自己的能力。同时，教师应该充当引导者和指导者的角色，引导学生树立正确的人生观和价值观，激发他们的自主学习和创新精神。

第五，建立有效的评估与反馈机制。为了确保大学生思想政治教育目标体系的层次性和系统性协调，需要建立有效的评估与反馈机制。评估应该全面、客观地考查学生在各个层次目标上的达成情况，并及时向学生反馈评估结果和改进建议。评估可以采用多种方式，包括考试、作业、项目报告、实践成果等，以全面了解学生的学习情况和发展水平。同时，学校应该建立健全的反馈机制，通过教师的指导和辅导，帮助学生分析评估结果，制订个人发展计划，并提供相应的支持和资源。

大学生思想政治教育目标体系的层次性和系统性协调对于学生全面发展至关重要。通过确立全面发展的基本目标、建立层次分明的目标层级、构建各层次目标之间的衔接机制、培养学生自主发展的能力以及建立有效的评估与反馈机制，可以实现大学生思想政治教育目标体系的层次性和系统性的协调。这将有助于提高学生的思想品质和社会责任感，促进他们的全面发展，为社会培养更多具有高素质和创新能力的人才。

（五）新时代大学生思想政治教育新目标的构建

新时代大学生思想政治教育是适应时代发展和培养高素质人才的重要任务。随着社会的快速变革和新时代的要求，传统的思想政治教育目标已经不能完全适应当代大学生的需求。因此，构建新时代大学生思想政治教育新目标具有重要的现实意义。

第一，明确培养社会主义建设者和接班人的使命。新时代大学生思想政治教育的首要目标是培养学生成为社会主义建设者和接班人。这要求学生具备坚定的中国特色社会主义信仰，理解和支持党的路线方针政策，具备为实现中华民族伟大复兴的中国梦而奋斗的意识和行动能力。在思想政治教育中，要引导学生深入学习马克思主义、中国特色社会主义理论，加强对党的理论创新成果的学习，明确自己的历史使命和责任，积极参与社会实践，锤炼自己成为一名有理想、有担当的社会主义建设者。

第二，培养具有全球视野和国际竞争力的人才。新时代大学生思想政治教育的新目标还应该包括培养具有全球视野和国际竞争力的人才。随着全球化的深入发展和经济社会的快速变革，大学生需要具备跨文化交流能力、全球问题意识和国际竞争力，能够适应和引领国际形势的发展。在思想政治教育中，要引导学生关注世界热点问题，增强国际视野，开展国际交流与合作，培养学生的跨文化沟通能力和国际合作能力，使他们具备在国际舞台上发展和竞争的能力。

第三，强化核心价值观的教育和引领。新时代大学生思想政治教育的新目标还应强化核心价值观的教育和引领。核心价值观是社会主义核心价值体系的重要组成部分，具有鲜明的时代特点和中国特色。在思想政治教育中，要引导学生树立正确的社会主义核心价值观，包括爱国主义、集体主义、社会主义、科学发展观等。通过开展相关的理论学习和实践活动，引导学生树立正确的人生观、价值观和世界观，培养他们的社会责任感和道德品质，促进他们在社会生活中积极向上、健康成长。

第四，提升创新创业能力和实践能力。新时代大学生思想政治教育的新目标还应该注重提升学生的创新创业能力和实践能力。创新创业是当代社会发展的重要动力，也是培养大学生综合素质的关键要素。在思想政治教育中，要引导学生树立创新创业的意识，培养他们的创新思维和实践能力。通过开展创新创业教育课程、科技竞赛、创业实践等活动，激发学生的创新潜能，培养他们的团队协作能力、项目管理能力和市场竞争能力。同时，还要引导学生关注社会问题，通过实践活动解决实际问题，提高他们的社会实践能力和责任意识。

第五，加强个性发展和全面素质教育。新时代大学生思想政治教育的新目标还应注重加强学生的个性发展和全面素质教育。每个学生都是独特的个体，有自己的兴趣、特长和潜能。在思想政治教育中，要尊重学生的个性差异，鼓励他们发展自己的兴趣爱好和特长，提供多样化的教育资源和平台。同时，要注重学生的全面素质培养，包括智育、体育、美育、劳动教育等方面的培养，全面提高学生的综合素质和能力。

第六，建立有效的评价机制和实施路径。为了有效构建新时代大学生思想政治教育新目标，需要建立科学合理的评价机制和实施路径。评价机制应该注重学生的综合素质和能力的培养，既要注重学术成绩的评价，也要注重学生的思想政治素质、实践能力和创新创业能力的评价。实施路径应该充分利用现代教育技术手段，建立全方位、多层次的教育体系，将思想政治教育融入课堂教学、社团活动、社会实践等方方面面，形成全员参与、全过程管理的工作格局。

新时代大学生思想政治教育的新目标的构建是适应时代发展和培养高素质人才的需要。明确培养社会主义建设者和接班人的使命、培养具有全球视野和国际竞争力的人才、强化社会主义核心价值观的教育和引领、提升创新创业能力和实践能力、加强个性发展和全面素质教育，是构建新时代大学生思想政治教育新目标的重要内容。为了实现这些目标，需要建立有效的评价机制和实施路径，使思想政治教育成为大学生全面发展的重要保障和引领。只有通过不断的努力和创新，才能够更好地适应时代的要求，培养出更多优秀的新时代大学生。

第四节　高校思想政治教育的对策

思想政治教育的目标是培养人的全面发展，因此在大学生思想政治教育中，要充分调动大学生的积极性、主动性和自觉性，以实现教育的实效。为了取得实效，大学生思想政治教育应该以科学发展观为指导，树立以人为本的工作理念。这意味着要从大学生的自身特点出发，关注他们的学习实际、生活实际、交往实际以及对社会实际和热点问题的关注。通过与大学生的密切接触和深入了解，可以更好地满足他们的需求，提供有针对性的教育内容和方法。

思想政治教育应该以大学生的全面发展和素质提高为最终目标。这意味着应注重培养大学生的思想道德素质、科学文化素质和健康素质的协调发展。思想政治教育应该关注培养大学生的道德品质和价值观念，提高他们的思想认识和道德意识。同时，还应该注重培养大学生的科学素养和文化素质，提高他们的学术能力和综合素质。此外，健康素质也是重要的方面，包括身体健康、心理健康和社交健康等。大学生思想政治教育要实现实效，关键在于以人为本，从大学生的实际需求出发，注重他们的全面发展和素质提高。只有这样，才能真正提高思想政治教育的实效性，为大学生的成长和发展作出积极的贡献。

一、大力开展校园文化建设，精心组织校园文化活动

校园文化对大学生的思想观念、价值取向和行为方式具有潜移默化的深

刻影响，因此在大学中建设一种能够体现社会主义特点、时代特征和学校特色的校园文化非常重要。为了实现这一目标，以下是一些可以采取的措施：

首先，校园文化建设应该紧密围绕满足大学生日益增长的精神文化需求。学生在大学期间希望得到全面的成长和发展，因此，校园文化应该提供丰富多样的学术、科技、体育、艺术和娱乐活动。这些活动应该生动活泼，吸引学生的兴趣和参与，并且能够将教育元素融入其中，以提升大学生的人格、气质、修养等内在品质。通过现代化的艺术教育引导大学生在学习、工作、生活中注重人格品质的修养和锻造，使他们自觉实现精神美和外在美的和谐统一。[1]

其次，校园文化建设应该注重培养学生的创新精神和实践能力。大学是培养创新人才的重要阶段，校园文化应该鼓励学生勇于思考、勇于实践，并提供相应的平台和机会。例如，可以组织创新创业比赛、科技项目展示、艺术作品展览等活动，激发学生的创新潜力和实践能力。

再次，校园文化建设还应该弘扬社会主义核心价值观和传统文化。通过开展有关社会主义核心价值观的宣传教育活动，引导学生树立正确的价值观念，培养社会责任感和道德品质。同时，也应该注重传承和弘扬传统文化，让学生有机会了解和体验传统文化的魅力，增强文化自信心。

最后，校园文化建设需要全校师生的共同参与和努力。学校可以建立相关的组织机构或委员会，负责校园文化建设的规划和组织。同时，教师和学生也应该积极参与，并提供他们的意见和建议，共同打造一个积极向上、充满活力的校园文化氛围。通过努力建设具有社会主义特点、时代特征和学校特色的校园文化，可以满足大学生的精神文化需求，提升他们的人格品质和素养，并促进学生素质的全面提高。这需要全校师生的共同参与和努力，共同营造一个积极、健康、丰富多彩的校园文化环境。

二、拓宽学生公寓管理渠道，创新公寓育人新模式

学生公寓在学生的日常生活和学习中扮演着重要的角色，也是进行思想政

---

① 魏可媛. 新时代高校艺术教育研究 [M]. 北京：新华出版社，2023：102.

治工作和素质教育的重要场所。为了加强这方面的工作，可以考虑以下措施：

首先，选拔优秀的青年教师作为公寓辅导员。这些教师应该具备较高的思想政治素质，同时具有学生工作经验并热心于辅导员工作。他们可以直接进驻学生公寓，负责对学生进行思想引领、心理辅导和问题解答等工作。他们与学生的密切接触能够更好地了解学生的需求和问题，并提供针对性的指导和帮助。

其次，挑选品学兼优的学生干部、党团员骨干和入党积极分子担任公寓的楼长、层长和宿舍长，形成一个学生公寓自律委员会。这些学生干部可以协助公寓管理员进行日常管理工作，负责组织学生公寓内的各项活动和事务。他们可以成为学生之间的联系纽带，帮助解决学生的问题，同时起到引导和监督学生行为的作用。

通过以上措施，可以促进思想政治教育在学生公寓中的及时性和深入性。公寓辅导员和学生干部可以与学生建立更紧密的联系，了解他们的思想动态和需求，及时提供帮助和指导。此外，他们也能够加强对学生集体行为的控制和引导，促进良好的公寓氛围和学风建设。

这样的做法还有助于培养和提高学生的自我管理、自我教育、自我服务、自我约束和自我成才的意识与能力。学生通过参与公寓管理和组织活动，能够培养自觉遵守规章制度、团结合作、自我约束的良好品质，同时也能够提高组织协调能力、领导能力和社交能力。

三、加强高校网络思想政治教育阵地建设

高等院校作为我国社会网络化发展的前沿，网络对当代大学生的行为模式、价值取向、政治态度、道德观念和心理发展等方面的影响日益增大。因此，必须将高校校园网建设成为传播先进文化和弘扬主旋律的重要渠道，加强大学生思想政治教育的重要阵地，全面服务于大学生的重要平台。具体措施如下：

建设多样化的网络平台：高校应该建设多样化的网络平台，包括学校官方网站、网络教学平台、微博、微信公众号等，为学生提供丰富的学习和交流平台。

　　提供优质的网络内容：高校应该加强对网络内容的筛选和监管，提供高质量、有价值的思想政治教育资源，推出有针对性的网络教育课程和活动，丰富学生的学习体验。

　　建设专业化的师资队伍：高校应该加强对网络思想政治教育师资队伍的培养和引进，建设专业化、高水平的教师团队，提高教学质量和教育效果。

　　加强学生参与和互动：高校应该鼓励学生积极参与网络思想政治教育活动，组织丰富多样的线上讨论、主题活动和竞赛等，提高学生的参与度和主动性。

　　深化网络素养教育：高校应该将网络素养教育纳入思想政治教育的内容中，培养学生正确使用互联网的意识和能力，教授网络信息的辨别和利用技巧。

　　建立监测和评估机制：高校应该建立科学的监测和评估机制，及时了解网络思想政治教育阵地的运行情况和学生的反馈意见，及时调整和改进工作。

　　增强政治教育的针对性：高校应根据学生的特点和需求，制订具体的网络思想政治教育计划和活动，注重培养学生的社会责任感、公民意识和核心价值观。

　　加强校内外合作：高校应积极与政府、企业、社会组织等建立合作关系，共同推动高校网络思想政治教育阵地的建设，共享资源，提高教育的覆盖面和影响力。

　　通过以上措施，可以更好地利用校园网络资源，加强大学生的思想政治教育，引导他们树立正确的价值观和政治态度，增强社会主义核心价值观的影响力，营造积极向上的校园网络文化氛围。

四、加强大学生的心理健康教育

　　加强大学生的心理健康教育是非常重要的。高校应该建立完善的心理健康教育体系，包括心理健康教育课程、心理咨询中心、心理导师等，为学生提供全面的心理健康教育服务。

　　心理健康教育课程是加强大学生心理健康教育的重要途径之一。高校应该根据学生的实际情况，科学合理地安排心理健康教育课程，让学生了解心理健康知识，提高心理素质。

高校应该积极营造健康的校园文化氛围，让学生感受到积极向上、阳光向好的氛围，增强学生的自信心和自尊心。提供个性化的心理咨询服务，帮助学生解决心理问题，提高心理素质。心理导师是高校心理健康教育的重要组成部分，高校应该加强心理导师的队伍建设，提高心理导师的素质和能力。大学生应该学会自我调节和自我管理，保持积极向上的心态，增强心理素质。总之，加强大学生心理健康教育需要高校全面推进、多措并举，不断提高大学生的心理素质，促进大学生的全面发展。

五、大力培养大学生的社会交往能力

在当今社会，人际交往能力成为衡量一个人能否成功的重要因素。大学生作为社会的未来精英，培养他们的社会交往能力显得尤为重要。因此，我们需要培养学生以积极的心态参与日常的交往活动，掌握人际交往的艺术和技巧，与他人真诚相处，以真诚对待人，宽容他人的不足。此外，学生还应该学会团队合作，善于理解他人的意图，懂得表达赞美之词，学会站在他人的角度思考问题。培养大学生的社交能力是为了他们能够更好地适应社会，并在职业发展中取得成功。这需要他们具备良好的沟通技巧、合作精神和人际交往能力，以建立良好的人际关系，促进个人和集体的共同发展。

提升大学生的社会交往能力是一项系统工程，需要学校、社会和家庭共同努力。通过综合施策，帮助大学生培养良好的人际交往能力，为他们的未来发展奠定坚实的基础。如，开展社交技能培训，学校可以开设社交技能课程，教授大学生有效的人际沟通技巧，如倾听、表达、非语言沟通等。此外，可以邀请社交能力较强的人士来讲课或分享，让大学生学习成功人士的社交经验。

一是参与社会实践活动。组织大学生参与各类社会实践活动，如志愿者服务、社团活动、实习等。通过实际操作，让他们更好地了解社会，提高人际交往能力。

二是提升自我认知。帮助大学生了解自己的性格特点、价值观和情感需求，以便在人际交往中更好地把握自己的态度和行为。同时，要培养大学生的同理心，让他们学会换位思考，理解他人的情感和需求。

三是营造良好的校园文化氛围。加强校园文化建设，营造积极向上、包容开放的校园氛围。鼓励大学生参与各类文化活动、体育比赛等，培养他们的团队精神和合作意识。

四是提供心理辅导支持。设立专门的心理咨询机构，为大学生提供心理辅导和支持。帮助他们解决情感困扰、自卑等问题，提高自信心和自尊心，从而更好地进行人际交往。

五是家校合作共同培养。与家长建立良好的沟通机制，共同关注大学生的成长。家长要为孩子树立良好的榜样，传授正确的社交技巧，鼓励他们多参与社交活动。

六、教育和引导大学生树立正确的婚恋观

大学生正处于青春期，他们的生理发育已经基本成熟，而面对情感需求时，学校既不能漠视不管，也不能简单地封堵，而应进行教育和引导。我们需要教育和指导学生树立正确的恋爱观，以正确的方式处理男女之间的情感问题。在建立健康的恋爱关系时，相互负责任是至关重要的基础。当面临失恋时，学生需要学会自我调节，保持理智，避免走向极端。

此外，我们需要教育和引导学生不要轻易相信网恋，更不要草率地与网友见面，以免遭受被"恋人"欺骗、受到经济或性侵害等严重后果。我们要让学生意识到网恋存在的风险，并提醒他们保持警惕，避免陷入不必要的危险境地。重视网络安全意识，避免轻率行事，以免造成财产损失、人身安全受到威胁，甚至生命受到威胁。对于大学生的情感需求，学校应该通过教育和引导的方式，帮助他们树立正确的恋爱观，处理好情感问题，并引导他们远离网恋的风险，保护自身的安全和利益。

七、做好贫困家庭学生的资助工作

高等学府的帮困助学体系包括奖学金、勤工助学、助学贷款、社会资助、困难补助、学费减免等多种措施。其中，奖学金、勤工助学和助学贷款

等"造血型"帮困措施应构成主要支柱，而助学补助、困难补助和学费减免等"输血型"帮困措施则作为补充。这样，学生通过刻苦学习可以获得奖励，通过勤奋劳动能够得到报酬，通过良好信誉可以获得贷款支持。同时，他们也能够感受到国家和学校在助学、奖学、学费减免方面的温暖和关怀。

这一体系旨在解决特困生生活上的困难，同时鼓励他们自觉培养自立和自强意识，以更好地适应未来社会对人才的需求。通过提供经济援助，我们既要帮助特困生克服生活上的困难，又应鼓励他们发展自己的能力和潜力，以便为社会作出更大的贡献。这种助学体系不仅关注特困生的眼前困境，也着眼于培养他们的自主能力和终身发展能力，使他们能够在未来的道路上获得成功。

八、构建完善的大学生就业指导教育体系

高等学校应该在学生入学时便开始提供全方位的职业发展教育指导，帮助他们根据市场对各专业的需求情况来调整学习计划和职业心态，以做出明智的职业定位。这种指导不仅涵盖了确定适合个人心理特点和能力范围的职业发展方向，还包括培养创新意识、创新精神和创新能力。通过这样的教育指导，大学生能够满足高等教育对人才发展的需求，具备未来的适应性，并提高他们在就业市场上的竞争力和职业发展能力。

同时，高校应该与用人单位建立直接的就业实践基地，开展相关实践活动。这样可以让学生获得实际的工作经验，与真实的工作环境接触，增强他们的职业素养和实践能力。为了提供更专业的就业指导，高校可以吸纳社会上的专家学者和校外知名企业负责人，共同组建就业指导教师队伍。这样的做法可以使就业指导师资逐步实现专业化、专家化和职业化，更好地满足学生的就业需求，提供更具针对性地指导和支持。高等学校应该在学生入学时就开始提供职业发展教育指导，并通过实践活动和专业化的师资队伍来帮助学生适应未来职业发展的需求，提高他们的就业竞争力和职业发展能力。

第六章　中华优秀传统文化与大学生思想政治教育创新的逻辑关系

推动中华优秀传统文化创造性转化和创新性发展，不断提高大学生的思想觉悟、道德水平和文明素养，需要在大学生思想政治教育活动中，既要注重发掘马克思主义理论的方法论意蕴，同时又要坚持马克思主义与时俱进的理论品质，把马克思主义与中国的具体实际、与中国传统文化的实际相结合，从历史维度、实践维度明晰二者的逻辑关系，创新思想政治教育理念和方法。

第一节　传统文化视域下大学生思想政治教育创新的逻辑起点

我们知道，思想政治教育的逻辑起点是现实人的思想和行为。基于传统文化的视角，创新大学生思想政治教育，必须将大学生的思想和行为作为逻辑起点。

一、坚持批判继承传统文化的思想政治教育观

中华传统文化是中华民族在自然与社会中长期交涉、活动中所积累和积淀下来的物质的和精神的各种事物的总和。传统文化有精华也有糟粕。在人类历史中，文化、文明正是通过教育这种社会传承方式延续下去，又经过人

们的不断创新而发生变化，由量变的积累和积淀，而导致质的飞跃，从而形成在质上明显不同的进化着的文化、文明的历史。先贤圣哲为我们留下了难以计数的文化瑰宝，这是大学生思想政治教育必须加以传承的精神财富。中国传统文化历代相传、悠久灿烂，其蕴含的先进思想和深刻哲理是当代大学生思想政治教育的宝贵资源。大学生思想政治教育工作者，要批判继承传统文化的精髓，在思想政治教育的目标、内容、方法等方面，顺应时代潮流，更新观念，因势利导，挖掘汲取其精华和深邃思想，应用传统文化蕴含的现代价值，构建和谐校园文化环境，促进大学生思想政治教育的发展创新，增强思想政治教育的实效性、针对性。

新的社会历史条件下科学技术迅猛发展，人们的价值体系、人生态度等都发生了翻天覆地的变化，继承中国传统文化对开展新时期的思想政治教育十分重要。只有清楚地认识到当前思想政治教育工作中所面临的问题，重视当前思想政治教育工作方式的改变，将中国传统文化中有价值、有意义的理论成果、思想认识与当今的思想政治教育工作有机结合，才能在新的历史条件下开拓出我国思想政治教育工作的崭新局面。

中国传统文化中含有系统而独具民族特色的教育理论体系，它重视伦理价值取向，强调德智统一、以德统智。当代大学生思想政治教育，应扎根于中国传统文化土壤，充分发挥优秀传统文化在思想政治教育中的作用。习近平总书记在中央党校建校 80 周年庆祝大会暨 2013 年春季学期开学典礼上的讲话中指出："中国传统文化博大精深，学习和掌握其中的各种思想精华，对树立正确的世界观、人生观、价值观很有益处。""学史可以看成败、鉴得失、知兴替；学诗可以情飞扬、志高昂、人灵秀；学伦理可以知廉耻、懂荣辱、辨是非。"[①] 习近平总书记的讲话深刻揭示了中国传统文化在中国现代转型过程中的积极意义和宝贵价值，也确立了中国传统文化在大学生思想政治教育实践中的重要地位。

在价值取向上，要批判继承传统文化进行大学生思想政治教育。中国传统文化雄赡浩博，有向称发达的史学、充满智慧的人生哲学、以意境取胜的

---

① 习近平. 在中央党校建校 80 周年庆祝大会暨 2013 年春季学期开学典礼上的讲话[N]. 人民日报，2013-03-03(01).

文学艺术。中国是一个史学的国度，中国人善于从历史中吸取有益的经验智慧。读史书，知兴替，明兴亡之理；阅哲理，穷究天人之际，洞悉"天人合一"之理，明晰人与自然和谐相处的重要性，领悟荀子"制天命而用之"的教诲；览文学艺术，陶染心灵，升华砥砺自己的审美意识。一言以蔽之，优秀文化可以不断纯净大学生的心灵，改善大学生的精神状态，能让大学生在这浮躁功利、名缰利锁的社会中"独善其身""独守一片宁静"，更能导引大学生坚守自己的精神家园，明确人生的发展方向。

在革命和建设时期，对于传统文化，毛泽东曾经在《新民主主义论》中提出"剔除其封建性的糟粕，吸收其民主性的精华"的观点。毫无疑问，这种观点依然适用于今天，我们也许可以做一些具体的补充，比如说，今天批判继承传统文化，应当本着有利于现代化、有利于社会进步、有利于人民精神境界提高的原则。这也可以成为借鉴传统文化创新大学生思想政治教育的标准。

二、立德树人与中华优秀传统文化的关系

党的十八大以来，党中央确立了教育事业的根本任务是立德树人，为新时代大学生思想政治教育指明了根本方向。中华优秀传统文化是立德树人的文化底色和精神支撑。立德树人是在对传统教育理念的创造性转化和创新性发展的基础上形成的，回答了新时代中国特色社会主义需要"立什么样的德，树什么样的人"的问题。

（一）优秀传统文化视角下的立德树人

从中国传统文化的发展进程来说，立德与树人理念的历史渊源极为悠久，并始终代表着中国人对育人理论的探索和思考，而在不同的历史时期有不同的表现。前面我们分析过，中国传统文化特别是儒家主张保生命，道家主张顺其自然、保全生命。但是在我们的先人看来，人的生命价值如果和道德价值、人格价值发生冲突，道德价值、人格价值更重要。因此中国古人探讨了人的死亡与"不朽"的关系问题。人都是要死亡的，那么人死亡以后，是不是还有值得后人永远敬仰的东西？存不存在不朽的东西？《左传》有这样的记载，认为人虽然有死亡，但是死而不朽，他的精神和功业是永远存在的，所以有

"太上有立德，其次有立功，其次有立言，虽久不废，此之谓不朽"这样的说法，这就叫作"三不朽"，就是要"立德、立功、立言"："立德"就是树立人格道德榜样；"立功"就是建功立业；"立言"就是所提出的新的思想言论有助于人民素质的提高、有利于国家的发展。传统文化认为人的道德、功业和言论的价值是非常重要的，这叫作"三立"。人要在"三立"方面都有贡献，或者在其中的一个方面作出贡献，这样的人虽然死亡了，但却是不朽的。"三立"作为一种强大的精神力量至今还在鞭策激励着青年人奋发图强。

在中国传统文化中，"树人"一词首先出现在《管子》中，曰："一年之计，莫如树谷；十年之计，莫如树木；终身之计，莫如树人。"中国传统文化植根的土壤是农业文明，我们的先民很早就认识到人是农耕社会产生决定性作用的能动者，《管子》因此提出的树人理念确切指出，社会进步与延续的决定性因素在于人的顺利成长与提升，树人由此成为文明社会求得发展和创新的核心要素与最高追求。

党的十八大以来，党中央从传统文化的历史脉络，从深远的政治考量上，明确规定了教育的根本任务是"立德树人"，继承了历史传统，实现了新时代"立德"与"树人"的高度有机融合，也为新时代的大学生思想政治教育指明了方向。

（二）优秀传统文化是立德树人的思想源泉

中华优秀传统文化经过漫长的发展历程，实现立德树人的根本任务离不开中华优秀传统文化的精神滋养，因为立德树人的目标是培养德智体美劳全面发展的社会主义合格建设者和接班人，而中华优秀传统文化中包括了相关的内容，有助于提高国民素质。优秀传统文化作为立德树人的思想源泉主要表现为以下几个方面。

第一，在价值观念上，优秀传统文化比较重视做人，重视人与他人的关系，重视人与自然的和谐。学习优秀传统文化，能够提升大学生的思想境界，培养他们良好的道德品质。因此，优秀传统文化是实现立德树人、培养大学生高尚道德情操的重要内容。

第二，重视"仁"和"礼"在立德树人中的作用。关于什么是"仁"，《中庸》曰："仁者，人也，亲亲为大。""仁"就是人自身或者人自身的一种品德。

"亲亲为大"，就是爱自己的亲人是最根本的出发点。仁爱的精神是人自身所具有的，而爱自己的亲人是最根本的。但是"仁"的精神不止于此，爱自己的亲人只是"爱"，扩而大之到爱别人才叫作"仁"。简而言之，孔子认为"仁"就是爱人，就是要爱大众、爱他人，人与人之间也要相爱。在孔子看来，爱人有两点原则：一是"己所不欲，勿施于人"；二是"己欲立而立人，己欲达而达人"。第一点是消极的，自己不喜欢的不要给别人；第二点是积极的，自己想立德，想追求的、要实现的东西，也需要帮助别人达到。孟子也有类似的主张，认为如果不能够做到爱人，也不能得到别人的爱和尊敬。所以儒家提倡的仁爱精神有助于人与人之间、国家和民族之间构建和谐的关系，为立德树人提供了智慧支持。"仁"和"礼"是形式和内容的关系。"礼"是"仁"的表现形式，"仁"是"礼"的实质内容。"礼"是古代的社会规范和道德规范，主要包括社会政治制度、法律准则、道德规范三个方面内容。传统社会非常重视"礼"，孔子认为，一个人"不知礼"就"无以立"，如果人连"礼"都不懂，那么这个人就不可能自立。所以孔子提出了"克己复礼为仁"，也就是要约束自己，要符合"礼"，这样来做到"仁"，达到"仁"的境界。"礼"的思想也是立德树人的重要内容之一。

（三）立德树人是对优秀传统文化的传承和升华

立德树人是新时代大学生思想政治教育的根本任务，在其形成过程中，抛弃了传统文化中落后和腐朽的部分，把先进文化加以保留，并在此基础上加以继承和发扬，成为立德树人的重要内容。因此，中华优秀传统文化中的德行养成、美德教化、集体主义思想、爱国主义精神就是立德树人对中华优秀传统文化传承和升华的重要体现。立德树人是中华民族优良传统的体现。中华民族自古以来就有立德树人的优良传统和教育思想。当今要实现立德树人的根本任务，也必须吸取传统文化的精华，无论是立德，还是树人，都不能割裂传统，脱离母体文化的承载。传统文化孕育的基本精神、价值理念、育人方式方法都内在地包含着立德树人的宝贵智慧。要为新时代培养合格的社会主义建设者和接班人，既要重视立德，也要重视树人。立德在前，树人在后；立德是前提和基础，树人是目的和归宿。我国传统文化推崇的人才培养逻辑是：先成人，后成才，要成人必先立德。立德树人是贯穿我国传统文化教育的一条主线。

立德树人体现了中华民族传统教育思想的精华。中国古代教育思想的特征之一是伦理道德和教育的统一，强调修身养性和德性的养成。《大学》中"大学之道，在明明德，在亲民，在至于至善"，就是说教育的目的主要是弘扬德行，培养德才兼备、知行合一的人才。立德树人从个体、社会、国家三个层面展开，体现了传统文化的核心价值观就是人生价值观，就是人的智慧、理想、才能的体现，为国家、为人民、为民族作出应有的贡献，才是真正实现人生价值，这一观念贯穿于传统文化发展的历史进程中。

党的十八大以来，习近平总书记站在历史高度对立德树人作了深刻的分析和阐述，明确回答了在新时代我们应该怎样立德、怎样树人，以及立德和树人两者之间的关系等一系列问题，为新时代大学生思想政治教育实现立德树人目标指明了前进的方向。习近平总书记指出，所谓立德，即立大德、功德、私德，并要求要"明大德、守公德、严私德"；所谓树人，就是培养德智体美劳全面发展的社会主义建设者和接班人。关于如何立德、怎么做人，习近平总书记也提出了要求，他指出，德是首要的，是起方向作用的，道德对于个人、对于社会都具有基础性的意义，做人做事第一位的是崇德修身。关于立德和树人的关系，习近平总书记指出，为党育人、为国育才是统一的。"人无德不立，育人的根本在于立德。这是人才培养的辩证法"，要"以树人为核心，以立德为根本"。因此，新时代的立德树人思想是建立在对传统文化地位和作用的深刻认识上的，是对优秀传统文化教育思想的传承和升华。

（四）德才兼备、以德为先的人才标准

当代人才标准昭示大学生自身修养不能脱离传统文化的浸润与滋养。中华优秀传统文化有助于引导大学生树立良好的道德品质和价值追求。中华优秀传统文化是伦理型的文化，比较注重人的道德修养和人格完善，蕴含了很多关于人生追求、国家观念、社会责任的精神内涵，具有贴近社会历史发展方向、契合民族共同体利益、呼应马克思主义中国化基本精神的特点，对树立良好道德品质和正确的世界观、人生观、价值观很有益处。

重德，是中华优秀传统文化的重要特征。在古代先哲那里，"德"与"道"是有区别的，"德"是个人的心地和行为，"道"是普遍的原则、理念；但二

者又是紧密联系在一起的，把"道"内化于心、外化于行就是"德"。我们今天所讲的"道德"一词就是由此而来的。我国传统文化认为，有道德是人与动物的一大区别，也是人的高贵所在。德是一个人安身立命的根本，也是一个国家兴盛的重要保证，败德会导致丧家亡国。儒家思想更是把道德对个人、国家的意义，把道德力量在政治中的作用推向了极致，从而极力倡导积德行善、厚德载物，重视道德教化和道德修养，大力宣扬德治仁政。由此，我国几千年来形成了浓厚的尚德传统，并滋养了中华民族敦厚重德的性格。国无德不兴，人无德不立。建设高度文明的社会主义现代化国家，实现中华民族的伟大复兴，必须让崇道尚德的文化血液在大学生的心中回荡奔涌！大学生肩负着建设祖国美好未来的重任，为此，不仅要掌握好科技强国的本领，更要从传统文化中汲取营养，培养自己的崇高品德。"太上有立德，其次有立功，其次有立言，虽久不废，此之谓不朽。"（《左传·襄公二十四年》）这是春秋时期鲁国的叔孙豹所讲的"三不朽"。人的生命是有限的，谁都不会永生不死，但一个人对社会的影响可以是恒久的。如有的人道德高尚，堪称千秋楷模；有的人功勋卓著，恩泽后世；有的人在思想文化领域成就卓越，其思想言论、作品经久不废，百代流芳。其实，每个人为社会提供的正能量都具有价值，正如一滴水放进大海里就不会干涸一样。司马光之谓："夫聪察强毅之谓才，正直中和之谓德。才者，德之资也；德者，才之帅也。云梦之竹，天下之劲也，然而不矫揉，不羽括，则不能以入坚；棠溪之金，天下之利也，然而不熔范，不砥砺，则不能以击强。"这段话精辟地论述了德与才的关系。德是才的统帅，应以德为本，以才为用，以德才兼备为理想。此外，这段话还启示我们，才不只是智力要素，还包括坚强、刚毅等非智力因素，德与才是融合在一起的，有时德本身就具有才的意义。正如文中所言：刚劲的云梦之地的竹子，如果不矫正其曲，不配上羽毛，就不能成为穿透坚硬物体的利箭；锐利的棠地铜材，如果不经熔烧铸造，不锻打出锋，就不能成为击穿硬甲的兵器。中国古代文人喜爱寄物抒情，借自然物来表现自己的人格向往和道德追求，于是形成了以物喻德的文化传统。譬如，"岁寒，然后知松柏之后凋也"，"上善若水"，莲"出淤泥而不染"等，都属于以物喻德。尤其是玉，古人赋予它更多的道德象征。孔子说："君子比德于玉焉。"他阐述了玉有十一德，即仁、智、义、礼、乐、忠、信、天、地、德、道，并认为君子应该重视自身修养。这些观念逐渐为人们所接受，成为人们为人处世的准则和情怀。玉也因此成为高贵、纯洁、温和、美丽的象征，所以才有"守身如玉""宁为玉碎，不为瓦全"等说法。上述传统文化内蕴的精神特质和修德方式恰恰可以为大学生加强自身修养提供坚实的文化支撑。

第二节　传统文化与大学生思想政治教育创新的历史逻辑

中国传统文化有其独特的价值体系，新时代实现思想政治教育的创新，我们提倡和践行社会主义核心价值观，必须从中汲取丰富营养，否则就不会有生命力和影响力。改革开放以来，有关文化的讨论就一直没有停歇过，曾经出现过两次文化潮，分别是 20 世纪 80 年代的"文化热"和 90 年代的"国学热"；进入 21 世纪后，主要弘扬中国特色社会主义先进文化。纵观 40 多年的文化演绎历程，我们不难发现，纷繁复杂的文化现象背后实质是中国传统文化、西方现代文化、马克思主义文化三种文化观之间错综复杂的关系。三种文化观一直处在不断激荡中，其中既有斗争又有融合，这也是当代中国文化发展的一大特色。随着改革开放的不断深入，中国文化探讨和建设才回归到理性、客观的轨道上来。具体来看，20 世纪 80 年代的"文化热"主要是从译介西方学术著作和学术观点入手，如萨特、弗洛伊德、尼采的哲学观点，汤因比的历史学观点，韦伯的社会学观点，罗尔斯的正义理论等，其本质是一种西方文化热；而 20 世纪 90 年代的"国学热"则是传统文化热。概言之，这两个阶段的文化研究主要呈现出这样的特征：80 年代的"文化热"是宣扬西方现代文化，目的是冲击传统价值，重在批判；而 90 年代的"国学热"则是以复兴传统为基调，注重传统文化的学理研究，意在建设。总之，不同文化之间的冲突与融合，也从一个侧面说明了文化在我们意识形态理论话语中的热度和地位。全球化背景下的文化安全和意识形态安全在内容上往往具有一致性。2005年12月，中共中央、国务院在《关于深化文化体制改革的若干意见》中明确提出"坚持马克思主义在意识形态领域的指导地位，确保国家文化安全"是深化文化体制改革的目标，并提出要积极发展以马克思主义为指导的社会主义意识形态，牢牢把握文化发展的主导权。

一、中国特色社会主义道路对传统文化的历史选择

中华民族5000多年灿烂文明在中国特色社会主义建设实践中得到发扬光大。继承和弘扬中华民族精神成为中国特色社会主义所具有的鲜明的民族特色。社会主义是随着人类社会发展而出现的社会形态，具有普遍性。同时，在不同的国家和民族，社会主义表现为不同的形式，具有不同的民族特色。由于人口、地域、文化等方面的差异，不同民族有不同的思维理念、行为方式、价值追求等，民族特色具有十分丰富的内涵。中华优秀传统文化是中华民族的根与魂，也是中国特色社会主义的文化之根、文明之源。中国特色社会主义是在中华文化背景下形成和发展起来的，必然要有民族的表达方式。实事求是、与时俱进、和谐社会、小康社会等具有浓郁民族文化特色的词语，已经融入中国特色社会主义理论与实践中，成为与现代文明相承接、与社会进步相适应的重要理念。不断丰富中国特色社会主义的民族特色，需要进一步继承和弘扬中华民族精神，进一步发展具有民族风格、民族气派的话语体系。

面向世界，和平与发展是中国特色社会主义的必然选择，这也与中国特色社会主义的民族特色密切相关。中华民族历来讲求天下一家，主张民胞物与、协和万邦、天下大同，爱好和平的思想深深嵌入中华民族的精神世界。历史上如此，今天、未来依然如此。

二、中国特色社会主义道路的文化底蕴

从文化意义上说，中国特色社会主义道路及其历史选择，集中体现着文化的时代性与民族性的具体的历史的统一。作为民族性的规定，"中国特色"内在地蕴含着中国所特有的文化传统的塑造和建构。中国的实际、中国的国

情、中国的土壤，既是广义的文化本身，又浓缩并表征着狭义的文化因子。作为时代性的规定，"社会主义"则是马克思主义普遍真理在一个东方大国实现的"实践能力的明证"。世界上并不存在抽象的社会主义，任何社会主义制度的建构，都离不开同特定国家和民族的文化土壤和文化传统及其所决定的历史背景的内在结合。

（一）传统文化是马克思主义中国化的文化土壤

从马克思主义的普遍原理与中国革命的具体实际相结合，到走自己的路，建设有中国特色的社会主义，再到今天的习近平新时代中国特色社会主义思想和实践，其中内蕴的一以贯之的实质，就是马克思主义的中国化。1885年4月，恩格斯在给俄国革命家查苏利奇的信中曾说过："在我看来，马克思的历史理论是任何坚定不移和始终一贯的革命策略的基本条件；为了找到这种策略，需要的只是把这一理论应用于本国的经济条件和政治条件。"他强调指出："要做到这一点，就必须了解这些条件。"一个国家的经济条件和政治条件，也就是这个国家的基本国情。倘若对中国的基本国情缺乏足够的了解或者不尊重，就不可能从实践上实现马克思主义在中国的成功应用。而经济条件和政治条件又折射出一个国家或民族的文化传统及其深邃背景。1887年1月，恩格斯在致美国社会主义者弗·凯利——威士涅威茨基夫人的信中又写道："越少从外面把这种理论（指马克思主义学说——引者注）硬灌输给美国人，而越多由他们通过自己亲身的经验（在德国人的帮助下）去检验它，它就越会深入他们的心坎。"所谓"亲身的经验"，同样离不开经验者被历史的存在所建构着的解释学意义上的"前见"。经验者总是遗传并分享了他所属的那个传统的文化，从而是一种文化的存在。因此，人们在通过自己的亲身经验去实践马克思主义的时候，就不能不渗透着文化的变量，这个变量对于这种实践来说，无疑具有本质的意义。

（二）中国选择走上社会主义道路有其特定的历史语境

中国之所以选择并走上了社会主义道路不是偶然的，而是由其特定的历史语境决定的。在一定意义上可以说，它是马克思主义基本原理同中国的具体条件包括文化条件成功融合的历史结果。随着人类普遍交往的日益拓展和深化，马克思所说的"历史向世界历史的转变"得以实现。"世界历史"的崛起，意味着考量中国社会演变的前途和命运，不能再囿于中国本身，必须着眼于"世界历史"这一宏大背景。马克思和恩格斯在《共产党宣言》中所说的"使东方从属于西方"，意味着西方对东方的征服及其所造成的不对等，同时也表明中国已被纳入"世界历史"范畴，构成其内在的有机部分。中国社会的变迁和演进，其方向和路径开始作为"世界历史"现象而被规定。如此一来，中国与世界之间实际的相互改变，就成为"世界历史"本身的重要建构。这一特定历史情境，决定了中国作为一个东方大国，选择社会主义道路是历史的必然。中国早期的马克思主义者都意识到了"世界历史"的意义，从而自觉地具有了一种全球史观的眼光。例如毛泽东、蔡和森、陈独秀、李大钊、瞿秋白等，都强调中国革命的实质和前途需要置于整个世界的坐标中加以讨论。蔡和森指出："劳动解放绝不是一个地方、一个国家、一个民族的问题，乃是一个世界的社会问题，马克思社会主义乃是国际的社会主义，我们绝不要带地域的民族的色彩。中国的阶级战争，就是国际的阶级战争。"1921年6月7日出版的《共产党》杂志在《共产党在中国的使命》一文中指出："现代的经济变动是世界的不是国别的了，大家不要妄信经济组织及状况幼稚的国家仍然应采用资本制度；同一起首创造，不必再走人家已经走过的错路了，这就是我们共产党在中国经济的使命。"东方国家选择社会主义道路，只有在"世界历史"背景下才是可能的。

（三）儒家的大同理想得以在中国传播的深厚而适宜的文化土壤

值得注意的是，社会主义思想传入中国，一开始是被作为"大同理想"来认知的。这固然是跨文化翻译的最初阶段所难以避免的"格义"，但也的确反映出两者间的相通和一致。儒家的大同理想，构成社会主义思潮得以在中国传播的深厚而适宜的文化土壤。作为马克思主义学说的科学社会主义，其社会理想同中国古代儒家的理想社会之间具有某种兼容的性质。也正因此，社会主义才能够在中国的先知先觉者中深入人心。从文化上说，中国传统文化同社会主义之间的确存在着某种特有的亲和性。中国古代的"大同理想"，成为中国之所以选择社会主义的深邃文化背景和重要文化尺度。梁启超认为，"孔子讲的'均无贫，和无寡'，孟子讲的'恒产恒心'，就是这主义（指社会主义——引者注）最精要的论据。"孙中山也是把"社会主义"称为"大同主义"，他说："民生主义就是社会主义，又名共产主义，即是大同主义。"蔡元培在为李季翻译的英人柯卡普的《社会主义史》所作序言中，一上来就把社会主义学说同中国儒家的社会理想作类比，认为我们中国本有一种社会主义学说，并从孔子、孟子和《礼记·礼运》里找出相似的段落加以证明。随着"西学东渐"，各式各样的社会主义思潮纷纷传入中国，并在思想舞台上竞相上演，诸如无政府主义、基尔特社会主义、新村主义、工读互助主义等，但历史最终选择了马克思主义的科学社会主义。因为只有科学社会主义在中国文化土壤中才最具有可实践性，能够契合并满足中国社会得以拯救和中国文化得以革故鼎新的紧迫需要。中国后来的实际发展和历史演变表明，马克思主义的确在中国这块土壤上获得了"实践能力的明证"。

（四）在中国革命进程中，道德感召力始终构成革命者持久战斗力的文化根基

牺牲和奉献精神、坚忍而顽强的意志力、革命者的虔诚信念、人民群众的道德觉悟……这一切都成为中国革命和建设事业取得胜利的重要保障。中国革命艰苦卓绝，其历时之久、范围之大，同人类历史上任何一场宏大的革命运动相比都毫不逊色，堪称历史的奇迹。用美国记者斯诺的话说，正是"绝对的信念"才能够产生出"大无畏的气概"。以史诗般的长征为例，就像毛泽东1936年在同斯诺谈话中所总结的那样："红军的胜利行军，以及它的胜利到达甘陕并保存自己的有生力量，首先是由于共产党的正确领导，其次是由于苏维埃人民和干部的伟大的才能、勇气、决心以及几乎超人的忍耐力和革命热情。……它之所以不可战胜和必然取得最后胜利，其原因之一就在于这种决心。"强调德性的力量，这既是中国特色，也是在中国大地上成就社会主义伟大事业的优势和可靠保障之所在。而这一价值取向，深深地植根于中国传统文化的特质，是中国文化得以绵绵不绝地延续和发展的重要原因之一。

第七章　社会主义核心价值观与
中华优秀传统文化

第一节　社会主义核心价值观的基本理念

"富强、民主、文明、和谐"，是我国社会主义现代化国家的建设目标，也是从价值目标层面对社会主义核心价值观基本理念的凝练，在社会主义核心价值观中居于最高层次，对其他层次的价值理念具有统领作用。富强即国富民强，是社会主义现代化国家经济建设的应然状态，是中华民族梦寐以求的美好夙愿，也是国家繁荣昌盛、人民幸福安康的物质基础。民主是人类社会的美好诉求。我们追求的民主是人民民主，其实质和核心是人民当家作主。它是社会主义的生命，也是创造人民美好幸福生活的政治保障。文明是社会进步的重要标志，也是社会主义现代化国家的重要特征。它是社会主义现代化国家文化建设的应有状态，是对面向现代化、面向世界、面向未来的，民族的、科学的、大众的社会主义文化的概括，是实现中华民族伟大复兴的重要支撑。和谐是中国传统文化的基本理念，集中体现了学有所教、劳有所得、病有所医、老有所养、住有所居的生动局面。它是社会主义现代化国家在社会建设领域的价值诉求，是经济社会和谐稳定、持续健康发展的重要保证。

一、富强

富强作为社会主义核心价值观国家层面的首要内容，有其特殊的重要意义。富强是国家繁荣昌盛、人民幸福安康的物质基础，是社会主义现代化国家的必有状态。马克思主义认为，物质生产是人类社会生存发展的基础，生产力是人类发展的最终决定力量，社会主义必须建立在发达的生产力基础上。我们的终极目标是实现人类社会最高、最美好的形态——共产主义，而共产主义的实现是建立在生产力高度发展的物质基础上的。因此，富强作为社会主义核心价值观的首要价值观念是应有之义。

要实现国家的富强，必须协调解决好发展中的各种矛盾问题，实现健康可持续发展。改革开放以来，在我国的各项经济指标大幅度提升的同时，一些问题也日益突出：投资增长过快，信贷投放过多，贸易顺差过大，资源的过度开发与利用率不高，经济增长从过快到过热，部分产业的产能过剩，房地产行业的过热和房价虚高，耕地面积缩减威胁着我国粮食安全，环境污染和水土污染情况严峻等，经济与社会发展的不平衡矛盾日益突出。这些问题如不认真协调解决，会导致经济发展大起大落情况的出现，为此，我们必须坚持统筹兼顾，正确处理城乡、区域、经济社会、市场体制、人口资源环境等方面的关系，使我们所追求的富强成为健康、可持续发展的富强。

富强的价值目标最根本的是要落在综合国力的提高上。综合国力体现在政治力、经济力、科技力、军事力、文化力、外交力等要素。应该说，近些年，中国的综合国力全面提升：经济力自不必说，经济总量已居世界第二，贸易总额、外汇储备、外资利用额、对外投资额等相继跃居世界第一。政治力方面，中国国家稳定、社会安定，政党的领导力、国家的凝聚力、政府的运行力是世界任何国家都不能相比的。科技力方面，载人航天工程、探月工程、生物工程、超级水稻、银河超大计算机、高性能龙芯等多领域在赶超世界先进水平。在军事力方面，辽宁号航母、歼10系列战机、无人预警机、重型轰炸机、中远程导弹等大批先进武器的列装，我国的军事实力和国防能力大大增强，中国参加了国际9个任务、24项维和行动，中国海军六年多来已派出19批次赴亚丁湾护航编队，展现出中国正在向军事强国迈进。在文化力方面，中外文化交流愈加活跃。中国近年来成功举办北京奥运会、上海世博会、多个文化产业博览会、进博会和中国文化年活动等，中国国家汉办已在全球123国合作开办了465所孔子学院和713个孔子课堂，渴望了解和学习中华文化成为一种新的国际趋势。在外交力方面，近两年中国领导人遍访五大洲，主办或参加一系列国际重要会议，积极开展多边外交，成果丰硕；"一带一路"的外交战略得到相关国家的积极回应；中美之间的新型大国关系正稳步推进；中俄战略伙伴关系进一步深化；睦邻、安邻、富邻的外交政策盘活了周边关系；成功主办 APEC 会议，发起成立亚洲基础设施投资银行、金砖国家银行，中国的影响力和话语权大大增强。中国综合国力的增强举世瞩目，但我们也要看到，同发达国家相比，我们在军事力、科技力、文化力、国民素质等诸多方面、诸多领域尚有差距，实现全面现代化的富强之梦任重而道远。

二、民主

民主是人类社会的美好诉求，我们追求的民主是人民民主，其实质和核心是人民当家作主，它是社会主义的生命，也是创造人民美好幸福生活的政治保障。"民主"最早出自古希腊城邦国家雅典的民主政治词语，其意思是"全体公民是统治者"。民主也是资本主义政治的一个特质。认为中国沿袭两千多年的以君主专制为特征的封建社会似乎没有民主的语境和诉求，其实这是一个误解。中国古代社会关于立国安邦必须以民众为根本的政治观念源远流长。这方面古人有诸多的论述：《夏书》佚文中说"后非众，无与守邦"，意思是说，不依靠民众就不能维护自己的国家；《尚书·五子之歌》中说"民惟邦本，本固邦宁"，意思是说，百姓是国家的根本，根本稳固，国家才能安宁；《尚书》说"天聪明自我民聪明，天明威自我民明威"，意为要把民众看作为天，将民意视为天意。

《管子·牧民》中说的"政之所兴，在顺民心；政之所废，在逆民心"与《荀子·王制》中提出的"君者，舟也；庶人，水也。水则载舟，水则覆舟"是相通的。《孟子·尽心上》总结夏桀、商纣失天下的教训时作出"民为贵，社稷次之，君为轻"的论断。他把人民放在第一位，国家其次，君在最后。因为，有了人民，才需要建立国家；有了国家，才需要有个"君"。国家是为民众建立的，"君"的位置是为国家而设立的。贾谊在《大政》中论说："闻之于政也，民无不为本也。国以为本，君以为本，吏以为本。故国以民为安危，君以民为威侮，吏以民为贵贱。此之谓民无不为本也。"体现了民本主义思想。《三国志·吴书·骆统传》中说："民者，国之根也，诚宜重其食，爱其命。"说明民众是国家的根本，要重视他们的生存，爱护他们的生命。

从以上论述可以看出，统治阶级和上层知识分子中不乏民本意识，封建帝王和达官通过巡视和私访体恤民情、了解民意的也不乏其人。唐太宗"兼听则明偏信则暗"的名言和善于纳谏的史实为后人所称颂，但我们要明确，封建统治阶级的民本思想从根本上来说，是为了维护他们的阶级利益和统治政权，因此它以君为主体和本位，而不是以民为主体和本位，这与今天我们所要求的人民民主有本质的区别。然而民本思想和民主也有一定的相通之处，对今天建设和发展社会主义民主有一定的借鉴意义，从民本走向民主是历史的选择和必然。

有比较才有鉴别。从封建社会的民本思想，到资本主义民主，再到社会主义民主，可以看出，从人类历史角度看，是人类文明程度不断提高、社会发展不断进步的自然规律，是错综复杂的社会关系在一定的历史条件下发展演变的递进关系。然而，三者之间有着本质的不同：最主要的是经济基础不同，封建主义民本思想的经济基础是封建地主阶级私有制，民本思想的出发点和落脚点是安抚广大底层百姓，维护封建统治阶级的政权和利益，君臣、官民之间森严的依附关系和等级关系决定在封建社会没有任何民主可言；资本主义民主的经济基础是资本主义私有制，建立在生产资料私有制的基础上，虽然在形式上给予公民平等权利，但资本和财产的多寡在政治生活中起着决定性的作用，资本主义民主只能是资产阶级的民主；社会主义民主在社会主义初级阶段的经济基础是以公有制为主体、多种所有制经济共同发展的经济制度，从根本上消灭了剥削制度和人身依附关系，使全体人民真正实现平等权利成为可能。另外，中国特色社会主义民主的主体与资本主义民主的主体不同，资本主义民主的主体是资产阶级，资产阶级凭借其掌握的财产资源、政治组织和各种传媒，操控着国家机器和政治运作，而广大人民群众难以享有真实的民主权利。中国特色社会主义民主的主体是工人阶级和全体劳动人民，人民政权的建立，使工人阶级和广大劳动人民上升为统治阶级，成为管理国家和社会事务的主人，随着我国政治体制改革的不断深入，人民民主权利不断扩大和丰富。

历史的血脉不能割断，今天在建设和发展社会主义民主中，包括古代民本思想的中华历史文化的精华和资本主义民主的合理成分，我们应该进行吸收和借鉴，使社会主义民主不断完善，更能适应当今时代的发展，更能体现中华民族和中国社会主义的特色，成为实现建设现代化强国目标的强大动力。

三、文明

文明是一个内涵十分丰富、结构十分复杂的总体性评价概念。从国家层面来说，是指国家创造的物质财富和精神财富的总和，以及由此决定的发展状态和进步程度，这是唯物史观对文明的根本定义。从社会层面来说，是对社会秩序和社风民风的总体评价，一般指社会重教崇德并以此形成的政风清廉、民风淳朴、百业兴旺、社会安定、与自然和谐的景象。从公民的层面来说，是指人的教养和开化状态，表现在人的素养、品德等方面。三个层面互为作用，国家的文明程度是影响社会和公民文明程度的物质精神条件，社会和公民的文明程度则是国家文明程度的反映和表现。

中国作为有悠久历史的文明古国，中华民族留下了灿烂、丰厚的文明遗产。"文明"一词古已有之，古人多有论及。《易经·乾·文言》中"潜龙勿用，阳气潜藏。见龙在田，天下文明。终日乾乾，与时偕行。"的意思是说：阳刚之气仍在潜藏，天下已经见到欣欣向荣的文明气象。随着时间的自强不息，天的法则在此时已开始革新。《尚书·舜典》："浚哲文明，温恭允塞。"意思是舜帝有深远的智慧，而又文明、温恭、诚实。他的潜德上传被尧帝知道后，于是授给了官位。前蜀杜光庭《贺黄云表》："柔远俗以文明，慑匈奴以武略。"说明对强悍之敌要以武力威慑，对远方的落后民族要用文明去安抚和开化。汉焦赣《易林·节之颐》："文明之世，销锋铸镝。"前蜀贯休《寄怀楚和尚》诗："何得文明代，不为王者师。"用今天的话来说，期望在文明盛世，不再需要军备，销毁刀剑，铸成金钱。清代李渔在《闲情偶寄》中说过："辟草昧而致文明。"这里的"文明"是把它与"野蛮"相对立，表明社会的进步程度。

在文化方面，中华民族的先人们留下了极为丰富的文化遗产。《永乐大典》《四库全书》《二十四史》（加上新元史和清史稿为二十六史）等巨著，成为中华民族几千年文明历史的集大成，古代政治、军事、天文、历法、农业、数学、医学、文学、艺术等方面的专著凝结了中国古人的文明成果和智慧结晶。人类今天所拥有的很多科学文化知识，都可以追溯到这些古老文明的贡献。我国目前已列入联合国教科文组织认定的非物质文化遗产共 37 项，是世界拥有非物质文化遗产最多的国家。截至 2014 年，国务院批准命名的国家级非物质文化遗产达 1517 项。

中华民族悠久的文明推动了中国的进步与发展，为世界文明历史起到了巨大的推进作用，也为我们今天建设社会主义文明、实现民族复兴的中国梦提供了宝贵的物质和精神条件。

中国共产党成立后，在为争取民族独立、人民解放的三次国内革命战争和抗日战争中，以无产阶级先锋队的革命气概，在不同时期的艰苦环境中，凝造了坚定信念、敢闯中国式革命道路的井冈山精神，坚定理想、不畏艰难困苦的长征精神，自力更生、艰苦奋斗的延安精神，敢于进取、坚持"两个务必"的西柏坡精神，以英勇战斗、不怕牺牲、依靠群众、为民谋利为主旋律的精神文明建设，成为夺取民主革命胜利的强大精神力量。中国共产党领导下的新中国历来十分重视文明建设。特别是改革开放以来，把社会主义文明建设提到了建设社会主义强国的高度。在推进中国特色社会主义事业的过程中，对社会主义文明建设的认识也在不断深化和丰富。

面对我国资源约束趋紧、环境污染严重、生态系统退化的严峻形势，为贯彻落实科学发展观，实现我国的可持续发展，2007 年党的十七大首次提出生态文明的概念，把生态建设提升到文明的高度，体现了尊重自然、利用自然、保护自然、与自然和谐相处的理念。2012 年 11 月，党的十八大明确了经济建设、政治建设、文化建设、社会建设、生态文明建设"五位一体"地推进建设中国特色社会主义的总体布局，形成了社会主义文明建设的完整体系。十多年来，坚持生态文明建设思想不动摇，效果令人惊叹！美丽中国的图景在我们眼前呈现。

物质文明是指人类改造自然界的物质成果，人类物质生活的进步状态，表现为物质生产方式和经济生活的进步。物质文明程度是社会进步的必要和先决的条件。我国优越的政治经济制度，为社会主义物质文明建设创造了优良的制度条件。

精神文明是人类在改造客观世界和主观世界的过程中，所取得的精神成果的总和，是人类智慧道德的进步状态。社会主义精神文明是在社会主义制度下形成的人类历史上的新型精神文明，是社会主义社会的重要特征。它包括思想道德建设和教育科学文化建设，体现在政治、经济、文化生活的各个方面。社会文明是指社会领域的进步程度和社会建设的积极成果，包括社会主体文明、社会关系文明、社会观念文明、社会行为文明。生态文明是指人类遵循人、自然、社会和谐发展的客观规律而改善生态环境积极成果的总和。生态文明坚持人与自然和谐共生、良性循环、全面发展、持续发展的宗旨，保证资源、环境为人类永续发展提供保证。

社会主义文明在形成和发展的过程中，对中华民族的历史文明进行了科学的扬弃，继承和发展了中华民族传统文化的优秀成果和合理成分。中国自炎黄始祖以来，始终以一个统一的多民族国家存在和延续。第一个朝代——夏朝，在中国的腹地黄河流域奠定了今天版图的基础。其后四千多年，虽然历经了春秋战国、三国、南北朝、五胡十六国的分裂时期，但纷争的国家都以重建统一的中国为目标；虽然古代中国的主体民族汉族历经了多次外族的入侵，甚至曾被鲜卑族、女真族、蒙古族、满族所统治，但最终都以汉族与其他民族的大融合而告终。中华民族的大一统意识可以说是根深蒂固，今天，我们维护国家统一、反对国家分裂，正是对维护大一统国家、维护中华文明延续的民族优良传统的继承和发扬。

中国延续时间最长的封建社会实行君主集权制的国体，与我们今天社会主义制度的人民民主专政国体相比，显然是落后的、应当被否定的，君主集权制是自上而下的独裁专制，人民民主专政是自下而上的民主集中。君主集权制尽管有其弊端，但在一定的历史条件下，也有其一定的合理性，从秦朝郡县制到元代的行省制，到明清的省府州县，使国家中央集权，全国各地、各族人民统一在中央政权管辖下，成为不可分割的整体，便于相互之间的友好相处和交流，促进了民族融合，使中华民族的向心力和凝聚力加强，它在一定程度保证了社会的稳定，保证了政令的统一、政策的统一、货币的统一和人财物力的交流，有利于生产力的发展。正是在这种体制下，闪耀中华文明光芒的万里长城、京杭大运河才有可能举全国之力修建完成。今天中国的行政区划制就是由古代的治制沿用并改造而来的。社会主义中国为什么在短短几十年时间创造了对西方一二百年发展成果的赶超；为什么中国的高速铁路仅用十年时间就从无到跃居世界第一位；汹涌而来的新冠肺炎疫情在人口如此密集的中国怎么能那么快速地被控制。任何重大事件得以解决，在中国共产党的坚强领导下，其原因之一就是我们对老祖宗的"集权"体制进行了继承和再造，这种举国体制具有集中力量办大事的磅礴力量。

中华民族的先人们为我们留下了丰厚的科技和文化艺术瑰宝。中医药在今天仍是中国人民健康的保护神，利用现代科学手段使中医药进一步发展并走向世界。在"古为今用"的方针下，古老的文化艺术，诸如书法、国画，民族音乐、舞蹈、戏剧等，不仅丰富着人民群众的文化生活和艺术享受，而且通过创新，与时代精神相结合，中华文明在中国和世界的舞台焕发出新的亮丽色彩。

两千多年前的诸子百家给我们留下了巨大的思想宝库。儒家的民贵君轻、崇礼尚德，道家的勤俭无为、淡泊名利，墨家的兼爱、非攻、尚贤，法家的以法为本、法不阿贵，兵家的战略战术等，对今天都有借鉴意义。已流传千百年的民间思想道德普及读物，如《三字经》《千字文》《弟子规》《名贤集》《教儿经》《勤俭训》《朱子家训》等，对大众，特别是青少年的品德修养具有实践意义。当然，在学习和施教中要注意剔除封建糟粕，赋予时代精神。近年来，在国内兴起的国学热，不是偶然的，是我们民族正视中华文明遗传基因、传承中华文明精神的回归。党的十八大以来，习近平主席在多次讲话中引用了大量古代警句名言，为我们继承发展中国优秀历史文化、建设社会主义核心价值观做了身体力行的榜样。在我们构建和践行社会主义核心价值观、建设社会主义文明中，我们要自觉地利用好我们祖先留下的文明瑰宝，让中华文明在建设中国特色社会主义的事业中焕发出新的光彩。

四、和谐

和谐，从名词的本义来说，是指在事态发展中的一种相对均衡、统一、协调的状态，是让人与社会的群体、阶层、集团之间，人与自然界的环境、生态、资源之间，处于融洽、协调、良性互动关系的状态。建设美好社会，实现社会和谐，是人类社会，也是中华民族孜孜以求的社会理想。中国古代儒家、道家等学派都有丰富的和谐思想。在构建社会主义和谐社会的今天，对传统文化中的和谐思想作一番梳理和审视，无疑具有重要的启迪和借鉴意义。

在民族与民族、国家与国家的关系上，主张和谐共处，协和万邦。《尚书·尧典》说"百姓昭苏，协和万邦"，《周易·乾卦》说"首出庶物，万国咸宁"，即主张万邦团结，和睦共处。孔子提出"四海之内皆兄弟"，又说，"远人不服，则修文德以来之，既来之则安之。"《论语·季氏》主张以文德感化外邦，反对轻率地诉诸武力。《管子·兵法》上说"和合故能谐"，就是说，有了和睦、团结，行动就能协调，进而就能达到步调一致，协调和一致都实现了，便无往而不胜。孟子提出"仁者无敌"，主张"以德服人"，提倡王道，反对霸道。王道与霸道相反，霸道是以武力做后盾，处理国内和国际关系；王道则是利用和平的手段，通过在国与国之间建立相互的信任关系而扩大自己的影响。张骞通西域，郑和七下西洋展示的是中国的强大，与国为善的理念。近代的爱国志士和革命先行者，进一步发扬了中华民族固有的和谐思想。太平天国领袖洪秀全在《天朝田亩制度》中提出"有田同耕，有饭同食，有衣同穿，有钱同使，无处不均匀，无人不饱暖"的理想社会，维新派代表康有为提出要建立一个"人人相亲，人人平等，天下为公"的美好社会，民主革命先行者孙中山更提出"人能尽其才，地能尽其力，物能尽其用，货能畅其流"的大同世界。

两千多年来，人们从不同角度对和谐社会、大同社会的描述，反映了中华民族对和谐社会的向往和追求。中国传统文化中的这些和谐思想，中国古人所设计的和谐社会、大同理想，虽然带有乌托邦的性质，也难免有封建性糟粕的一面，但它作为一种崇高的目标和理想境界，始终引导着中华民族的仁人志士追求以人际和谐为基本特征的社会发展目标，仍然是今天建设社会主义和谐社会可资利用的重要思想资源。

中国特色社会主义制度的建立，为建设和谐社会开辟了康庄大道。和谐，

是中国特色社会主义的本质属性，是国家富强、民族振兴、人民幸福的重要
保证。党的十六大报告首次把社会更加和谐作为党的一个重要奋斗目标提了
出来，党的十六届四中全会进一步提出了构建社会主义和谐社会的任务，党
的十六届六中全会通过了《中共中央关于构建社会主义和谐社会若干重大问题
的决定》。党的十八大再次强调必须坚持促进社会和谐，并把倡导和谐作为培
育和践行社会主义核心价值观国家层面的重要内容之一。倡导和谐的价值理
念，构建社会主义和谐社会，是我们党从全面建设小康社会、开创中国特色
社会主义新局面的全局出发提出的一项重大任务，适应了我国改革发展进入
关键时期的客观要求，体现了广大人民群众的根本利益和共同愿望。

　　构建社会主义和谐社会，继承了中华民族几千年朴素的和谐思想，实现
了中国人民几千年美好的和谐夙愿。社会主义和谐社会是历史上更高形态、
更加全面的和谐社会。2006年10月11日，党的十六届六中全会通过了《中
共中央关于构建社会主义和谐社会若干重大问题的决定》。贯彻"和谐"这一
社会主义核心价值观的要求，就要坚持科学发展，做好"五个统筹"，更好地
协调人与自然、人与人、人与社会的和谐共处，促进经济、政治、文化、社
会、生态的协调发展，实现民主法治、公平正义、诚信友爱、安定有序而又
充满活力的人与自然和谐相处的社会。贯彻"和谐"这一社会主义核心价值
观的要求，就要以解决人民群众最关心、最直接、最现实的利益问题为重点，
着力发展社会事业、促进社会正义、建设和谐文化、完善社会管理、增强社
会创造活力，走共同富裕道路，推动社会建设与经济建设、政治建设、文化
建设、生态文明建设协调发展。

　　加强环境治理保护，促进人与自然相和谐，是建设美丽中国、实现中华
民族永续发展的重大战略。党和国家总结了几十年来经济高速增长付出的环
境污染、生态恶化、资源耗竭的惨痛代价，把节约资源和保护环境定为基本
国策，坚持节约优先、保护优先、自然恢复为主的方针，着力推进绿色发展、
循环发展、低碳发展，形成节约资源和保护环境的空间格局、产业结构、生
产方式、生活方式，从源头上扭转生态环境恶化趋势。近五年来，中国淘汰
了高能耗、高排放的炼钢产能8000多万吨、水泥6.2亿吨、平板玻璃1.6万
重量箱，平均每年关闭小煤窑产能达亿吨以上。近年来，在治理工业污染、

环境污染、水污染、大气污染、固体废物污染，以及生态保护等方面加大了资金投入，强化了对污染行为的惩治力度。中美两国 2014 年 11 月在北京发布应对气候变化的联合声明，分别提出年温室气体排放的控制目标，表明了中国保护环境的诚意和决心。中国人民对天蓝、山青、水绿、地净美好环境的期待将会逐步实现。

建设和谐文化，是构建社会主义和谐社会的重要任务。党把建设社会主义核心价值体系作为和谐文化的根本，用民族精神和时代精神凝聚力量、激发活力，倡导爱国主义、集体主义、社会主义思想。加强理想信念教育，加强国情和形势政策教育，不断增强对中国共产党领导、社会主义制度、改革开放事业、全面建成小康社会目标的信念和信心；坚持依法治国与以德治国相结合，树立社会主义荣辱观，倡导社会主义道德规范；普及科学知识，弘扬科学精神，养成健康文明的生活方式；发扬艰苦奋斗精神，提倡勤俭节约，反对拜金主义、享乐主义、极端个人主义；坚持正确导向，营造积极健康的思想舆论氛围；广泛开展和谐创建活动，形成人人促进和谐的局面；塑造自尊自信、理性平和、积极向上的社会心态。近年来中央和各地在建设和谐文化方面创造了大量生动、卓有成效的活动方式：每年的"五个一工程"评选活动，感动中国十大人物评选活动，寻找中国最美乡村教师、感动中国最美乡村医生评选活动，各地评选道德模范活动，各条战线评选英模学习英模活动，活跃在各地的多种形式、不同对象的志愿者服务活动，创建和谐企业、和谐乡村、和谐社区活动等，把文明、和谐的价值取向潜移默化地融入广大人民群众之心，有力抵制了社会不良风气，形成建设社会主义和谐社会的强大正能量。

从严治党，治理腐败，是中国共产党立足治国理政，为国家富强、民族振兴和人民幸福提出的基本命题，也是建设社会主义和谐社会的必要保障。我们必须看到，面对世情、国情、党情的深刻变化，精神懈怠危险、能力不足危险、脱离群众危险、消极腐败危险更加尖锐地摆在全党面前，党内脱离群众的现象大量存在，一些问题还相当严重。习近平用三个"依然"来形容腐败形势，即"腐败现象依然多发，滋生腐败的土壤依然存在，反腐败斗争形势依然严峻复杂"。自党的十八大之后，在腐败存量越来越大的现实下，持续以高压态势打击腐败已经成为执政党的必然选择。[1] 回顾两年多来的实践，中央采用大案震慑、兼打苍蝇、清除腐败土壤、指向性刚性规定、纪检改制、强化监督、中央巡视、审计风暴、金融监控、国际合作等标本兼治的组合拳，大力惩治党内和社会的腐败现象，取得了显著成果，特别是两批党的群众路线教育实践活动，有效遏制了党内"四风"，带动了社会风气的净化。

从两千多年前诸子百家的朴素和谐思想，到一千多年前陶渊明世外桃源和谐社会的愿景，再到孙中山"大同世界"的理想；从历代农民起义、改朝换代，到辛亥革命建立共和，中华民族对和谐社会的追求从未中断，但历史的局限、阶级的局限，这些愿景和理想都不可能实现。只有把马克思主义与中国实际相结合的中国共产党，才能把人类对和谐社会的向往在建设中国特色社会主义的进程中得以实现。

第二节　社会主义核心价值观与中华优秀传统文化的关系

曾经，我们对传统的道德观有着错误的认知和虚化的做法。正如张洪高教授指出，20 世纪 90 年代之后的中国是"崇高"失落的时代，市场与竞争是公平的，但也是残酷的，传统的温情、友善、互相帮助及道德观、人生观、情爱观等在市场经济这样的现实环境中必然要发生大的变动。大众满足于个体物质生活的追求，满足于职业生活的成功，满足于个体的自我设计。他们崇尚的实际行动，在职业生活中主观为自己、客观为社会作出贡献，灌输道德教育最高境界的利他主义不仅超出大众的境界所及而不被大众认同，也导致大众的嘲弄，而且对大众真正需要的基本境界却没有认真去培养，从而带来了道德的虚无和空场。[2] 但这种抛弃传统价值观、道德观的做法危害巨大。

---

① 习近平. 主持中央政治局会议决定召开十八届三中全会 [N]. 人民日报，2013-08-28(01).

② 张洪高. 从仁爱到正义：中国道德教育核心价值转变研究 [M]. 济南：山东人民出版社，2011：36.

　　中国作为有着几千年历史的文明古国，积淀了丰厚的优秀文化遗产，既为世界文明历史作出了卓越的贡献，也为我们今天构建社会主义核心价值观提供了充足的血脉和基因。自先秦到现代，中国历朝历代，虽然有统有分、有治有乱、有兴有衰，但文化传承始终延续不断，这是世界任何国家绝无仅有的。中华优秀传统文化是社会主义核心价值观的深厚沃土，离开优秀传统文化的滋养，社会主义核心价值观将变成无源之水、无本之木。

　　从国家层面来看，中华文化历来强调"民本"。《尚书·五子之歌》中"民惟邦本，本固邦宁"指的就是百姓是国家的根本和基础，唯有百姓富足安康，国家才能和谐稳定。社会主义核心价值观所倡导的"富强""民主"要求一切从人民群众的利益出发，关注民生，唯有人民安居乐业，人民享有参与管理国家、当家作主的民主权利，国家才能富强昌盛。由此看，"富强""民主"是古代中国期望国家富强、民众富足的民本思想在当今时代的升华。中华文化强调"天人合一""和而不同"，强调人的活动应顺应自然规律，维护人与自然的和谐；强调人与人、国家与国家的交往中既能与之保持和平友善关系，又能坚守自己的立场。这种理念要求人们在与人相处时应"求同存异"。这与社会主义制度下强调保持人与人之间自由、民主、平等的关系，在人与自然的相处中友好环境，实现人与自然的和谐、可持续发展，在处理国家关系中坚持和平共处、互利共赢，是一脉相承的，这反映在社会主义核心价值观中，即"文明""和谐"思想的体现。

　　从社会层面来看，中华民族文化传统是有其自由精神的：儒家"入世的自由"主张在承担责任和义务中求得自由，道家"忘世的自由"追求心灵的自由，佛家"出世的自由"强调通过自度和普度达到个体和群体的自由。中国几千年的君主制，虽然君权高于一切，等级森严，但古人对平等的价值追求绵延不绝，孔子主张的"仁者爱人""有教无类"，墨子主张的"兼相爱，交相利"，法家主张的卿相臣民违法同罪，北宋末年农民义军提出的"均贫富"，太平天国《天朝田亩制度》中的"有田同耕、有食同吃、有衣同穿、有钱同使"，无不体现平等意识。在旧中国，公正与法制虽然是为封建统治阶级服务的，不可能得到真正的实现，但公正与法制思想闪耀在诸多先贤的言论里，《论语·子路篇》讲道："其身正，不令而行；其身不正，虽令不从。"《礼记·大学》

讲道:"心正而后身修,身修而后家齐,家齐而后国治,国治而后天下平。"唐房玄龄《公平正直对》强调:"理国要道,实在公平正直。"《慎子》逸文:"治国无其法必乱,守法而不变则衰。"《韩非子·饰邪》:"明法制,去私恩。令必行,禁必止。"古代朝堂和衙门高悬的"正大光明""公正廉明",作为君臣和官吏的座右铭不管是否践行,毕竟是一种价值原则。在封建社会少有清官良吏的情况下,包拯、狄仁杰、况钟、于成龙等清官廉吏以他们清正廉洁、刚毅正直、为民作主、惩恶扬善的品格和作为,成为民间称颂的典范,世代相传。

从公民层面看,爱国、敬业、诚信、友善,更是中华民族的优良传统。家国意识是中华民族传承几千年的民族风格。屈原的"路漫漫其修远兮,吾将上下而求索",司马迁的"常思奋不顾身,而殉国家之急",曹植的"捐躯赴国难,视死忽如归",文天祥的"人生自古谁无死,留取丹心照汗青",顾炎武的"天下兴亡,匹夫有责",这些爱国名句世代相传。投江殉国的屈原、留胡节不辱的苏武、精忠报国的岳飞、视死如归的文天祥、抗倭英雄戚继光、虎门销烟的林则徐等爱国志士千古流芳,成为爱国主义教育的生动教材。中华民族历来崇尚敬业精神,孔子和弟子的"天道酬勤""敬事而信""敬其事而后其食",《易经》里的"劳谦君子有终吉",都是提倡勤奋、敬业和奉献精神。从远古时的大禹治水十三年三过家门而不入,李冰父子历尽艰险修筑都江堰福泽后世,李春建造举世闻名的赵州桥,其敬业奉献精神千古颂扬,正是中国人民的勤劳、敬业和奉献精神,才能有影响世界历史发展进程的指南针、造纸术、印刷术和火药的四大发明,才能有《九章算术》《太初历》《黄帝内经》《齐民要术》《本草纲目》的问世,才能有长城、秦皇古道、灵渠、都江堰、大运河等浩大工程的建成,也正是中国人民的勤劳、敬业和奉献精神,谱写了中华民族绵延不绝的灿烂文明。诚信和友善,是中华民族一直崇尚、代代传承的优良品德。"天道酬勤,地道酬善,商道酬信,人道酬诚"短短十六字,高度概括了中国古人对诚信和友善的追求。"和为贵""己所不欲,勿施于人""出入相友,守望相助""老吾老以及人之老,幼吾幼以及人之幼""君子喻于义,小人喻于利""言必信,行必果""君子莫大乎与人为善"……这些古代名言的精华在社会主义核心价值观中所倡导的诚信、友善得到了充分的体现。

第三节 践行社会主义核心价值观，
传承中华优秀传统文化

一个国家的强盛，并不单是经济实力的雄厚，也不单是军事实力的强大，还要看这个国家的文化力和凝聚力。而文化力和凝聚力的取得要以符合历史发展规律、社会进步方向的共同价值观为基础。纵观古今中外，莫不如此。曾被称为"日不落帝国"的大英帝国依靠工业革命和疯狂的掠夺，鼎盛时期曾以仅占世界 0.16% 的国土面积、占世界 5% 左右的人口，统治着全球四分之一面积、五分之一人口的数十个殖民地国家，然而，仅百余年时间殖民统治便土崩瓦解。德意日法西斯发动第二次世界大战曾不可一世，60 多个国家被卷入战争，而仅仅五年多时间就遭到可耻的失败。从中国历史看，什么时候统治者能顺应社会发展进步的潮流，有适合当时历史发展阶段的普世价值观，国家就强大，反之国家就衰败。中华民族能数千年生生不息、在大多数时间里保持着大一统的局面，正是靠的中华民族优秀文化的支撑而延续至今。今天，我们要实现民族复兴的中国梦，需要在倡导和践行社会主义核心价值观中，对中华民族的优秀传统文化加以传承和再造，这也是中国人民的历史责任。

习近平总书记在中央政治局第十三次集体学习讲话时指出，要把培育和弘扬社会主义核心价值观作为凝魂聚气、强基固本的基础工程，继承和发扬中华优秀传统文化和传统美德，广泛开展社会主义核心价值观宣传教育，积极引导人们讲道德、尊道德、守道德，追求高尚的道德理想，不断夯实中国特色社会主义的思想道德基础。并强调，培育和弘扬社会主义核心价值观必须立足中华优秀传统文化。[1] 牢固的社会主义核心价值观，都有其固有的根本。抛弃传统、丢掉根本，就等于割断了自己的精神命脉。博大精深的中华优秀传统文化是我们在世界文化激荡中站稳脚跟的根基。习近平总书记的讲话说明了在倡导和践行社会主义核心价值观中传承和再造中华优秀传统文化的必要性。

---

① 习近平. 把培育和弘扬社会主义核心价值观作为凝魂聚气强基固本的基础工程 [N]. 人民日报, 2014-02-26(01).

一、倡导和践行社会主义核心价值观，传承中华优秀传统文化，要有扬弃，坚持古为今用、推陈出新

博大精深的中华传统文化从旧时代传承下来，既有其存在的合理性，又必然带有旧的社会制度的弊端。在倡导和践行社会主义核心价值观中传承和再造中华优秀传统文化中，必须运用马克思主义的立场观点方法，运用唯物辩证的态度分析对待传统文化。既要反对把传统文化视为封建落后文化、看得一无是处的文化虚无主义；又要反对死守旧有文化传统、主张全盘吸收的文化保守主义，对传统文化取其精华、去其糟粕，立足新的实践，对传统文化作出合乎逻辑的新阐释，为传统文化注入新的时代内涵。

我们讲传承再造，并不是对传统民族文化全盘接受和吸收，而是秉持扬弃态度，坚持"古为今用、推陈出新""取其精华、去其糟粕"。对于传统文化中有积极意义的内容和成分，加以借鉴，诸如："民为邦本，本固邦宁"的民本思想；"天下为公"的和谐社会理念；"厚德载物"重视道德修养的价值追求；"仁者爱人"的关爱他人、担当社会精神；"海纳百川，有容乃大"的包容精神；"天行健，君子以自强不息"的自强精神；"老吾老以及人之老，幼吾幼以及人之幼"的尊老爱幼伦理规范等，都属于优秀传统文化的范畴，对今天的我们都有很强的借鉴意义。对于传统文化中的消极内容和成分，则应当摒弃，诸如："三纲五常"的等级观念；"愚忠愚孝"的奴性文化；"刑不上大夫"的统治阶级意识；"万般皆下品，唯有读书高"的轻视工商、轻视劳动的思想；不讲科学的宿命思想和迷信思想；等等。以扬弃态度将优秀传统文化精华植入社会主义核心价值观，将会在提升我们国家的整体思想道德水平的同时，保持中华文化在世界文化之林中的独特魅力，保证中华民族文化的永续传承。

我们讲传承再造，并不是对传统文化照搬照用，而是要根据当今时代的要求在继承中赋予新的内涵。诸如自强不息的奋斗精神，"国家兴亡、匹夫有责"的爱国精神，"民为贵、君为轻"的民本思想，"先天下之忧而忧"的忧患意识，崇德重义的道德取向，和谐统一的博大胸襟，勤劳勇敢的民族秉性，"仁者爱人""为政以德"的仁政文化等，这些基本的价值理念，体现了中国传统文化的主流价值，反映出中华民族文化的特质。但是，时代变了，对传统

文化的内涵需要加以再造。比如说我们讲"忠"字，过去是忠君，而今天我们讲忠于国家和忠于人民；传统的重义轻利价值观，在今天则要转化为义利兼顾、互利共赢的新型价值观；将儒家所极力倡导的"贵和尚中"精神改造成为构建社会主义和谐社会的理念；还要将中国传统文化的精华与环保理念、绿色发展、资源节约、和平共处和科学发展等现代理念结合起来，这样更容易得到世界的认同。总之，我们要紧密结合当代中国的社会文化状况，并用世界眼光看待传统文化和价值观，以高度的理论自觉和文化自信，把传统文化的主导价值观与当代中国的现实价值导向、价值理想有机结合起来，创造出源于中国传统文化又高于中国传统文化的当代价值观，不断推进优秀传统文化与社会主义先进文化的互动融合，使优秀传统文化通过创造性转化成为中国特色社会主义先进文化的不竭源泉，使民族复兴中国梦的文化根基不断得到巩固。

二、倡导和践行社会主义核心价值观，传承中华优秀传统文化，要从我做起、全民行动

中华民族文化经过几千年的传承积淀，成为人类文化宝库中的独具特色的宝贵财富，中国孔子学院遍布全球，成千上万的外国人不远万里来到中国学习中国文化，说明了中华民族文化的独特魅力，每个中国人都应该为之骄傲。今天，在建设中国特色社会主义的伟大事业、努力实现民族复兴的中国梦中，我们每一个中国公民都应该在践行社会主义核心价值观，传承再造中华优秀传统文化中，从我做起，形成全民行动。人是社会的主体、历史的主体，也是价值观的主体。社会主义核心价值观虽然包含国家价值目标、社会价值取向和公民价值准则三个层面，但其实践主体是公民个人，实践基础是公民个人的价值准则。弘扬社会主义核心价值观，必须立足人的价值主体地位，自觉传承弘扬优秀传统文化中的道德理念。

传承再造优秀传统文化，可以从古人的道德理念和价值追求中悟出人应该怎样与他人交往、在与他人相处时应遵循什么样的价值准则即处世之道，悟出我们需要建立一个什么样的社会、人应该以什么样的思想态度和行为方

式认识和处理与社会的关系，即人与社会的价值关系。人与人的关系组成社会关系，人与人之间恪守诚信友善、助人为乐、尊老爱幼、敦厚宽容的道德规范，我们的社会就会和谐。人的活动创造了社会，社会的发展与人的发展相互依存、相互作用，推动着人类历史的发展进程。只有每个人都爱国敬业、洁身自好、推己及人、融入集体、奉献公众、普惠社会，社会才能团结和睦、风清气正；只有社会团结和睦、风清气正，每个人才会受其规范引领、熏陶影响，不断提升道德素养和人生境界，从而在良性互动中实现人与社会的圆满和谐。

从每个公民自身做起，要以传承优秀传统文化中的道德理念为切入点培育和弘扬社会主义核心价值观。孝道、诚信、仁爱是中华传统文化个人层面最基本的价值范畴。历经两千多年的社会发展、文化变迁仍保持着旺盛的生命力和强大的感召力。我们要深入挖掘和自觉传承这些道德理念，积极推动其创造性转化和创新性发展。

传承孝道文化，夯实为人之本。习近平总书记在2019年春节团拜会上指出："古人讲，'夫孝，德之本也'。"在家尽孝、为国尽忠是中华民族的优良传统。孝道文化的基本价值伦理以及由此生发的热爱祖国、与人为善、"老吾老以及人之老，幼吾幼以及人之幼"等优秀品格，与倡导"爱国、敬业、诚信、友善"的社会主义核心价值观高度契合。传承孝道文化，弘扬社会主义核心价值观，既要坚守养亲、敬亲、尊老、爱老等传统孝道的精义，又要摒弃"光宗耀祖""埋儿奉母"之类的愚孝，把传统孝道与时代特征结合起来，赋予其新的内容。[①]譬如，把孝敬父母的传统孝发展为热爱祖国、热爱人民的"大孝"，把立身立功转化成为国家现代化建设建功立业的不懈追求等。习近平曾深情地说，"我将无我，不负人民"，这是中国共产党人报效祖国、服务人民的"大孝"之德。这样使孝道文化的内涵更具鲜活的生命力和浓郁的时代感，外延更具灵活的适应性和广袤的包容性，真正成为涵养社会主义核心价值观的重要道德源泉。

传承诚信精神，引领处世之道。诚实守信、信守诺言是为人处世的一种美德，更是为人处世之本。诚信是我国传统伦理的基本概念，是为人处世的

基本态度和人与人交往的基本准则，也是沟通人际关系、促进人与人联系交往、把社会成员组织起来的基石和纽带。传承诚信精神，弘扬社会主义核心价值观，要自觉将诚信道德贯穿于政治生活、经济生活、社会生活以及文化建设和道德风尚等各个方面，做到以诚待人、以诚做事、信守约定、践行承诺，使诚信成为人与人交往的基本道德规范，成为公民立身做人道德情操的重要价值标准，成为社会主义市场经济条件下企业的经营之道，成为各级公务人员的执政理念与职业操守。

传承仁爱理念，促进社会和谐。仁爱思想以"爱人""成己成人"为前提与目的，以培养爱心实现自身心理和谐，以相互敬爱实现人与人之间的和谐，以爱护民众实现人与社会的和谐，以爱惜万物实现人与自然的和谐。对广大社会成员来讲，倡导仁爱理念，就是要引导人与人之间相互尊重、相互关心、相互理解，形成团结互助、平等友爱的人际关系和社会氛围。通过全体公民的共同努力，使仁爱理念成为全社会的普遍共识和价值追求，使社会充满人文关怀，使全体人民在社会主义核心价值观的指导下共同创造幸福美好生活。

三、倡导和践行社会主义核心价值观，传承中华优秀传统文化，要形成社会共建的系统工程

倡导和践行社会主义核心价值观，传承再造中华优秀传统文化要动员社会一切力量、利用社会各种资源、通过多种渠道平台共同推进。

（一）全民教育，学校抓起

倡导和践行社会主义核心价值观，传承再造中华优秀传统文化，首先要根据不同层次、不同群体抓好全民教育：引导党员干部对比古代清官廉吏的重德修行，讲党性、重品行、做表率，为民、务实、清廉，以人格力量感召群众、引领风尚；引导青少年对比古人的勤学励志，不断加强自我修养，形成正确的是非、善恶、美丑的价值观念，自觉抵制社会错误观念和不良风气的侵蚀；引导公众人物对照古代名人的高风亮节，带头遵纪守法，强化职业操守，展示良好形象，增强社会责任感，引领社会思潮，传递社会正能量，成为社会主义核心价值观的积极践行者、大力推广者和思想引领者；引导广

大公民对比古人的友善敬业精神，把践行社会主义核心价值观落实到具体的工作生活中去。

青少年是国家未来的希望。西方资本主义把中国和平演变的希望寄托在第三代、第四代身上，我们要倡导和践行社会主义核心价值观，传承再造中华优秀传统文化，首先要从青少年抓起、从学校抓起。坚持"立德树人"的基本导向，贯彻好育人为本、德育为先的方针，根据青少年的身心特点和成长规律，突出教育引导、实践养成、文化熏陶等关键环节。一方面在教学设置上要适当开设书法、绘画、传统工艺等课程，在语文课程中适当增加传统经典范文、诗词的比重，精选适合青少年特点的古典读物推荐青少年阅读，增强青少年对祖国优秀传统文化的认知，同时还要把时代精神有机融入传统文化的教学，促进学生勤于学习、敏于求知，注重把所学知识内化于心，形成自己的见解，形成新的道德规范。现在有些学校联系实际安排学生学习《三字经》《千字文》《朱子家训》《弟子规》《名贤集》等启蒙读物，引导学生"入则孝，出则悌"，即在家孝敬父母，在外友爱他人，形成了"爱生命、爱父母、爱家庭、爱集体、爱学习"的新风尚，就是很好的经验。另外，还要注重发挥教师"学为人师、行为世范"的主导和引领作用，在倡导和践行社会主义核心价值观，传承再造中华优秀传统文化中，成为孩子们知识的授予者、人生的引路者、文明的传承者、道德的示范者。

（二）舆论引领，凝聚共识

倡导和践行社会主义核心价值观，传承再造中华优秀传统文化，要坚持舆论的正确导向和引领。习近平总书记在主持中共中央政治局集体学习时讲话强调："要切实把社会主义核心价值观贯穿于社会生活方方面面。要通过教育引导、舆论宣传、文化熏陶、实践养成、制度保障等，使社会主义核心价值观内化为人们的精神追求，外化为人们的自觉行动。"[1]

坚持舆论引领、凝聚共识要注重三个方面的问题：

一是对待传统民族文化要分清良莠，取其精华，去其糟粕。正如习近平总书记指出的，要"有鉴别地加以对待，有扬弃地予以继承"。在舆论场，要

---

① 习近平. 把培育和弘扬社会主义核心价值观作为凝魂聚气强基固本的基础工程 [N]. 人民日报，2014−02−26(01).

旗帜鲜明地反对全盘否定的虚无主义和全盘肯定的保守主义两种错误倾向。虚无主义观点从整体上根本否定中国文化的现代价值，主张抛弃民族文化传统而全盘照搬西方现代文化。这种数典忘祖、蔑视传统、一味丑化民族文化的做法，是十分有害的。抛弃传统、丢掉根本，就等于割断了自己的精神命脉，就会丧失中国文化的特质。保守主义观点不仅主张盲目继承甚至全盘肯定传统文化，而且还以偏狭的心态反对学习世界现代文化的优长，其结果只能是中国文化走向枯萎，失去生命力。正确的态度是要在马克思主义的指导下，在弘扬民族文化主体精神的基础上，立足于中国特色社会主义的实践，根据中华民族伟大复兴的需要，进行科学梳理、精心萃取，深入挖掘和提炼有益的思想价值，使之不断发扬光大。中国近现代对孝文化的传承凸显民本与民生；公正与平等的价值指向与社会主义核心价值观的倡导和要求是一致的。中华民族创造了源远流长的优秀文化，在今天，通过不断地在继承中综合再造，才能使社会主义核心价值观与中国特色社会主义的伟大事业融为一体，中华民族才能够以面向现代化、面向世界、面向未来的胸怀与气度铸造中华文化新的辉煌。

二是新闻媒体要发挥传播传统优秀文化和社会主义核心价值观的主渠道作用。坚持正面宣传为主，牢牢把握正确的舆论导向，把传承优秀民族文化、践行社会主义核心价值观贯穿到日常宣传和引导中，弘扬主旋律，传播正能量，不断巩固壮大积极健康的主流思想舆论。党报党刊、电台电视台作为主流媒体，要拿出重要版面时段、推出专栏专题，运用新闻报道、言论评论、访谈节目、经典介绍、文化论坛、专题节目、历史人物等，传播传统优秀文化和社会主义核心价值观。都市类、行业类媒体也要增强传播主流价值的社会责任，适应分众化特点，积极发挥自身优势，以大众喜闻乐见的宣传形式，在生动活泼的宣传报道中引导人们传承中华民族的优秀文化和道德理念，培育社会主义核心价值观。新闻媒体还要注重运用公益广告传播社会主流价值。报纸期刊、广播电视要安排黄金时段、重要版面刊播富有文化蕴含和民族风格、引人向上的公益广告，城市管理要在社会公共场所、公共交通工具的适当位置悬挂张贴公益广告，有的城市利用建筑工地和地铁施工围栏绘制传承民族文化、宣传社会主义核心价值观的公益广告随处可见，成为城市的一道亮丽的风景线。

三是建设传承优秀民族文化、传播社会主义核心价值观的网上传播阵地。互联网的快速发展，要求我们善于运用网络传播规律，把传承优秀传统文化、倡导社会主义核心价值观体现到网络宣传、网络文化、网络服务中，用先进文化和正面声音占领网络阵地。做大做强重点新闻网站，发挥重点商业网站的建设性作用，形成良好的网上舆论环境。推动中华优秀传统文化和体现社会主义核心价值观的当代文化精品网络化传播，引导网络写手创作适合新兴媒体传播、格调健康的文化作品。使网络成为弘扬优秀传统文化、传播社会主义核心价值观的重要阵地。

（三）文明共建，落实基层

要把社会主义核心价值观的要求融入各种精神文明创建活动之中，吸引群众广泛参与，推动人们在为家庭谋幸福、为他人送温暖、为社会作贡献的过程中提高精神境界、培育文明风尚。要利用各种时机和场合，形成有利于培育和弘扬社会主义核心价值观的生活情景和社会氛围，使社会主义核心价值观的影响像空气一样无所不在、无时不有。

深化群众性精神文明创建活动，是传承优秀传统文化与践行社会主义核心价值观紧密结合的好形式。群众性精神文明创建活动是人民群众首创精神的结晶，又为人民群众的创造性实践提供了更加广阔的空间。从实践看，精神文明建设中不少好的做法，都是来自基层、来自群众的创造。发端于20世纪80年代初的以"五讲四美三热爱"和治理"脏、乱、差"为主要内容的文明礼貌月活动，就是在全面总结各种形式的活动经验基础上开展起来的。这项活动焕发了全国人民移风易俗、改造社会的热情，使我国城乡面貌和人民群众的精神面貌发生了深刻的变化。继农村全面实行家庭联产承包责任制之后，中央有关部委又先后总结推广了创建文明村镇、文明农户等活动的经验，有效地推动了农村精神文明建设。目前，正在大力推动乡村振兴战略。一方面，传统文化的传播传承，农村更有生机和活力；另一方面，优秀传统文化的传承更能赋能乡村振兴。这些年来，广泛开展的文明城市创建、文明村镇、文明社区、文明单位、文明家庭等活动的深入开展，标志着群众性精神文明创建活动进入了一个新的、更加成熟的发展阶段。这些活动涉及社会生活的各个领域和社会的各个行业，吸引着各级领导干部、广大职工、农民、市民以及社会各阶层人士的广泛参与，既有群众性，又有实践性。实践证明，群众性文明创建活动与传承中华优秀传统文化、践行社会主义核心价值观高度契合。通过各种形式的创建活动，中华民族传统美德得到了弘扬，男女平等、尊老爱幼、互助友爱、见义勇为、尊重科学、崇尚劳动，社会公德、职业道德、家庭美德、个人品德，爱国主义、集体主义、社会主义思想，成为社会和公民的主流价值追求。

深化群众性精神文明创建活动，一要坚持群众性，即群众主体原则。必须充分发动群众，依靠群众，群策群力。吸引广大群众积极参与，而且唱主角、当主力、做主人，是这一活动的真正基础和生命活力的源泉，是活动取得成效的关键所在。因此，开展群众性精神文明创建活动，一定要坚持从群众中来到群众中去，活动内容要同群众的工作、生活息息相关，以关心和维护群众的公共利益和合法权益为出发点；注重从具体事件抓起，从群众关心的热点问题抓起，将群众迫切需要解决的问题列为工作重点，在组织群众参与精神文明建设的过程中充分发扬民主，让群众在活动中自我教育，自我约束，自我管理，自我服务，自我塑形，自我发展。二要坚持实效性，即求真务实原则。要把创建活动方案付诸实施、变成行动。切忌坐而论道、纸上谈兵。开展创建活动必须真抓实干，坚持不懈，求真务实，具体落实，注重实效。精神文明建设的效果（效益）具有间接性、潜在性、隐显性和长期性，因此不能片面追求"立竿见影，一抓就灵"。但要从实际出发，想实招，办实事，可操作、求实效。开展活动要有一定的形式、载体和氛围，但不能热衷于玩花架子，搞形式主义，力戒弄虚作假，欺上瞒下，特别要珍惜民力，切忌逐浮夸，讲排场，挥霍浪费，劳民伤财，使创建活动名副其实取得实效。三要坚持综合性，即综合治理原则。创建活动不是孤立的精神文明建设措施，而是务虚与务实、软件与硬件、教育和管理、德治和法治、生产和生活、主体（人）和客体（环境）、解决思想道德问题与解决现实利益问题等的紧密结合、有机统一，因此，群众性精神文明创建活动要与基层单位的中心工作紧密结合。要制定整体规划，统一部署，组织各有关方面，实行齐抓共管，协同动作，多管齐下，综合治理。综合运用和发挥理论的指导力量，思想政治工作的说服力量，舆论的引导力量，道德的约束力量，文化的渗透力量，科学的启蒙力量，环境的熏陶力量，家庭的感染力量，道德的约束力量，制度的规范力量，法律的强制力量。这种全方位培育和综合治理，才能使群众性创建活动真正取得好的效果。

（四）选树典型，榜样示范

榜样的力量是无穷的，"以人为镜，可以明得失"。有人曾说："播撒一种思想收获一种行为，播撒一种行为收获一种习惯，播撒一种习惯收获一种性格，播撒一种性格收获一种命运。"播撒一种榜样，我们能够时时看到奋斗的目标和参照物。榜样是一种向上的力量，是一面镜子，是一面旗帜，它能点燃许多人心中的激情与梦想。从发表毛主席"向雷锋同志学习"的题词到今天半个多世纪过去了，全国各界的学雷锋活动从未终止，雷锋的奉献精神、"钉子"精神、"螺丝钉"精神、艰苦奋斗精神鼓舞和引领着一代又一代人，"雷锋"二字，已成为人们心目中热心公益、乐于助人、扶贫济困、见义勇为、善待他人、勤奋敬业、全心全意为人民服务的代名词，在当代，学雷锋志愿者服务队组织遍及全国。1966年2月7日《人民日报》发表长篇通讯《县委书记的好榜样——焦裕禄》至今已半个多世纪，焦裕禄精神跨越了兰考县、河南省，成为全党全国党员干部学习的榜样。当代工人的楷模许振超、当代活雷锋郭明义，长期奉献不计报酬创出骄人业绩，于普通岗位拓展慈善、助人为乐，他们的精神超越了地域和行业。几十年来，华夏大地无数感人的先进模范人物铸就了民族之魂，升华了民族美德，为中华民族精神宝库增添了新的宝贵财富。

充分发挥先进典型的榜样示范作用，是传承再造中华传统美德、推动社会主义核心价值观的重要手段。要充分发挥社会各种组织的力量、各种宣传媒体的力量，发现、挖掘、选树体现中华民族传统美德、践行社会主义核心价值观的先进典型，通过各种形式、各种渠道进行传播宣传。近年来国家和各地评选感动中国（省市）十大人物、评选道德模范活动，寻找最美教师、寻找最美医生、寻找最美少年等活动，在大众媒体进行宣传，都是很好的形式。要充分利用主流媒体、公共广告位和相关重要活动，因时、因地制宜宣传各种类型的先进典型人物事迹，引导人们传承中华美德、践行社会主义核心价值观。

（五）文化精品，育人化人

优秀精神文化产品具有育人化人的重要功能。一切文化产品都要弘扬社会主义核心价值观，传递积极人生追求、高尚思想境界和健康生活情趣。当代优秀精神文化产品是社会主义核心价值观的生动展示、形象表达和具体阐释，它们润物无声，在育人化人方面有着重要凝聚力和感召力。要用思想性、艺术性、观赏性相统一的优秀作品，弘扬真善美，贬斥假恶丑。要加大对优秀文化产品的推广力度，开展优秀文化产品展演、展映、展播活动、经典作品阅读观看活动。完善文化产品评价体系，坚持文艺评论评奖的正确价值取向。

发挥精神文化产品育人化人的重要功能，就要加强对传统文化业态、文化样式的继承和创新，对新型文化业态、文化样式的培育和引导，让不同类型文化产品都成为弘扬社会主流价值的生动载体。要加大对优秀文化产品的推广力度，引导优秀文化产品的大众消费。特别要说的是，中华民族先辈给我们留下了丰厚的文化遗产。据统计，国务院办公厅已公布的四批我国非物质文化遗产名录共计998项，其中传统戏剧161项，曲艺128项，其中大量体现中华民族爱国护国、主持正义、惩恶扬善、诚信友善优良传统的经典剧目和作品流传至今，并通过文艺工作者的创新再造，融入了时代精神，在传承中华民族传统文化、弘扬社会主义核心价值观中发挥着重要作用。然而，随着文化载体和文化表现形式的多元化，不少戏剧、曲艺等艺术形式出现萎缩、后继乏人的境况。文化部门和文艺工作者要大力挖掘和保护这些文化遗产，开展挽救、传承、普及工作，除通过精选思想性、艺术性、观赏性俱佳的作品和剧目举办展播、展演等活动进行推介外，还要通过传统艺术进校园、进社区，鼓励基层单位的文艺社团活动等措施，使优秀传统文化扎根基层、扎根群众，让优秀传统文化在倡导和践行社会主义核心价值观中发挥更大作用。

第八章　中华优秀传统文化与大学生思想政治教育结合的策略与路径

第一节　高校应发挥文化传承职能

中国文化博大精深，源远流长，它的精神力量的核心实际上就是中华民族的道德精神，它是华夏文明积淀形成的民族道德环境。传统文化的传承对于提高全民族文化素养，构建和谐社会意义非凡，是实现中华民族伟大复兴的中国梦的内在动力与源泉。作为引领文化思想前沿的高校，更应充分发挥自身文化传承职能，进一步提升高校德育工作的实效，提高当代青年的文化素养和道德水准。

一、高校发挥文化传承职能的意义

（一）培育民族精神

民族精神是一个民族赖以生存和发展的精神支柱和灵魂，对于塑造民族的品格风貌，对于增强民族凝聚力、向心力，有着不可磨灭的重要作用。一个民族历史越悠久，传统文化越丰富，民族精神就越强烈。因此对大学生进行民族精神和爱国主义教育也离不开传统文化教育，它是培养大学生民族性格和爱国主义精神的重要武器。

（二）塑造健全人格

文化传承的内在本质就是重视人的教育，塑造健全人格，这对当代大学生世界观的塑造有着重要的现实意义。目前，经济全球化、政治多元化、信息网络化已成为新时代的鲜明特征，尤其是西方发达资本主义国家凭借其经济和技术优势，千方百计向我国青年灌输西方的思想意识形态。在这种情况下，对学生进行文化素质教育，使其学习和传承优秀传统文化，充分借鉴和利用其人文精神的优良品格，开创良好的校园文化氛围，完善大学生人格就显得尤为重要。

（三）提升道德素养

中华民族是一个崇尚道德的民族，中国文化一向被称为伦理政治型文化。其强调以人为本、以德为先、以义为上，其核心内容就是熏陶人、感染人、教育人、塑造人，其最终目的是要培养出正直、公义、诚实、善良、勤奋、进取的对社会有用的人。伴随着文化回归的脚步，中国文化道德教育功用将被提升到应有的高度。先贤们的道德观念和文化素养与当代的教育实践相结合，定会表现出强大的生命力。

二、高校发挥文化传承职能存在的问题

在对多所高校调研中发现，高校传统文化课程普遍存在着教学规范化问题。传统文化课应对师资、教材、课程体系和教学方式进一步规范。校园文化活动中的传统文化要素有待进一步加强和提高。随着传统文化热的不断升温，传统文化相关课程近年来也被高校普遍纳入了"通识"教育体系，90%的高校都开设了传统文化相关课程，但都效果平平。南开大学中文系的一名学生表示，尽管从大一开始就知道有一门公共选修课"中国传统文化概论"，却从来没有考虑选修这门课程，原因是"这门课是哲学系老师开的，如果一学期只讲授传统文化哲学，没什么意思"。天津师范大学可选的传统文化课较多，学生的意见是"感觉太死板，大家提不起兴趣"。学生还建议"校园文化活动中的传统文化要素必须创新形式，融入时代特色"。

归纳起来，首先，师资问题是高校发挥文化传承职能面临的首要问题。中华文化精髓只能在教师感悟透了才可能激发出学生的感知。而目前的情况是，组织学生文化活动和教授传统文化选修课程的教师大都是中青年教师，还有的刚刚毕业，自己还是"一瓶子不满、半瓶子晃荡"，怎么能感染学生？其次，传统文化课的课程体系和讲授方式也需要进一步地规范。"规范"不是

"限制"。目前，高校传统文化课几乎都是"因人设课"，老师想怎么开就怎么开，哪方面懂得多就多讲一些，不懂的就少讲甚至不讲，缺乏像专业基础课那样系统、正规的课程建设。文化类课程应该怎么讲、讲什么，面对文科生、理科生两者不同的知识结构，怎么讲才能激发不同学生的兴趣，这些问题都是高校文化创新必须关注的。另外，校园文化活动中传统文化和时代元素的融合还需要磨合，目前存在相对独立及盲目通俗化的误区。

三、进一步推进高校文化传承职能

（一）构建工作模式，使传统文化浸润校园

高校应积极整合丰富的校园文化活动及自身教育资源，加强师资队伍建设，选择符合本校特色的活动方式，构建"营造一种氛围，体现两个特色，加强三个融合，秉承四种精神"工作模式，有效推进传统文化的传承。

1. 营造一种氛围

在全校范围内推进弘扬传统文化系列活动，深入挖掘优秀传统文化资源，大力营造弘扬中华传统文化的浓厚氛围，建立引导学生"热爱传统文化、知晓传统文化、理解传统文化、传承和创新传统文化"的长效机制。

2. 体现两个特色

一是时代特色：从当代青年实际需求和兴趣出发，通过"走出去"——感知实践，"请进来"——专家品鉴及高雅艺术进校园、影视联欢及诗会等学生喜闻乐见的多元互动形式，感悟中华传统文化，提升人文素养。如天津理工大学利用高雅艺术进校园的平台，邀请中国歌剧舞剧院走进校园，演出大型原创舞剧《孔子》。优美的音乐旋律呈现出孔子的内心世界，艺术家们用娴熟的肢体语言表达了孔子的喜怒哀乐，演绎出了孔子智慧的光辉和儒家文化的魅力，展现了中华民族深厚的文化底蕴。此外，"龙声华韵"大学生青春诗会、"文化根·民族魂·中国梦"诗书画印品鉴活动、中外学生赴"孔孟之乡——山东"社会实践。二是文化育人特色：用高雅、向上的传统文化来感染学生，教育学生，弘扬民族精神，凝聚中国力量，助力伟大中国梦。如临沂大学已经进行多年的宿舍文化节，每年的11月为宿舍文化建设月，通过征文、演讲、

视频、书画、宿舍评比等一系列活动推进高校育人工作。学生的书画作品《一屋不扫何以扫天下》受到学生广泛好评！有的学院开展了宿舍文化长廊，教室文化展等活动，渗透进传统文化的元素，如通过学生书写"家"的各种写法和创意变化，深刻理解宿舍有爱、相互奉献和协助就是温馨快乐的"家"。通过传统文化融入相关的活动提升了育人效果。在积极健康的宿舍文化营造建设中，良好的宿舍文化培育着奋勇拼搏、努力上进的学子。她们在相互学习、相互监督和激励中成长。临沂大学每年都有全寝室6人均考上研究生的案例。

3. 加强三个融合

一是提升师资水平，"以教师为先导，以学生为主体，教学相长"，加强师生融合；二是突破专业限制，凝聚职能部门和学院，合力加强专业融合；三是积极向校外拓展活动平台，联合相关文化、艺术团体及企事业单位，加强校内外融合。

4. 秉承四种精神

中华优秀传统文化博大精深，源远流长，其精神力量核心就是中华民族的道德精神，即矢志不渝的爱国精神、仁者爱人的博爱精神、自强不息的进取精神、厚德载物的兼容精神。

（二）推进校园文化活动，文化育人感染学生

高校可以充分利用春节、端午节、中秋节等中华传统节日，精心策划形式多样、内容丰富的中华文化体验活动。"爱汉字爱汉语爱中国文化"汉字听写大会等活动的开展，使中华文化根植于大学校园，熏陶并影响着广大师生。

（三）加强课堂建设，在文化自信中汇聚力量

探讨所有的教学方法都没有绝对意义，优秀的师资是第一位的。虽然解决师资问题不是一朝之功，但如果高校管理者没有这方面意识，不推进文化类公共课教学的师资管理，那么师资问题将成为制约高校文化传承职能的根本性问题。同时，传统文化课如果与时代完全不相关联，教学效果也自然不会理想。因此，传统文化课程及相关文化活动需要在新时代语境下重新阐释，需要把传统与时代紧密结合起来，提升学生的眼界，丰富他们的思维方式，学生才会觉得学有所获。建议高校进行群体式教学的改革，每个老师选择最擅长的专题板块，实现"群体互补"。教师学有所长才能真正讲得透，才能吸引学生，提升大学生的道德修养和文化自信。

（四）加强校园文化元素，营造最佳的人文环境

高校应加强校园文化建设，投入人力、物力、财力，营造最佳人文环境，增强大学生对传统文化的认同感。目前高校改建、扩建工程纷纷上马，有些高校一味追求规模、前卫，而忽略了人文环境的营造。高校校园建设应遵循"越是民族的，越是世界的"这样的理念，在楼宇、厅堂、绿地、广场等公共空间可以适当融入人文元素，如历代先贤的格言、雕塑等，氛围的营造会使学生得到潜移默化的影响和熏陶。临沂大学图书馆的"四圣"浮雕让师生们身处其中，好像古圣先贤就在身边，无时不受到精神的熏陶。

除了在硬件设施建设中融入大量的传统文化元素外，各高校在制定校规校训的时候也应该融入中国传统文化的基本精神，比如清华大学"自强不息，厚德载物"的校训，就是对中国人积极的人生态度的理论概括和价值提炼，充分体现了传统文化中"刚健有为"的精神。这样的校训在规范学生通识、增强学生传统文化认同方面分分秒秒都起着作用。中国传统文化是一笔极为宝贵的精神财富，是一个取之不尽、用之不竭的精神宝库，也是一种特殊的思想政治教育和人文教育资源。它不仅可以丰富思想政治教育和人文教育的内容，还可以提高教育的实效性，是大学生思想道德教育的沃土。因此，高校充分发挥文化传承职能有着重要的现实意义。

第二节　建立中华优秀传统文化融入大学生思想政治教育的路径

对于高校思想政治教育工作来说是长期的、是系统的，而在开展这项工作的过程当中，也需要和当代大学生的发展特点，个性规律等有效结合，抓住传统文化和大学生思想政治教育当中的契合点并且将其进行有效联系和连接，可以从制度建设这一方面入手，为同学们创建优秀的教师团队，增强教师们的文化素养，专业素养，还可以从同学本身出发，从实际情况出发，激

发同学们的学习兴趣，从同学本身入手，巩固同学们主体地位，充分运用现代化网络，互联网新媒体的作用。

一、构建中华优秀传统文化融入大学生思政教育机制

首先，要让同学们能够对传统文化进行有效的理解和认知，并且能够接受这一文化内容，可以充分地发挥辅导员自身的作用，班级当中的老师是引领者是传播者，只有充分地发挥好老师自身的作用，才能够将这一内容真正地传承给同学们，让同学们进行理解和接受。例如辅导员可以在每一周有半小时和同学们讲解有关传统文化的内容和知识，还可以在班级当中组织文化宣讲团来进一步帮助老师们进行分化工作，有效开展和实施，为同学们树立正确的价值观；其次，还可以通过线上的形式来进行维修的活动，在线下进行充分交流和沟通，通过传统文化的有效讲解互动来为同学树立远大的理想，让同学们能够在日常的学习当中，生活当中更加刻苦努力，要让同学们能够在学习上有不耻下问的态度，能够对知识进行不断地探索，养成良好的学习习惯和更好的学习意识。也可以从同学们自身出发，让他们养成良好的生活习惯，加强自身锻炼，刻苦努力艰苦奋斗。

二、搭建具有中华优秀传统文化特色的网络语文平台

在现阶段的发展背景下是科技的时代，是人工智能的时代，所以在这种情况下就可以运用多媒体的形式，互联网的形式来开展素质教育工作，并且在这一过程当中将传统化有效融入来达到更好的育人结果。平台可以分成三部分来进行，第一部分则是可以通过学校的公众号等来上传有关传统文化的文章和视频，让同学们对其进行学习和观看；第二部分则是辅导员可以创建微信群、QQ群等在群内和同学们进行沟通交流，有关传统文化的知识和内容，大家和同学们之间互动；第三部分辅导员可以自身开设公众号或者是网络账号，在平台当中为同学们讲解和传统文化有关的内容，同学们充分地感受到中华传统文化的影响以及魅力。

三、注重校园文化建设，开展传统文化主题活动

如果在实际的教学当中融入传统文化，对同学的发展有着重要的意义以及时代价值。例如可以通过节假日或者是纪念日等来开展有效的教育活动，在端午节时可以对同学们进行爱国教育，让同学们了解更多有关国家的知识和内容。还可以通过开展主题班会的形式开展传统文化主题活动，让同学们深入内心，同时还需要注重的则是交流分享这一环节，这样能够更好地激发同学们的兴趣和热情，当这一活动完了之后就可以给同学们布置任务，让同学们再进行交流和沟通，能够有更好的教育效果。

四、中华优秀传统文化融入高校思政课教学的路径选择

（一）提升广大思政教师的传统文化素养

习近平总书记在学校思想政治理论课教师座谈会上曾指出："办好思想政治理论课关键在教师，关键在发挥教师的积极性、主动性、创造性。"[①] 党的二十大报告中提出："坚守中华文化立场，提炼展示中华文明的精神标识和文化精髓，加快构建中国话语和中国叙事体系，讲好中国故事，传播好中国声音。"为落实好此项报告精神，首先，高校思政教师要充分发挥内因的作用，通过阅览各类传统文化书籍、专题培训等方式进行积极主动地自我"充电"，不断增强自身的传统文化知识储备并提升自身的传统文化素养。有了丰富的传统文化知识储备，才能在教学过程中，将优秀传统文化以"润物细无声"的方式有机融入思政课堂中。其次，高校思政教师在开展科研工作时，也要有意识、有目的地进行学科交叉，不断提升对中华优秀传统文化的内涵、价值、传播路径等问题的研究意识和研究水平。一方面，在教学过程中发现问题并积累问题，将中华优秀传统文化融入思政课时遇到的困境作为自己理论研究的课题；另一方面，也要及时将自身科研成果转化到教学中去，反哺于教学、服务于教学，实现教学和科研的良性互动。最后，思政教师要充分利用好教

---

① 习近平. 用新时代中国特色社会主义思想铸魂育人　贯彻党的教育方针落实立德树人根本任务[N]. 人民日报，2019-03-19(01).

研室集体备课制度的优势，利用集体的力量弥补个人能力的缺失。当前，根据教育部文件要求，各个高校的马克思主义学院都在持续推动学院的标准化建设，而根据学科特点设置相应的教研室也是标准化建设的要求之一。各高校的马克思主义学院要充分发挥教研室集体备课制度的优势，在开展教研室活动时，将如何提升思政教师的传统文化素养、如何将中华优秀传统文化融入思政课教学、如何挖掘中华优秀传统文化中的思政元素和思政案例等问题作为教研室活动的主题，通过集体攻关的方式，实现共同进步。

（二）紧扣教材内容，将中华优秀传统文化融入思政课理论教学

高校思政教师在将中华优秀传统文化融入思政课理论教学的过程中，首先，坚持好"守正"的原则，明确思政课的定位与担当。思政课教育教学的定位即致力于培养担当民族复兴大任的时代新人，培养德智体美劳全面发展的社会主义建设者和接班人。只有定位准确、职责明晰，才能有的放矢地进行改革创新。其次，高校思政教师仍旧要以思政理论教学为主，坚持"内容为王"，适时渗透中华优秀传统文化。党的二十大报告提出："我们必须坚定历史自信、文化自信，坚持古为今用、推陈出新，把马克思主义思想精髓同中华优秀传统文化精华贯通起来。"最后，思政教师要灵活运用讨论式、对话式、情景再现式、案例式和启发式等多种教学方法将二者融会贯通。思政教师要认真研读《思想道德与法治》《毛泽东思想和中国特色社会主义理论体系概论》等思想政治理论主干课程的教材内容，在授课时，紧扣教材内容，深挖中华优秀传统文化中的鲜活素材和案例，精准、有机融入与课程内容相匹配的中华优秀传统文化的相关内容，不断优化教学内容，为思政理论课注入新的活力。同时，也要避免"两张皮"问题的出现，坚持二者同向同行，共同发力，共同落实好立德树人的根本任务，呈现出具有浓浓传统文化特色的趣味盎然的思政课。

（三）知行合一，将中华优秀传统文化融入思政课实践教学

习近平总书记强调，理论学习一定要"坚持学思用贯通、知信行统一"。[①]高校将中华优秀传统文化融入思政教学的最终目的是让中华优秀传统文化能

---

① 习近平. 在学习贯彻习近平新时代中国特色社会主义思想主题教育工作会议上的讲话 [N]. 人民日报，2023-05-01(01).

够入脑入心入行动。将中华优秀传统文化融入思政课教学，绝不意味着纸上谈兵，也绝不意味着单纯的理论说教，而是知行合一，是理论联系实际。教师通过开展各类思政实践教学活动，进一步激发学生学习和了解中华优秀传统文化的主动性和创造性，让学生对中华优秀传统文化从理论认知上升到情感认同和自觉行动，让学生在思政实践教学的过程中成为中华优秀传统文化的弘扬者和继承者。同时，思政课教师要发挥好领路人的引领作用，避免千篇一律的实践主题和实践方式。党的二十大报告提出："中华优秀传统文化源远流长、博大精深，是中华文明的智慧结晶。"因此，面对丰富的传统文化内容，教师在教学选择时一定要坚持实事求是，重点关注地域传统文化、深挖校本资源，根据本校学生的需求和立德树人根本任务的要求，精心制定符合本校学生的实践主题和实践形式。在此过程中，一方面，可以让中华优秀传统文化资源"动"起来、"活"起来；另一方面，也可以让学生在此类实践活动中真正受到中华优秀传统文化的熏陶、领略和感悟到中华优秀传统文化的魅力所在。

（四）利用新媒体技术，开辟网络思政教育新天地

新时代的高校思政教师，要积极利用好网络新媒体平台，这是当前高校积极推动思政课教学改革发展的必然趋势。依靠数字化、网络化助力思政教育工作，实现工具性和价值性的融合。在众多新媒体平台当中，高校思政教师尤其是要利用好微信这一平台。微信平台具有受众群体广、操作简易、系统完善、发展成熟等特点，所以思政教师可将其作为推动传统文化教育和思政教育的主要有效媒介。高校思政教师在授课之余，可引导学生积极创建"中华优秀传统文化"微信公众号，转变传统的教育模式，以微信公众号作为载体对大学生进行传统文化的教育和引导，让信息技术赋能此项工作，可以使中华优秀传统文化教育的时空性得到有效扩展。此外，教师可以引导学生组建"中华优秀传统文化"宣讲团、创建"中华优秀传统文化"相关科研团队、开展"中华优秀传统文化"征文活动，用文字的方式传承传统文化；结合大学生专业特色，引导艺术类专业的学生编排传统文化音乐剧；组织开展优秀传统文化知识竞赛活动等。将中华优秀传统文化真正内化为大学生的价值追求，外化于他们的自觉行动。

　　总之，深入学习贯彻党的二十大精神，将中华优秀传统文化通过各类有效途径融入高校思政课教学中，一方面，可以让中华优秀传统文化助力当前高校思政课教学改革；另一方面，二者的融入，也有利于中华优秀传统文化的创造性转化和创新性发展。通过二者同向同行，共同完成立德树人的根本任务，教育引导广大青年学子弘扬中华优秀传统文化，成为社会主义现代化事业的合格建设者和可靠接班人。

第九章　中华优秀传统文化与大学生思想政治教育融合的质量提升

第一节　中华优秀传统文化对文化型思想政治教育质量提升

中国特色社会主义文化内涵广泛，文化型思想政治教育的提升，主要是针对整个国家、民族乃至世界文化的发展，这是一种现代化、全球化的发展。大学生思想政治教育作为中华优秀传统文化的特殊形态，具有文化属性。适时根据我国社会和国家发展的新要求、提升大学生思想政治教育质量的要求，增强思想政治教育界的文化软实力，努力探索适合我国实际国情的教育模式。

一、对文化型的思想政治教育质量提升模式的解释

（一）文化型的大学生思想政治教育的内涵

思想政治教育具有一定的文化性。广义的中国传统优秀文化是指人类在具体的活动过程中所获得的物质类的、精神类的财富。文化性是一个国家、民族、个人在长期生产活动中形成的习惯，是文化素质的基本表现。思想政治教育包括社会生活各个方面，它主要涉及对意识形态进行教育，它是政府为了实现统治而开展的教育。思想政治教育的内涵决定了其具备一定的文化

性。意识形态属于文化范畴，是文化的组成部分，表达了阶级意志，这就决定了意识从属于文化，是文化的特殊形式。

文化性思想政治教育模式的特点是常态化、常规化。文化性思想政治教育模式存在一定的缺点，但也是思想政治教育的一般模式。大学生思想政治教育的文化特性充分表现在：一是能够促进人的思想文化素质、思想水平的提高，能够促进人文集合；二是对中华优秀传统文化的内涵进行丰富，以及凝聚文化的力量；三是促进国民文化素质的提高，增强教育的共鸣性。思想政治教育本身属于文化范畴，因此其主要的表现形态通过各种行为得以体现，思想政治教育的内容包括意识形态、价值观、思想道德等，能够促进人们文化品位的提升。要不断赋予思想政治教育的渠道、主体以及形式文化内涵，以满足大学生高层次的文化需求。

（二）文化型思想政治教育质量提升模式提出的必要性

建设中国特色社会主义文化就必须建立文化性思想政治教育模式。改革开放以来，随着市场经济的繁荣发展，坚持以市场为导向的经济体制改革使我国经济建设取得了巨大成就。与此同时，文化体制方面也提出新的要求，突破制度性障碍，促进文化生产力的发展，创造文化繁荣发展的新局面。在文化体制不断发展变化的过程中，我国国家领导在对社会主义文化建设方面进行了不断的探索，涉及文化的内容、本质、形式、基本发展规律等。

党的十七届六中全会召开，首次将"文化建设"作为会议主题，这是一次文化建设进行集中、全面讨论的大会，会议还提出了必须始终坚持马克思主义基本原理，在坚持中国特色社会主义发展道路下，加强重点学科的建设，加强和改进思想政治教育。除此之外，也对组织和职能部门进行了规定，要将文化建设置于首要位置，对新的文化特点和问题进行研究，把握思想意识的主导权，掌握文化改革发展领导权。思想政治教育具有一定的教化功能。建设社会主义文化强国，需要根据大学生的成长需求以及文化传播的形式，适度创新，构建一套文化型的大学生思想政治教育模式，这是促进思想政治教育质量提高的关键。

二、思想政治教育质量需要文化性的提升

(一)思想政治教育质量不可缺少文化性

思想政治教育必须具备文化性。中华优秀传统文化具备独特的魅力，要体现在思想政治教育的过程中，增加思想政治教育的吸引力。文化本身就具备一定的教育功能，思想政治教育的各方面都会受到传统文化的限制，比如在方式、过程和目标上。任何事物都是矛盾的集合体。任何事物都是一个运动发展的过程。思想政治教育也是主流思想与个体思想之间的矛盾集合体，思想政治教育实际上就是中华优秀传统文化对个体思想进行改造的过程，其赋予教育的内容、方式以及教育对象一定程度的文化意义，传承时代文化的精髓，顺应时代的变迁和发展。思想政治教育无法脱离文化而单独存在。思想政治教育的重要任务就是对人们的价值观进行进一步的优化。因此，文化教育必须以价值观为导向，通过文化的影响，将主流意识和核心价值观转化为社会成员的认知和行动。

大学生作为拥有高层次文化水平的群体，存在各种思想问题，这些问题主要由文化冲突引起。人类社会也是一个矛盾体，其会呈现和谐与冲突两种表现形式。开放性是社会的基本特征，文化多元性是社会发展的趋势。在社会的大环境中，大学生会受到不同文化的冲击，在这种多元的文化环境中，大学生要学会对自己的思想进行调整，逐步养成完美人格。文化的冲突有利有弊，它能够开阔大学生的视野，促进大学生综合素质和能力的提高，但同时也会为大学生带来各种困惑。对于大学生来说，中国传统文化既有其一定的魅力，又需要大学生具备高层次的解决问题的方法，所以说，大学生的思想道德教育必须具备文化性，才能保证将大学生思想政治教育工作落实，文化教育才会具备吸引力和凝聚力，体现思想政治教育的价值和文化育人功能。

(二)思想政治教育质量内在要求文化性的回归

我国的大学生作为文化层次较高的社会群体，其本身的数量仍相对较少，虽然我国高等教育已经进入高等教育大众化的阶段，但与外国相比，入学率仍相对较低，这就导致我国后期发展缺乏人力资源。思想政治教育内容的文化内涵、教师队伍的文化素养、教学方式的各个方面都应该时刻体现传统文

化的文化魅力和特征，这是提升大学生思想政治教育质量的内在要求。思想政治教育的文化性贯穿于大学生成长的各个方面。从当代中国基本经济发展方式和基本国情来看，中华优秀传统文化已经成为民族创新力和发展力的源泉，也成为中国与不同国家之间的竞争因素，成为经济发展的重要支柱，也体现了人民精神文化要求的提高。我们必须要对中国传统文化进行创新，学校在文化创新中担当重要的责任。高等学校在引领社会思潮、凝聚社会力量方面发挥着重要的带动作用。大学生思想政治教育的根本任务就是，在课堂学习中融入中国特色社会主义理论体系，顺应时代发展潮流，不断丰富新内容，探索新模式。

改革开放以来，党和政府制定了一整套的方针和政策来督促大学生思想政治教育工作的实施。从总体上来看，大学生思想政治教育运行情况良好，为我国社会主义现代化建设提供了优秀的建设者和接班人，在对他们思想和精神的培养方面起到了促进作用。但是，若想适应时代发展和人才需求的变化，还需要促进大学生思想政治教育质量的提升。这样讲的原因在于：首先，大学生的思想政治教育受国内外思想文化影响较为严重，对我国思想教育来讲是一项挑战；其次，大学生思想状况逐渐呈现出复杂性、选择性、多变性等特点，大学生的思想状况还存在一定的突出问题，这些问题都要求教育工作者认真对教育工作进行思考，并提出新的教育方法与模式，进一步为大学生思想政治教育质量提供新的空间。

（三）文化型思想政治教育质量提升的根本道路

在全面建成小康社会和构建文化强国的要求下，我们必须构建文化型思想政治教育模式，才能保证教学质量的提升。创新既是实践的问题，又是理论的问题。创新型的思想政治教育模式，即是文化型的教育模式。文化型的教育模式从理念到要素都体现了文化性。

1. 理念指导教育

理念是行动的先导。先进的理念指导是构建文化型思想政治教育模式的需求，它在展现文化魅力的同时，还能促进教育质量的提高。对中华优秀传统文化的改革进行的部署，是指导我国文化发展的纲领性文件，它充分体现了党的准确判断和高度的文化自觉性。坚持以人为本的先进理念和结合思想政治教育的基本现状，是构建文化型的思想政治教育模式的内在要求。从构建文化型的大学生思想政治教育模式的视角来看，以文"化"人的内涵主要体现在：遵循教育规律，体现文化的特性，运用文化的方式，实现以文"化"人的教育。大学生思想政治教育应坚持以人为本的教育理念：在实践上，应坚持促进思想政治素质的全面发展，将政治性与文化性进行有机统一；在内容上，彰显内涵、品位，增强吸引力与凝聚力；在方式上，倡导渗透性教学；在队伍建设上，促进教育者文化素质的提高，构建以文化人的教育模式。

2. 提高教师综合的能力

师资队伍质量的提高是思想政治教育质量的基础。教师素养是综合性的，具有高品质、全方位、立体化的特点。文化实力和魅力缺乏是导致大学生思想政治教育质量难以提升的重要因素。思想政治教育工作者必须要有一定的知识基础和较强的求知欲，还要具备丰富的文化素养和良好的个人魅力，这样才能吸引学生，成为学生的良师益友。因此，高校领导和任课教师应是知识丰富、修养深厚，有坚定的立场和较高觉悟的人，只有这样才能充分展现政治理论成熟的魅力和文化艺术修养的魅力。

3. 寓教育于无形

隐性教育是潜移默化的教育，使受教育者受到潜移默化影响。隐性教育与显性教育适用的对象都是学生，两者教育方式有所差异，可以互为补充。大学生思想政治教育的隐性教育是通过在大学生的生活环境中找寻富有教育意义的内容和哲理，以学生可以接受的形式和方法，来达到无意识的教育熏陶，最终影响他们三观的形成及素质的提高。隐性教育在思想政治教育中的重要地位和作用，因其自身的特点而愈来愈受到人们的重视和利用。隐性教育具备渗透性、间接性、开放性以及持续性等特点。思想政治教育中有关传统文化的内容具备隐性教育的特点，因此更容易被大学生认同并接受。

高校思想政治理论课在进行课程设计时，要彰显其文化品位，将政治理论课视为进行思想政治教育的主途径，课程的内容要兼具政治功能和文化功能，同时借鉴我国优秀传统文化；课程的讲解过程中应该是以魅力为引导，而不是一味地说教。与此同时，应该在大学的各个学科中都融入思想政治教育，使大学生在任何学习阶段都能受到文化的教育，从而达到思想政治教育效果。大学的思想政治教育还能以各种校园文化活动作为载体，将娱乐性与文化性进行结合，使思想政治教育在活动中得以开展。

4. 以文化为载体的思想政治教育方式

文化载体是指各种文化产品。以文化为载体的思想政治教育方式能够增加文化的吸引力和渗透力，从而促进思想政治教育质量的提高。

韩延明教授在其专著《大学校训论析》中指出，大学校园文化的构成一般包括三个层面，即物质文化层面、制度文化层面和精神文化层面。这三个层面的互动、协调发展，构成了一所大学完整的校园文化。[①]以物质文化为载体，形成大学生思想政治教育的文化氛围。大学物质文化能够进一步丰富大学生的精神世界，大学物质文化能够提高大学生的内在修养和审美水平。大学物质文化建设，要注重硬件设施与软件的有机结合，做好长远规划，重视建筑风格的内涵和价值，让大学校园的建筑都具备一定的文化。

大学生思想政治教育需以制度文化为正确导向。大学制度文化是一种激励环境与氛围，包括制度、准则、纪律以及组织。制度文化具有价值导向作用，大学的制度文化建设是思想政治教育的方式和途径，它与思想政治教育的目标趋于相同。文化制度的建设，要在保证其时代性和可行性的基础上，将社会主义核心价值观与制度内容建设相结合。在实践中应充分发挥制度文化的隐性教育功能，促进大学生思想政治教育质量的提升。

精神文化看似无形，但却在大学校园文化中处于核心地位。精神是一种价值取向，它可以为人的日常活动提供指导、信念和准则。大学精神文化的表现形式有办学理念、思想定位以及学风、教风等。大学生应重视精神文化的总结与提炼、传承和创新。

另外，虚拟文化是近年来深受大学生欢迎的网络文化，它具有可塑性、生动性、丰富性、灵活性的特点。大学生思想政治教育工作者应该在心理上重视和接纳虚拟文化，紧跟时代潮流，了解科技发展新态势，把虚拟文化作为大学生思想政治教育的新课题。

---

① 韩延明，徐愫芬. 大学校训论析 [M]. 北京：人民教育出版社，2013：26.

5. 构建网络化的思想政治教育平台

人们可以对信息化时代加以支配，信息可以经过人的选择、运用和创造，在量变和质变中，不断发展变化中引起新思想、新知识、新科技的层出不穷。信息是一把"双刃剑"，其中包含大量有利和有害的信息，丰富多彩的信息也包含各种隐患。人类信息的异化是人类社会面临的崭新问题，这便使人们创造的信息成了奴役和支配人类的手段，违背了事物发展的一般规律。互联网中的负面影响就是信息异化的具体表现。

网络技术使信息体现不同的意识、信仰和价值观，它被人们所浏览和利用的时候加速了信息的交流、知识的创新，推动了经济的发展，但是，信息异化也造成了很多负面影响，其中最严重的当数对大学生三观的影响。网络信息技术的发展，能帮助大学生形成正确的世界观、人生观以及价值观，也会导致大学生在发展过程中面临很多种困难。信息恐慌、信息依赖、信息崇拜、信息毒害、信息犯罪等都是大学生信息异化的具体表现。信息的多样性和丰富性，使得很多大学生在进行资料查询时，忽略了信息的重要性，养成了网络查询的习惯。大学时期是学生正确的世界观、人生观和价值观形成的重要时期，如果长期地依赖信息，缺乏信息辨别能力，就容易被有害信息诱惑，进而缺乏主见，在思想和价值观的养成方面没有了主见。

对大学生进行思想政治教育就是为了防止信息异化，我们要加强网络教育，使学生能够科学地获取和利用信息，从众多信息中发现对自己有利的信息，促进自身的全面、可持续发展，避免信息异化带来的危害。主体意识的加强可以使学生认识其在信息化社会中的地位。人们创造的信息是为人所用，人们应当主动地对信息进行选择和运用，让信息为人类的发展提供服务。大学生网络思想政治教育应把培养大学生的主体意识作为教学的主体目标，使其明白主体与客体的关系，掌握在信息社会中学习、发展和成才的主动权。

增强大学生明辨是非的能力，使大学生在享受网络信息快捷的同时，能够保证具备正确的认知态度。坚持党的方针的正确领导，增加大学生法律知识的学习，才能促进大学生思想道德素质的提高。具备优良品格和高尚情操的大学生，自觉遵守相关法律制度，做遵纪守法的有素养的优秀"网民"。加强高校的网络化建设，通过先进的文化引导校园潮流，抵制文化垃圾。高校要加强校园网络建设，净化校园上网环境，防止信息异化，构建网络思想政治教育阵地。促进大学生信息技术水平的提高，对大学生信息使用能力进行培养，用法律的强制力来约束信息活动。

第二节　中华优秀传统文化对开放型思想政治教育质量提升

当今的社会具有较强的开放性和融合性，大学生的思想政治教育工作也面临着巨大的挑战。大学生的思想政治教育不仅关系到个人的成才成功，还关系到祖国的现代化建设。因此，大学生的思想政治教育必须与经济、文化的发展相适应，与社会进步保持一致步调，坚持开放式教育理念和教育模式，为社会主义现代化建设培养优秀的接班人。

一、开放式思想政治教育质量提升模式的解释

（一）开放式的大学生思想政治教育质量提升模式的含义

美国是最早开始实行开放式思想政治教育的国家，随后在世界范围内流行。开放式的教育是以学生为中心，利用教育资源和社会环境，借助社会力量，通过自由民主、和谐互动的教育方法来实现学生的全面发展。思想政治教育的最终目的就是帮助人们正确认识自身和教育，它是涉及对学生的世界观、人生观以及价值观的教育。开放式的思想政治教育模式就是指在开放多元的社会环境中，通过建立开放、包容的教育理念，利用各种教育资源，促进个人和社会的全面发展。大学生思想政治教育的包容性是大学生思想政治教育开放性的一个重要特征。思想政治教育的开放性具体表现是应该做到传统与现代、隐性与显性、纵向与横向、课内与课外的教育相结合。除此之外，思想政治教育环境的复杂性与选择性、教育目标的先进性与层次性、内容的

主导性与丰富性，都要求教育必须有开放性的特征。

富强、民主、文明、自由的社会主义现代化建设决定了大学生思想政治教育必须走民主性和自主性的路线。民主性和自主性决定了大学生在思想政治教育中主体作用的发挥，建立良好的师生关系，促进师生之间共同学习、共同进步。在这种环境中，学生的能动性、积极性、创造性才可以充分发挥出来，自主性的学习是大学生为提高自己对课程价值的整体认知，在教师的指导下和在教学目标的引导下，自由地通过目标、内容、方法的选择来完成自己学习的过程。建设民主性和自主性的思想政治教育是大学生思想政治教育改革的重点内容。

开放式的思想政治教育是与传统大学生思想政治教育相比而言的，创新性的大学生思想政治教育应该是开放性的、多元性的、变化性的。当今社会全球化现象日益加剧，经济飞速发展，文化交融复杂，大学生时刻受到这一复杂环境的影响，只有立足时代，放眼未来，通过创新思维方法，才能保证思想政治教育的持续发展。

（二）开放式的大学生思想政治教育质量提升模式的提出必要性

政治多极化、经济全球化、文化多样化的特点决定了当今的世界具备开放性的特点。开放性是一个国家发展的推动力。纵观美国、英国、日本的历史发展状态，横观我国的发展过程，我们可以发现，开放性可以为国家获得发展的资源和信息。思想政治教育是开放性的教育。开放是强国、富民之路，开放的姿态、思想境界、观念、方法等都是大学生思想政治教育质量提升的关键。开放性的教育应该在教学过程中培养学生开放性的视野、开放性的理念、开放性的学习方法等，这也是提升大学生思想政治教育质量的必然要求。

二、开放式的大学生思想政治教育质量构建模式的诉求

（一）对传统教育的深刻反思

我国大学生思想政治教育为社会主义现代化建设培养了许多优秀的人才，但是，对思想政治教育观点、方法和内容进行仔细研究，就会发现仍存在一

定的片面性，导致这一问题的原因就是教育的封闭性。首先，不同国家之间缺乏沟通与交流，导致教育沟通欠缺，造成这一问题的原因是思想不够解放，视野不够开放，过分地强调国情和意识，最重要的是教师缺乏学习的机会，不注重对国外的前沿信息、经验的学习和借鉴，以至于与世界脱轨。其次，在教育的内容方面，过度强调社会需要和社会价值，忽略了大学生的个性发展，通过唯一的标准对大学生进行教育、要求与衡量；过度地批判和否定外来的思潮；内容表现形式较为单一，往往是进行理论分析与口号式的教育宣传，不能就社会热点问题进行深入的剖析。最后，教育方法的封闭性。过分注重向学生们灌输结论性的理论，而忽略了指导学生进行实践式的推论。闭塞的大学生思想政治教育，导致大学生在毕业后难以适应社会的需求，无法经受考验与打击，遇到问题就会感到手足无措，无所适从。我国的高等教育应该深刻分析教育体制，把开放式的大学生思想政治教育作为学校培养学生的立足点，用开放式的教育方法和内容来培养学生，让学生在校园中就能接受先进思想的熏陶，以至于后期走向社会可以更快地接受各种观念。

（二）时代对人才的需求

当今世界是一个开放共荣的世界，文化与思想也一定是开放与共荣的。当今世界呈现多样化的发展趋势，体现在政治、经济、文化、科技的各个方面。随着国际化的发展，中国与世界各国的各种利益之间存在一定的联系，呈现出一荣共荣、一损俱损的状况。

意识一直被认为是支配人的一切行动的先导。国内的高等学校是大学生培养各种先进的思想和意识的基地。当前，我国的整体国情正处于改革开放的重大发展时期，与社会的不断接轨和交流，使社会上下处在一个国内外各个方面相互交融的关键时期，其中包括各种矛盾的激化、经济发展方式和职业选择的多样化等。大学生在各种各样环境的影响下，自身的思想认识和价值取向也呈现出复杂多变的特点。

当今世界的发展呈现出开放和包容的特点，这也是世界各国发展的大趋势。世界各国都必须顺应时代发展的方向，找寻适合自己发展的道路。大学的思想政治教育也应该坚持开放与包容的特点，自觉地摸索适合本院校和学生的开放性教育方法，使大学生形成开放、包容、和谐共存的理念，为毕业后走向社会和国际化的大舞台作铺垫。

三、提升开放式的大学生思想政治教育质量的根本道路

(一)培养开放式的观念

观念是一个人对事与物的看法，也是行动的先导。开放式的教育观念主要针对人来讲，确切地说是针对当代大学生的思想政治教育的培养方面来讲的。建立开放式的大学生的思想政治教育必须首先建立一套开放式的育人观念。开放式的育人观念，首先要树立顺应时代潮流的创新型教育理念。新的教育理念应该涉及民主、平等、公正、法治等理念。大学生思想政治教育应该坚持创新型的思想理念，突破以往循规蹈矩的教育理念，以开放和创新的思想观念，在顺应新的时代背景下，在知识点、创新思维、创新能力、综合素质等各个方面培养学生开放性的观念。

改革开放使我国的政治、经济、科技、文化各方面都有了跨越式的发展，大学生思想政治教育也必须坚持这条改革路线，用开放性的眼光和思维认真对待国内和国外的教育理念，寻找一条符合中国国情的思想政治教育的新模式。我国作为一个民主、平等的国家，教师与学生之间应当建立友好、平等的关系，在这种平等关系下进行交流探讨，才能促进大学生思想政治教育质量的提升。大学生的思想政治教育必须发挥大学生的主观能动性，将发挥大学生的个人价值作为教育目标，培养大学生的主人翁意识，使教育与大学生做到真正的统一。法治也是开放型教育模式构建应该遵循的，开放即是自由，但自由不是绝对的，开放式的教育模式也应该尊重法律，在法律的范围内开展。

(二)明确开放式教育的方向

任何事物的发展都有一定的方向性，方向指引着人的一切行为，具有一定的指导性。党的一切工作出发点都是有其明确的方向，党的思想政治教育工作是保持党的工作的先进性的前提。明确的教育方向也是大学生思想政治教育的基本前提。确定大学生思想政治教育方向的主要依据是国家的发展战略和大学生的思想实际。大学生思想政治教育模式的开放性决定了教育的方

向也应该具备开放性。方向具有一定的多样性和层次性。大学生思想政治教育方向具有层次性。大学生的思想政治教育方向必须符合党和国家的基本要求，必须符合党的政治教育的目标，既是实现共产主义的思想，同时还应该满足大学生思想政治教育的整体目标，又是培养德智体美劳全面发展的人才，必须将这两个方向进行有机结合。大学生思想政治教育的方向性还决定了其必须始终保持与时俱进，发展目标必须具备时代特色。大学生思想政治教育是为了培养社会主义的建设者和接班人。开放式的大学生思想政治教育方向要保证与经济和社会发展相适应。

（三）充实的内容

实现教育目标的重要依据是意识、价值观、品德等具有思想性的东西。思想政治教育的各个方面的要求主要表现在思想政治教育本身、目标的实现、对受教育者的要求等，它们共同地体现了思想政治教育内容具有逻辑性、多样性、时代感以及层次感等特点。我国大学生思想政治教育是坚持以思想性教育为核心，培养大学生具备正确的世界观、人生观和价值观。

大学生思想政治教育的一个重要特征就是具备开放性，改革开放的要求决定了思想政治教育内容必须是开放的、兼容并包的。

世界是开放、兼容并包的，大学生的思想政治教育也必须是开放兼容的，在继承和发展中华优秀传统文化的时候，对世界各国的先进文化进行吸收与借鉴。当今世界，呈现出文化交融、碰撞的特点，各种文化之间互相融合和吸收，这也就决定了大学生的思想政治教育内容也呈现出多种文化的互相呼应。大学生思想政治教育的内容除了应该遵循的事物发展的一般规律外，同时也还要与时俱进。教育的内容应该是变化的、创新的、发展的各种思想和理论的融合。

（四）开放式的教育方法

大学生思想政治教育的方法是指包含思想学习与授课的教育方法。教育的本质就是对思想进行教育。"授人以鱼不如授人以渔"的原理就是教育的原理。在对大学生进行思想政治教育时必须建立一套综合解决问题的方法，这样才能保证大学生在遇到问题的时候能够针对具体问题进行具体分析。大学生的大学教育应该是理论和方法相统一的教育。大学生开放式的思想政治教育也应该坚持理论和方法的统一。大学生在进行思想政治教育学习的过程中会形成自己的一套方法，与此同时，也会形成一套认识、创造世界的方法论。大学生的思想政治教育工作，一是应该加强思想方面的理论学习，二是教给大学生具体解决问题的方法。理论与实践的有机统一，必须在大学生思想政治教育的授课过程中，积极与实践活动相结合，从根本上解决大学生思想政治教育与社会相脱节等问题。

（五）实现现代化的大学生思想政治教育

现代化是时代发展的目标。现代化目前已经体现在社会的各个方面。大学生的思想政治教育也应该坚持转变成现代化的教育。现代化不仅包括思想的先进化，也包括制度、技术、物质、精神等方面的现代化。大学生思想政治教育的现代化是与社会的现代化相适应的。教育的现代化，涉及教学方法的现代化、教学内容的现代化、教学思想的现代化、教学设备的现代化、教学目标的现代化等。

（六）构建和谐的师生关系

良好的师生关系是有序开展思想政治教育工作的关键所在。这里包括地位的平等、态度的和谐。教育过程的有序开展需要教师和学生共同参与，师生在这一过程中以友好的姿态参与其中，可以使大学生思想政治教育起到事半功倍的效果，这也是开放式的大学生思想政治教育模式的内在要求，同时也是当今建立和谐社会的要求。和谐在师生关系中的具体体现是：一方面，师生之间友好相处，互相信任和尊重，彼此学习，彼此成就，在教育这一过程中使双方价值得到体现，一步步走向自己个性和人格的完善；另一方面，和谐的师生关系强调的是学生作为一个主体的地位应受到尊重。和谐的师生关系能够为教育提供良好的空间和氛围，这样的教育空间必定会对教育产生不一样的效果。

和谐的大学生思想政治教育师生关系也应该是互动性的，互动性教学课堂才能把思想政治教育做到最好。教师在课堂上应该做到与学生积极的互动。互动性教育应该体现在教育的方方面面，尤其是课堂教学方面。教育也是人与人沟通交流的过程，其中也应该坚持用情感化人的方法来实现教育的目标。高等教育要求思想政治教育坚持以学生为本，教育者与被教育者是主导与主体的关系，也是民主、平等的关系。当今的世界是一个信息大爆炸的时代，各种各样的信息以不同的形式来影响着众人，所以，信息复杂，方式也是复杂的，因此信息的传导方式也应该是多样式的，我们应该改变以往的直线式教育，将其变成循环式的、互动式的教育。

第三节　中华优秀传统文化对和谐型思想政治教育质量提升

和谐社会的构建是当今我们党、国家、人民一致追求的目标。党在和谐社会的构建方面，从思想和制度等各种层面做出了实质性的努力，全国各族人民在党中央的号召下，通过实际行动实现和谐社会的伟大目标。和谐社会在符合世界大环境的同时，也符合我国国情，它在促进社会主义经济、政治、文化、科技等各方面发展的同时，也保障了社会的稳定和谐，为建立和平稳定的世界关系奠定了一定的基础。因此，以和谐的理念引领大学生思想政治教育，是大学生思想政治教育所要面对的首要选题。

一、和谐型思想政治教育质量提升模式

（一）和谐型思想政治教育模式的意义

在不断变化和发展过程中，应促进和谐思想和和谐文化的进一步发展和完善。人与人之间，国与国之间，事与事之间，和谐方能长久共生。和谐的文化与思想是中国从古至今追求的目标，它强调的是人与人之间、人与自然之间的和谐共存。其中，人与人之间的和谐表现在能够良好地处理人际关系和促进身心健康发展。和谐文化和思想涉及许多方面，包括思考的方法、心理健康、价值的选择、伦理道德以及行为特征等。和谐要求不同事物之间能够相辅相成，相互促进，共同发展。大学生思想政治教育的和谐型教育模式，能够促进教育质量的提升，使教育过程的各个环节和谐共存，共同发展，具

体就是通过方式的和谐化、内容的和谐化、目标的和谐化、结构的和谐化来提高大学生思想政治教育的质量。

大学生思想政治教育的和谐性体现了师生地位的平等以及教学内容的柔和性。平等的师生地位指的是师生双方之间能够公平和民主地进行沟通与交流，双方地位平等，要互相平等地沟通交流，运用民主性的方式来完成教育目标。大学生思想政治教育的柔和性主要表现为审美观和互动性方面。教育教学也是一个对事物的认识的过程，这其中就涉及个人审美的问题，不同的人对同一事物的理解存在一定的差异。审美水平高，对事物的想法和思考就比较完善和合理。互动性指的是在教育过程中师生之间时刻保持一种柔和的姿态，相互尊重，共同学习。除此之外，大学生的思想政治教育和谐性还表现在其他的方面，例如，大学生思想政治教育的层次性和协调性。

（二）和谐型思想政治教育提出的必要性

社会主义和谐社会涉及多方面，它要求的是具有全局性和立体化。和谐社会的构建，必须在和谐教育的辅助下才能实现。和谐型大学生思想政治教育要具备鲜明的时代色彩。和谐型大学生思想政治教育是在对中国传统文化进行深刻总结后提出的，在现代中国文化的基础上发展出来的符合中国大学生政治教学的教育。

社会主义和谐社会的建立是符合时代发展主旋律的，大学生的思想政治教育也应该不断创新，不断发展，和谐型大学生思想政治教育模式，不仅反映了时代变革的主题，还是自身创新发展的内在要求。构建社会主义和谐社会，需要社会各界做出努力，因此，对大学生进行和谐思想的教育至关重要。社会主义的经济制度，决定了和谐社会不允许出现不公平和欺诈现象；社会主义的政治制度，也要求大学生的思想政治教育必须体现出和谐。

构建社会主义和谐社会是对中国传统文化中和谐观念的继承与发展。和谐是适应社会发展和大学思想政治教育的内在要求，和谐型的大学生思想政治教育是由教育的本质性决定的。一成不变不是教育，墨守成规不是教育，尔虞我诈更不是教育。根据我国的政治、经济、文化的现状，我国的大学生思想政治教育仍然有着很多不合理的地方。思想政治教育缺少目标性，没有内容，重点不突出，涉及的方面比较窄，缺少实践性，过多地强调知识的传授，而忽视了大学生主观能力的锻炼，这是教育普遍存在的现象，同样在思想政治教育中也存在。因此，必须构建和谐的思想政治教育来解决这些问题。

二、和谐型思想政治教育质量提出的诉求

（一）和谐社会的内在要求

建立社会主义和谐社会就必须要建设和谐型大学生思想政治教育。社会是由人组成的，大学生作为社会中的重要主体，和谐社会建设中的地位不容忽视。和谐社会的建立需要做到人与人之间、人与社会和自然之间的和谐共处，这三者之间建立和谐共存的关系。大学生思想政治教育的工作就是通过具体的方法和工作保证三者之间的和谐统一，人作为和谐教育的一个主体，面对人进行教育工作是十分重要的。对人的教育包括信念教育、道德教育和知识教育，通过这些教育培养符合社会要求的高素质人才，为构建和谐社会提供需要的人才。社会主义和谐社会是民主法治、公平正义、诚信友爱、充满活力、安定有序、人与自然和谐相处的社会。大学生思想政治教育应紧跟时代需求，自觉构建大学生的公平、民主、法治等观念。我国的经济正处于一个飞速发展的阶段，经济的高速发展会使社会各层面出现财产不均衡的现象。这样就容易导致各种矛盾，生活方式、经济利益等各种各样的关系都呈现出一个全新的势头。加强思想政治教育，能够确保社会的稳定和谐发展。大学生作为一个主要群体，会因为各方面的压力产生心理问题，因此，必须加强对大学生进行思想政治教育。

（二）和谐社会新角度的要求

和谐社会的理念之一，是把人置于发展的中心位置。以人为本的发展理念决定了在进行思想政治教育时始终将大学生置于主体地位，时刻满足大学生的需求和要求，保证其自身利益在发展中得到保护。大学生的思想政治教育必须时刻关注大学生的各种需求，尊重其主体地位和独立人格，通过和谐化的教育方式促进师生和谐发展，引导他们实现自身价值与社会价值的和谐统一。大学生思想政治教育坚持科学的、全面的、和谐的发展理念，在保证文化课学习的同时，也应该促进大学生思想政治素质的提高。

三、和谐型思想政治教育质量提升的道路

（一）在思想政治教育目标上坚持层次性的和谐

教育是一个循序渐进的过程，思想政治教育同样也不例外。教育的目标具有复杂性和条理性。任何事物的目标都是有其自身发展规律的，同时其自身的发展规律也必须适应社会的发展规律。按照教育的一般规律来说，思想政治教育的目标顺序应该分为大与小、长远与眼前、个人与社会、主要与次要等，这也体现了教育的复杂性和条理性。思想政治的教育目标应该是一个和谐统一的过程。实现小目标之后才能实现大目标，个人目标得以实现后才能实现社会价值；次要目标是可实现也可不实现的，主要目标必须得以实现，这里又涉及主次的问题等，因此目标的实现存在一定的规律和条理性。和谐型的大学生思想政治教育必须遵循教育的一般规律。

大学生思想政治教育的最终目标为大学生具体目标的实现提供依据。这里的目标都具有和谐性的特点。目标的条理性是和谐性的关键。思想政治教育的最终目标在符合党的基本路线的同时，实现个人的价值，包括个人价值与社会价值，通过实现共产主义这一理想来指导大学生进行思想政治教育。我国大学生思想政治教育在本阶段的主要任务：首先，是培养大学生正确的人生观、世界观和价值观，这是他们进行一切生活和工作的核心；其次，进行爱国主义的教育，这是凝聚人心的关键；最后，进行道德教育，这是作为一个自然人必须遵守的规则。我国大学教育的整体目标是完成素质教育，在教育的过程中培养大学生的各种意识、思想、能力等，它是一个全面的、条理性的教育。大学生思想政治教育，涉及教育内容的各个方面，包括理论和技术的教育、思想和实际问题。除此之外，在教学方法上，应该是"软硬兼施"，坚持教育与管理的和谐。

大学生思想政治教育不仅仅是一门独立的学科，还融入各科的学习当中，这是因为各学科之间存在互通性。同时，思想政治教育也不是简单的课堂教学，它涉及生活的方方面面。教学管理中也可融入思想政治教育，在管理中开展教育，在教育中加强管理。思想政治教育是一个发展中的教育，它应该在学习优秀传统文化的同时，加以改进创新，从而形成新的教育理念和方法。

大学生思想政治教育必须始终保证与时俱进，这样才能保证大学生思想政治教育始终充满活力与生命力。

（二）坚持创新性的和谐

大学生思想政治教育的内容具有一定的规律性和稳定性。大学生思想政治教育的目标也应该在坚持教育内容规律的情况下，对教育内容进行一定的创新，这是时代赋予的要求与责任。大学生思想政治教育的创新内容应该是在遵循一般规律的基础上所进行的创新。人的世界观、人生观、价值观是一个可变的过程。大学生思想政治教育必须要始终保持与时俱进，保证教育内容与时代同步。大学生思想政治教育内容的规律性和理论性，决定了其创新的过程不能缺少核心思想的指引，无所顾忌的创新只是没有根据的创新，实用性就会大大削弱。

科学地、合理地安排大学生思想政治教育必须保证内容的规律性与创新性的和谐。坚持个人理想和国家理想的相统一，坚持以爱国为重点，以基本道德规范教育为基础，以大学生全面发展为目标的和谐统一，实现人与国家的和谐发展。市场经济的基本国情，决定了大学生思想政治教育的内容必须符合市场经济发展规律，同时也应该分析社会实际，正确认识自己的行为。

（三）坚持教育方式的和谐

教育的真正原理是教会学生学习的方法，并不只是简单地进行知识的教授。大学生思想政治教育可以通过科学、合理的理论指导，从外面传输进去，也可以让大学生发挥主观的能动性去选择和确认，最终形成自己的行为理念。大学生思想政治教育是双向的活动，教师需要让大学生的主体地位得到和谐发挥。教师作为思想政治教育的主导者，学生作为被动者，教师要促进学生主动性的发挥，使其与教师主导性和谐统一，两者相辅相成。教育的内容上，主导的思想和多样化的思想是和谐统一的。教育过程中，坚持规律与特点的相融合，使大学生思想政治教育不偏颇。教育方法上，运用通识的方法，融合前沿的思想和意识，方便大学生接受思想政治教育。

（四）坚持传统与现代技术的和谐

传统教育创新发展的过程应坚持和谐发展。传统的教育方法与现代的教育方法不能用统一的制度进行衡量。大学生的思想政治教育应在传统教育方法的基础上，结合现代技术进行创新和发展。我们要不断对传统技术进行创新与改进，保证其与时俱进，适应新时代的要求。传统与现代技术的和谐统一需要顺应时代的潮流，以及大学生关注的方向，利用新的技术和方法对大学生进行思想政治教育，比如，定期开展感恩大会，举行法治宣传，参加具体的活动等。传统的教育方法有优点，也有其弊端，我们可以在此基础上，去伪存真，创造新的教育方法。

大学生开展思想政治教育工作的一个有效手段是通过网络的途径，进行网络化的宣传和教育。关于创新的教育管理制度，我们可以建立创新型的学分管理制度，建立符合学生自身情况的课程模式。随着大学生思想政治教育的不断革新，其育人功能日益凸显；学生社团也是其中创新思想政治教育的一部分。当前大学生思想政治教育的主要内容就是促进大学生思想政治教育实现网络化和社团化，用先进的思想文化引导、影响、塑造大学生。

（五）坚持各类教育的和谐

课堂教学、课后实践、文化影响、网络渠道是大学生思想政治教育的新途径。大学生思想政治教育要坚持以教学为主导，开发多渠道结合的培养模式。

课堂教学作为大学生思想政治教育的主要方式，必须始终坚持大学生的课堂主体地位，切实改革教学内容、方法，增强思想政治理论课的吸引力和说服力。大学生思想政治教育的途径具有多样性，这些方式会涉及社会、校园、网络等方式。大学生思想政治教育应坚持学校、家庭和社会三方相结合，大学生思想政治教育活动是一个复杂多变的活动，地位和职能的差异，导致它们发挥的作用也有所不同。但是，只有将学校、家庭和社会和谐统一才能有效开展思想政治教育活动。

第四节　中华优秀传统文化对人文关怀和心理疏导质量提升

雅典是一个具有较强政治民主氛围的国家。古罗马时期，人文主义教育思想得以实现进一步的发展和成长。"人文"一词也是产生于这一时期，并普遍出现在雅典和罗马时期的各种著作中，体现着对人自身价值和尊严的尊重，是最早的人权主义。由于受到西方民主主义的影响，中国传统文化中也出现了强调人的各种文学作品，这些文学作品主要对人的精神以及思想方面进行了关注。例如《诗》《书》《礼》《易》《乐》《春秋》等都体现了人与文化的融合。文化是一个民族或国家整体精神及价值观的具体表现。人文关怀是人与文化之间的相互融合，一般指社会发展中具有先进性、科学性、规律性的客观或主观的存在，其核心是先进的价值观，内容则是先进的规范。

一、人文关怀和心理疏导提出的意义

（一）人文关怀和心理疏导模式提出的必要性

人文指的是人类文化中具有引导性、价值性、文化性的精神、物体以及规范等。人文关怀指的是对人的整体精神、心理、身体、成长的关注。人文关怀始于西方国家，其重点是对人的价值、个性以及思想进行关注，强调的是人与人之间的民主化状态。我国思想政治教育所强调的人文关怀是指尊重人的思维地位，满足个人的需求，实现个人的价值等。大学生思想政治教育所强调的人文关怀，指的是对本身个性、心理、权利、尊严、个人价值、社会价值的关怀，对学生需求以及成长教育的关切，是一种养成大学生正确人生观、世界观以及价值观的情感关注。我国大学生思想政治教育人文关怀的本质就是将学生作为教育的主体与核心，为学生提供帮助。

心理疏导是一种进行心理安慰的方法，能够对人的心理问题进行缓解，并帮助人们克服心理障碍。心理疏导的方式多种多样，一般来讲，与他人进行简单的沟通交流是心理疏导最简单的方法，这种方式主要是通过话语的表达来实现对他人的开导，达到排解心理问题，解除不良心理状态的目的。除此之外，找专业的心理学专家，通过心理治疗的方式，来实现对心理问题或人格障碍的缓解或消除，从而促进自身人格健康、协调地发展。目前的大学生普遍存在茫然、疑惑，心理常处于压抑、紧张的状态，这是对未来社会和自身认识不充分导致的，这是各国学生都存在的普遍现象。

　　大学生思想政治教育课程必须对大学生的思想状态进行及时有效的心理疏导，避免大学生产生偏激行为，影响大学生的健康成长与顺利成才。大学生群体处于塑造正确人生观、世界观以及价值观的关键时期，因此高校必须要注重对大学生进行心理疏导，在教育理论指导下，根据大学生思想政治教育的现状，从各个方面增加人文关怀和心理疏导的教学任务，把人文关怀和心理疏导的理念、内容、方法和手段相结合，始终贯穿于大学生思想政治教育工作中。

　　纵观分析我国教育界，涉及有关人文关怀和心理疏导的内容少之又少，以目前的状况来看，其无法满足人民的精神文化需求。大学生思想政治教育人文关怀和心理疏导模式的提出，符合时代的发展，是对大学生各种负面影响的一种应对机制，是党和国家教育工作的整体认知表现，更是大学生思想政治教育未来的研究方向。因此，如何能在具体的教育中，增加对人文关怀和心理疏导的关注，是提升大学生思想政治教育质量亟待解决的问题。

（二）大学生思想政治教育人文关怀和心理疏导模式的提出

　　思想政治教育工作是党留下来的优良传统。它能够实现教育人民、净化心灵的作用，为党和国家、人民指引道路。思想政治教育工作与当代的教育工作一脉相承，但又进行了创新，必须始终保持与时俱进才能适应不断变化发展的世界环境。思想政治教育工作必须能够适应新经济形势的要求，具备创新思维意识，按照事物的一般发展规律，运用新的方法和机制，不断对大学教育工作进行改进。近年来，党中央关于思想政治工作的提法和要求呈现新的特点。我们可以看出思想教育工作逐渐转向人本身的价值方面，体现了具体层面的要求，值得注意的是应通过何种方法和途径来促进国民思想政治水平的提高。这其中的不断发展变化，是一个不断整合、完善、升华的过程，是党和国家领导人对思想政治工作的高度认识的具体体现。注重人文关怀和心理疏导，是党中央对思想政治工作的具体要求、工作重点以及创新指向。大学生思想政治教育工作中先进性的发展模式，体现了中国特色社会主义的不断发展。

　　我国教育界对学生思想政治素质的认识不够清晰，教育体制仍存在一定的弊端，人文关怀和心理疏导这一环节仍需进一步地改进和加强。我国每年召开的工作会议不断强调对思想政治教育的建设，正是我国这一环节较为薄弱的体现。这一环节的薄弱之处体现在，重视对专业课的学习以及学分的考核，还有教育内容的要求趋向于大众化，忽略个性的发展，在教育中重视教师的作用，忽略学生的作用。多年的研究发现，我国大学生思想政治教育始终在强调学生的社会服务和奉献意识，努力将学生培养为能够为国家作贡献的人才，这样的教育方法忽略了学生的心理和思想，使用统一的标准和模式培养学生，使学生成了没有个性和独立思想的机器。国家需要能将社会价值与个人价值相结合的人才，只符合国家的要求而不具备个人追求的人，无法真正为国家作贡献。在教学内容方面，我国大学往往强调对大学生进行共同理想信念、社会道德以及行为规范的教育，极少涉及与人性有关的内容，特别是对引发大学生思想问题的心理与情感、学习与就业、经济与交往等方面问题的解决相对薄弱。

主导性的思想政治教育方式是各种思想性的统一，主导性与多样性具有辩证统一的关系。主导性是对多样性进行主导，是在多样性的基础上发挥作用的。在进行思想政治教育时，要充分尊重教师和学生的主动性和创新性的发挥。实际中的思想教育工作过去强调教师的主导性和权威性，忽略了学生的主体性和选择性，没有尊重学生的个体需求，这样就容易导致大学生产生逆反心理。这种教学方法完全违背了人文关怀的理念，制约了大学生思想政治教育质量的提升。这种方法无法得到学生发自内心地接受，更谈不上有效内化和付诸实践。因此探索一种新教学模式，是提升大学生思想政治教育质量的关键。大学生思想政治教育要不断借鉴国际上的先进经验，以谦虚的姿态对国外先进的方法进行学习和借鉴，以开放的视野对大学生思想政治教育创新发展提出客观要求。

二、人文关怀和心理疏导模式的诉求

（一）思想政治教育的内在要求决定了必须对大学生进行人文关怀和心理疏导

人文关怀和心理疏导强调发挥学生的主观能动性，坚持以学生为本的理念，尊重每一位受教育者的地位和个体需求，遵循思想活动规律和思想教育规律，解决学生的心理与思想方面的问题。注重对学生进行人文关怀和心理疏导，是教育界的根本要求，也是大学生实现自身价值的基本诉求。大学生思想政治教育的主体是教师和学生，教师和学生在教育过程中是一个统一的整体，教育也是实现各自人生价值的过程。教育应坚持以人为本的核心，将大学生作为教育的主角，体现其能动性。大学生思想政治教育不能盲目变化，要在教育学生过程中有依据地进行创新活动，具体问题具体分析，有针对性地解决个体心理问题，促进大学生思想政治素质的全面发展。导致大学生出现各种思想问题的根本原因就是心理不健全，所以，要重视对大学生心理健康的保护，对大学生进行专业的心理疏导，使用各种有益身心的方法去激励大学生提升自我价值，让其意识到自我价值的重要性。提升大学生思想政治教育质量的现实需要也要求我们必须重视人文关怀和心理疏导。大学生承受来自就业、学习、生活、思想等方面的巨大压力，这些方面的压力都源自经济全球化的飞速发展和社会竞争的日益加剧。因此关心和帮助学生解决这些切身的问题，是实现大学生思想政治教育的基本需求。

（二）思想政治教育的方向性决定了必须对大学生进行人文关怀和心理疏导

大学生思想政治教育中的人文关怀和心理疏导是具有较强必要性的新课题。大学教育在教授专业课知识的同时，还要注重培养大学生的综合素质，确保大学生能够形成正确的人生观、价值观以及世界观。随着科学技术的发展和社会竞争的加剧，大学生遇到的问题与困惑也随之增加。因此，在教育中增加创新型人文关怀的理念，这既是实现创新型国家的需要，也是培养创新型人才的需要。国际国内环境的变化以及大学生的思想现状，都要求对大学生思想政治教育进行创新。高等教育中的优秀合格的人才是我国实行中国特色社会主义现代化建设的关键。创新是一个人能够适应不断变化的社会环境的关键。大学生思想教育应遵循社会的发展和变化，运用创新思维方法，为社会主义现代化建设作出贡献。

三、如何加强大学生的人文关怀和心理疏导模式

大学生思想政治教育的人文关怀和心理疏导必定涉及各个方面，其中，

政策的导向、坚持以人为本的理念、对民主化思想的学习等都能够促进大学生进行思想政治教育的学习。以人为本的理念要始终贯穿于大学生教育的全过程，始终将大学生置于思想政治教育的首位。

（一）坚持以人为本的教学理念

大学生思想政治教育必须以实现学生的自我价值为落脚点，其中包括对社会价值以及个人价值的实现。坚持以人为本，并将其落实于大学生思想政治教育的全过程中。大学生思想政治教育是为了实现学生与社会的有机统一，对学生的综合素质和能力进行培养，使其能够更好地适应社会，把大学生作为开展思想政治教育的依靠与动力。大学生思想政治教育的长期发展需要整合国内外的、校园内外的、传统与现代的思想政治资源，对大学生的心理问题进行综合分析，建立一种可以长期存在和发展的制度，提升大学生的自我教育能力。

（二）尊重个人自身价值

人的价值可以分为个人价值和社会价值。个人价值指的是一个人具有良好自身状态的表现，能够实现自我满足的一种状态。人的社会价值是指个人对社会的贡献。社会价值是人作为社会的一种自然存在，在实现自身价值的同时，也会为社会带来好的方面。尊重个人的自身价值，要求社会关注并承认一个人的正常利益和权利。

大学生思想政治教育必须充分体现以人为本的理念，尊重大学生的个人价值。一方面，要尊重大学生的个性发展，大学生社会价值与个体价值有机整合是建立科学合理的教育目标的出发点。课程的设置和实行上，要突出学生的主体地位，将大学生视为是一个具有社会形态的个人，使其各方面的素质与知识都能够满足社会发展的要求，进而使其成为合格的社会主义事业的建设者和接班人。另一方面，在进行教育目标和内容体系的设计时，必须将大学生作为独立的个体，完善其人格，使其成为既符合社会要求又具有鲜明个性的公民。

（三）实现平等化的思想政治教育模式

民主化的思想政治教育模式，重点要保护大学生受教育的地位和受教育的权利。大学生是进行思想政治教育工作的对象，他们是鲜活的有思想的个体。大学生思想政治教育过程中选择权利与主体地位是进行对应的，包括教育目标、内容以及教育方式等。在构建人文关怀和心理疏导模式时，必须尊重大学生的主体地位和权利，必须要保证教育双方处于平等的地位，促进教育双方双向互动的实现，除此之外，还要保证教育过程的和谐性，这样才能取得良好的教育成果。思学生所思，使大学生的权利得到实现，是对大学生主体性和选择性的尊重。教育者与受教育者双方心灵、情感交融，在问题的看法上能产生共鸣，大学生的自觉意识融入思想政治教育，在实际行动中得以实现。关于教育方面，应该是开放性、鲜活性、先进性和创新性的。大学生要始终把握话语权、主动权和主导权，以开放性视野、先进性的理念参与到思想政治教育活动中。大学生的选择权和教师的主导权在思想政治教育过程中相互促进。

（四）坚持务实型的思想政治工作作风

思想政治教育工作应求真务实，注重人文关怀和心理疏导，帮助大学生解决思想上遇到的问题。人的需求可分为生理上的、安全上的、情感上的、归属感上的，也包括对自我价值实现的需求。随着经济全球化的冲击，就业压力的增加，各种网络化思想和信息时代的冲击，使大学生面临多方面的压力，因此帮助大学生解决这些问题，就是对大学生进行人文关怀和心理疏导的具体体现，是思想政治教育工作者必须担负的责任。思想政治教育工作应当在具体工作中融入人文关怀和心理疏导的理念，帮助大学生解决实际问题，这是对大学生的价值诉求、现实需求等的深入思考。大学生思想政治教育的根本任务就是培育德才兼备的人才。大学生必须要遵守其思想活动规律、思想政治规律。由于实际问题会导致大学生的思想问题发生改变，因此解决实际问题是解决大学生心理问题的关键。

（五）专业化和常规化建设是思想政治教育开展的基础

有效的心理疏导方式必须以专业化和常态化的建设为基础。大学生的思想与心理相辅相成，因此思想政治教育与心理健康教育密不可分。国际与国内的研究表明，很多大学生因为家庭、社会、主观、客观等因素的影响，产生了各种不良情绪，甚至会产生极端的思想或行为。大学生思想政治教育工作就是要帮助有问题的大学生走出困境，培养良好的心理素质，这是提高教育质量的有效措施。大学生心理疏导的重点是对教师队伍的优化和重建。其中包括建立一支专业与非专业相结合的教师队伍，即以专业教师为主，以辅导员为辅，实现保障咨询工作与专业性的有机结合。在常规化工作方面，建立一种测试大学生心理健康的档案制度，在学生入学前进行心理测试，开设专门的心理咨询中心，设置心理教育课，并对学生进行定期的心理疏导等，健全心理疏导机制。同时，对于个别经济困难学生和行为异常的学生进行实时的跟踪观察，及时化解心理危机，消除心理障碍。

（六）提高大学生自我成长的能力

教育就是将学习的方法传授给学生，而不只是简单地向学生传授知识。帮助解决大学生的思想问题，包括增强自觉性、自律能力以及自主解决问题的能力。教育意识和能力的提高具体表现在面对问题时的思考能力、解决问题的能力以及综合分析问题能力都有所提高。

在教学的过程中，在传授知识的同时，还要注重培养大学生的学习方法以及能力。对大学生发现和解决问题的能力进行考查，将大学生积极性和创造性的行为习惯作为大学生考核的内容。大学生思想政治教育的整体出发点是教给大学生应对问题、分析问题、解决问题的态度和方法，帮助他们形成创造性地解决问题的能力与习惯。

第十章　中华传统文化融入高校思想政治教育的措施与实践

第一节　传统文化融入高校思想政治教育必须树立全员育人的意识

教育的核心是育人，而育人的核心又是德育，也就是说教育的根本任务是立德树人。"立德树人"是当今高等教育共同面对的重大时代命题。在现在这个信息网络发达的时代，新的形势对大学生的德育也提出了更高的要求。德育的内容包含了多个方面，例如培养大学生的健全人格、提高大学生的道德素养，树立正确的价值观等。将中国传统文化融入高校思想政治教育并不是一个简单的工作，而是一项系统的工程，需要多方人员齐抓共管，因此只有树立全员育人的观念才能使传统文化充分利用各种途径和渠道融入高校思想政治教育。

一、全员育人的内涵解读

我们所说的"育人"，不单单是传授知识，也包含启迪思想、养成道德、传承文化等方面的内容。而"全员育人"，从字面上理解，说的是育人要具有全员性。"全员育人"分为狭义和广义的层面，狭义的层面仅指学校内部所有人员参与的育人观念，包括学校内的教职工、学生等，这种"全员性"包括管理育人、思想育人、文化育人、教书育人、服务育人等多个方面。这些方面的展开，需要学校所有人员的共同努力。

2020 年 5 月，教育部又下发了《高等学校课程思政建设指导纲要》，强调指出各学科专业、各类课程要深入挖掘各类课程和教学方式中蕴含的思想政治教育资源，必须将价值塑造、知识传授和能力培养三者融为一体、不可割裂。全面推进课程思政建设，就是要寓价值观引导于知识传授和能力培养之中，帮助学生塑造正确的世界观、人生观、价值观，这是人才培养的应有之义，更是必备内容。^① 这一战略举措，影响甚至决定着接班人问题，影响甚至决定着国家长治久安，影响甚至决定着民族复兴和国家崛起。要紧紧抓住教师队伍"主力军"、课程建设"主战场"、课堂教学"主渠道"，让所有高校、所有教师、所有课程都承担好育人责任，守好一段渠、种好责任田，使各类课程与思政课程同向同行，将显性教育和隐性教育相统一，形成协同效应，构建全员全程全方位的"三全"育人大格局。

从广义上来讲，"全员育人"则从学校外延到了家庭、社会以及学生自己等层面，形成了一个更大的育人体系。育人不只是高校的工作重心，也是整个社会的工作重心。因此，高校有必要树立广义上的"全员育人"思想，以高校为中心，让整个社会都参与进来，例如家庭、社会机构等，大家齐心协力，从各个维度出发进行全员育人，构建科学的学校、家庭、社会一体化的全员育人格局，才能达到更好的效果。

二、全员育人的意义剖析

在这个社会上，一个人的思想和观念并不只是在学校中形成的，家庭和社会的影响也非常大。因此，学校的教育不是单独存在的，而是会受到家庭、社会以及学生自己的制约，单一的高校教育并不能取得很好的效果，因此有必要让家庭、社会以及学生自己都参与到育人过程中来。

（一）全员育人是高等教育大众化的需要

现在，我国的高等教育越来越走向了大众化的层面，这就使得高等教育出现了很多新的动态。例如，高校办学规模扩大，办学形式得到了丰富，办

---

① 教育部. 教育部关于印发《高等学校课程思政建设指导纲要》的通知 _ 国务院部门文件 _ 中国政府网 [OL]. 2020–05–28. https://www.gov.cn/zhengce/zhengceku/2020-06/06/content_5517606.htm.

学形式和层次更加多样化，但与之相对的是，学生的道德素质和文化素养变得参差不齐，由此带来了高校的管理难题。再如，新形势下，学生对于学校各个方面的要求也提高了不少，特别是在教学水平、师资配备与软硬件服务等方面，高校的教师队伍和管理水平难以适应，使高等教育育人面临了很多新情况、新挑战。在高等教育过程中实行"全员育人"，要对这些新情况和新问题认真对待，因此就要积极探索多条路径形式，形成科学多维的育人体系，开创更好的育人局面。

（二）全员育人是大学生社会化的要求

大学生毕业以后，就要进入社会，走上工作岗位，开启自己的职业发展生涯。因此，在高校期间，大学生就应该有一定的适应社会的专业能力和基本素质。这些能力和素质既可以通过大学期间的学习从各类书本资料中习得，也可以从教师教书育人的言传身教中习得，还可以通过参加各类丰富多彩的专业实习实训、社会实践活动来习得。这就要求高校育人不能只靠学校单方面来完成，而是要结合家庭、社会一起来完成，在高等学校教育的基础之上充分挖掘家庭和社会资源的潜力与作用，形成正向合力，推动高校全员育人向社会纵深发展。

（三）全员育人是社会发展的必然趋势

现在，整个社会都处于快速发展之中，让高校的育人环境也处在不断发展之中。高校育人一定要适应新形势，与全球化、网络化、信息化、数据化的发展一致。这就要求高校能用开放的眼光去审视全员育人的问题。现在在全球范围内，各个国家都很重视在育人时强调学校与家庭、社会的共同参与，注重非学校因素对育人工作的影响，鼓励家庭、社区、媒体、社会机构更多地参与到高校的育人工作中来。

三、全员育人的策略构建

（一）学校教育
1. 教书育人
高校中，思想政治教育的教学部门是进行学生思想政治教育的主体，要提高思想政治教育的实效，就要注重改进教学方式方法，增强思想政治理论课教学对学生的正向引导与影响。在讲授思想政治理论知识时，不要只是呆板地说教，应该采用多种形象生动的方式，例如增加视频讨论、座谈辩论、社会实践分享等内容，这样可以使枯燥的思想政治理论更具有感染力，也能增强思想政治教育的实效。例如，在讲授毛泽东思想时，思想政治教师可以提出让学生们分析一首革命老歌，或是在毛泽东的诗词中领悟毛泽东的人格魅力、革命理想、胆识和追求，还可以让学生找一篇外国人或国外媒体描写毛泽东的文章来进行翻译，通过不同的视角来分析。这些教学方式都能有力地增加学生对于毛泽东思想的认识，也能激发学生的参与热情。其实不只是思想政治教师这样，其他专业课的教师也可以这样操作，比如利用课前三分钟时间，与同学们一起了解一下最新国内外时政要闻，将思想政治教育融入专业课课堂，同样能取得较好的教学效果。

2. 思想育人

在大学生的主题教育中，理想信念教育是核心，爱国主义教育是重点，基本道德规范是基础。在思想政治主题教育中，不仅要坚持活动的规范性，也要保持活动的高质量和实效性。例如可以举办多种形式的主题教育，举办形势报告会，唱响主旋律，将学生的现实思想理论问题予以解决。此外，也要鼓励和支持学生组建理论学习社团，给予学生分类指导，将课下与课上结合起来、讨论和阅读结合起来、理论与实践结合起来，多方面开阔学生视野，启发学生思维，澄清学生在思想上的模糊认识，提高学生的理论水平。同时也可以通过专题讲述、情景体验、咨询解惑、节日纪念、经验访谈、专题讨论、实问实答等其他形式让学生们通过调查研究成为主题教育的设计者、实施者与总结者，在主题教育的推进落实中实现"知行合一"的体验与分享。

3. 文化育人

高校的校园文化活动是高校文化育人的主要形式。我国各个高校都应当引起重视，通过组织各级各类丰富多彩的活动，加强校园文化建设的内涵式发展，陶冶学生的情操，锻炼学生的能力，提升学生的修养。这可以从三个方面进行。

第一个方面是学术提升素质。将大学生学术科研、创新创业活动与高校思想政治教育结合起来，并且鼓励学生科研立项，参加各种学术科研竞赛，在专业教师的指导下，让科研活动成为提升大学生综合素质的重要途径。

第二个方面就是可以举办形式多样的高校文体活动。营造和谐的校园文化，利用文化活动的浸润作用，在潜移默化中引导学生树立正确的人生观、价值观和世界观。营造高雅校园文化，重视校园人文环境和自然环境建设，积极培育优秀原创校园文化品牌，使其成为涵养学生心智和价值观的重要载体。结合高校各专业学生实际，设计组织一些"文化节""艺术节"等，打造一批学生们喜闻乐见的文化艺术精品活动，使之成为提炼和展现高校自身文化特色的载体，让学生在参与多彩的校园文化活动中获得深刻的文化洗礼、艺术熏陶和思想教育。

第三个方面就是各个高校要重视学校的社团建设，社团是在高校党团组织的直接指导下由大学生自己成立的，有着共同的兴趣爱好或是奋斗目标的大学生自治组织。社团开展的活动都能够融趣味性、知识性和思想性于一体，在共同爱好和兴趣的纽带连接下，给大学生提供一个充分展示自己才华的能力，培养团队精神和协作意识的舞台。这些丰富多彩的社团活动成为提高学生综合素质的桥梁，并以之为载体，为学生提供浓厚的校园文化氛围，从而实现文化育人的目标。

4. 管理育人

高校的管理活动，同样在提高学生的思想政治素养方面发挥着重要的作用。学校的各层各级管理人员和学生都有联系，管理机构的工作情况都会对学生的思想和行为造成影响。所以，高校的管理工作也要符合思想政治教育的规律，要公平公正，不能有所偏颇，工作作风要严谨，要做到一丝不苟，要树立起学校的各级管理工作都是为学校服务的工作意识，真正做到廉洁办事，管理育人。另外，各级管理者要认识到自己和学生处于平等的地位，在与学生交流的过程中，不能居高临下，要以平等的身份与学生沟通交流，想学生之所想，急学生之所急。管理人员自己有着良好的思想政治素养，便会影响到学生也形成良好的思想政治素养。另外，高校的管理者也要做好制度建设，制定合理的规章制度，并以此作为考核标准。高校的管理育人工作既要坚持立德树人，也要不断推进依法治校；既要严格落实制度管人，也要切实维护学生的合法权益；既要严明纪律，也要以理服人；坚持法德并举，既要强化法治教育，也要抓好道德教育，尤其是要努力实现法治教育与道德教育的双向融合，引导学生朝着更好的方向发展。

5. 服务育人

高等学校的服务育人，包括以下四个方面。第一，心理咨询服务。在当前的高校中，心理咨询显得尤为重要。高校在进行心理咨询服务时，要通过多种方式对不同年龄段、不同专业的学生进行心理健康教育与指导，打造新形式的对学生成长成才起到重要影响意义的心理咨询模式，从而提高大学生的心理素质和受挫能力；要最大化地把学生的各种心理问题解决掉或是转给其他机构，在服务中达到教育的目的。第二，就业指导。现在，高校毕业生逐年增多，就业压力加大，就业指导也就成了高校服务中一个重要的内容，在就业指导时，应该把其与思想政治教育结合起来，指导学生认知自我，了解职业世界，了解外部环境，引导学生把自身发展与国家期望和社会需求紧密结合起来，并凭此获得更好的发展。第三，学生资助服务。现在各个高校都有一些对贫困学生的资助服务，在对学生进行资助服务时，要制定出一个完善的制度，不能有偏颇，有失公允，该资助的一定要资助到，同时要覆盖广，把需要资助的贫困学生都覆盖到。还有，要将传统文化融入进来，在资助时给予学生相关的诚信教育，让学生提高自己的思想道德意识。第四，后勤服务。高校的后勤部门与学生的生活息息相关，高校在学生生活的各个方面都应提供细致周到的服务，及时听取学生的意见，并予以改进。

6. 环境育人

环境育人包括三个方面。第一，创造优美的生活环境。学校的宿舍、食堂和学校的整个生活环境也是思想政治教育的一种场所和体现。大学宿舍具有知识性、高雅性、专业性和文化性。利用宿舍进行育人是高校思政的重要场域和环节。高校积极依托地方优秀传统文化，构建富有特色的校园环境，让校园变得特征鲜明和文化底蕴深厚。大学校训是学校办学理念、治校精神的反映，是学校历史和文化的浓缩，在校园文化建设中处于核心地位。临沂大学挖掘地方优秀传统文化，凝练出"明义、锐思、弘毅、致远"的校训。此校训分别取自临沂籍的古代圣贤——书法"亚圣"颜真卿、"算圣"刘洪、"宗圣"曾子和"智圣"诸葛亮之语或对其的赞语。"明义"语出颜真卿《庙享议》："此有以彰国家重本尚顺之明义，足为万代不易之令典也。"颜真卿为著名书法家，被誉为书法"亚圣"。"明义"本为圣明的道义，后引申为深明大义。深明大义是沂蒙精神的深刻内涵之一。"明义"劝勉全体师生要从国家利益和民族精神出发，具备"大义""大爱"的优良品行和"大节"的崇高操守。"锐思"语出《后汉书·律历志》刘昭注引《博物记》："洪笃信好学，观乎六艺群书，意以为天文数术，探赜索隐，钩深致远，遂专心锐思。"刘洪被誉为"算圣"。"锐思"意为用心专一，进行积极深刻的思考，具有敏锐的思想。"锐思"劝勉全体师生刻苦学习，积极思考，努力探索精微深奥之理。"弘毅"语出《论语·泰伯》："曾子曰：士不可以不弘毅，任重而道远。"曾子被誉为"宗圣"。"弘毅"，意为意志坚强。"弘毅"劝勉全体师生要加强磨炼，努力做到宽宏坚毅，锲而不舍。"致远"，语出诸葛亮《诫子书》："非淡泊无以明志，非宁静无以致远。"诸葛亮被誉为"智圣"。"致远"意为实现远大的抱负，是目标，更是一种追求。"致远"劝勉全体师生要有远大的理想和抱负，以矢志不渝的奋斗精神，锐意进取，不断开拓创新。韩延明教授在其著作《大学校训论析》中有非常深刻的解读和阐释。第二，创造浓郁的学习环境。高校应着力改善自己的教学楼、教室、自习室、图书馆等学习场所的环境，精心布置，营造一个浓厚的学习和学术氛围，加强学风建设，突出学风引领，选树先优典型，这些对于激发学生的学习热情很有帮助。在公共场所，高校也可以适当布置一些传统文化的内容，可以烘托这种浓郁的学习环境。如临沂大学从教学楼到校内道路的设置和命名，都处处体现了地方特色文化。临沂大学教学楼也是按照一定的方向和顺序取名为明义楼、锐思楼、弘毅楼和致远楼。学校的主干道路也与八字校训结合起来，走在每一条道上，都在劝勉师生传承古代圣贤精神，深明大义、锐意进取、深邃思考、宽宏坚毅，拥有远大理想和抱负。正如韩延明教授对校园精神文化的深刻阐释，校园精神文化是校园文化的核心和灵魂，也是校园文化的最高层次。它主要是指全体师生员工共同创造并信守的精神品格、价值取向、道德风尚等意识形态，是一所高校品质、个性、精神的集中反映。它主要包括学校发展目标、校训、校风、教风、学风和学校人际关系等。优良的大学校园文化一经形成，便极大地丰富了全体成员的精神生活内容，促进学生全面发展。墨子说："染于苍则苍，染于黄则黄。"在一个饱含着科学精神、民主传统、优良风气和深厚人文底蕴的大学校园文化中，耳濡目染、潜移默化，学生的身心会受到熏陶和净化，能力和素质会得到培养和提高。[①] 总之，环境育人犹如春风化雨，能达到润物细无声的效果。第三，创造优良的网络环境。大学生是这个网络时代的主要用户，几乎无时不网、无事不网。网络为世界各地的人们搭建了一个立体化的交流平台。当然网络也成为同学们沟通的主要渠道。一是加强网络环境建设要净化网络环境，形成风清气朗，正能量满满的网络环境；二是要使学生跳出原来的狭隘地域，不断扩大大学生思政教育的层面。高校能够有效地利用网络资源，为大学生提供一个优良的网络渠道，将思想政治工作融入网络渠道中去，创新开发与学生相关的网络适用板块，达到教育目的。

（二）家庭教育

1. 转变家长对家庭教育文化传承的认识

第一，不要再采用那种直线式的时间观。有很多家长可能有这样的认识，对于孩子的教育，家长只负责学前阶段就够了，至于之后的教育就交给学校，自己可以不用进行了，这是错误的看法。家庭教育应该贯穿于子女成长的每一个阶段。在中国传统文化中，家庭教育也是全程的，不只是启蒙教育，也包括成人教育、成长教育，是一种终身教育。随着孩子年龄的增大，家庭应该多引导孩子在生活和学习中自觉反思，提升自身，可谓"每日三省吾身"，在反思总结中，梳理自身的优点和缺点，在成长的过程中补短板、强弱项、快成长。第二，要改变那种封闭式的空间观。有很多家长也有这样的认识，孩子的教育只是在家里进行就可以了，在社会上，自己又不陪在孩子身边，就不能说是家庭教育了，这也是不对的。虽然中国传统文化中强调"父母在，不远游"，但实际上，子女在成长过程中和父母在一起的时间是有限的，父母有时虽与子女不在一起，也可以进行家庭教育。教育方式远不是只有面对面沟通才能达到，其他如电话、电邮、微信、微博、网络等都可以成为教育的途径，有的途径甚至比当面沟通还要有效。例如长久以来，书信就是很好的一种家庭教育方法，中国历史上的曾国藩家书等都对家庭教育产生了深远的

---

① 韩延明，徐愫芬 . 大学校训论析 [M]. 北京：人民教育出版社，2013：27.

影响。第三，要转变通才式内容观。同样有很多家长认为，家庭教育就是要教育孩子的各个方面，而不是只教育某一个方面。这就是一种通才式的内容观。而实际上，在家庭教育时，家长是应该有所侧重的，要将重点放在孩子的行为规范和思想观念上，让孩子从小就有很深刻的思想道德认识，而不应该面面俱到、事无巨细地做孩子的保姆，要注意有侧重地引导和教育。

2. 细化家庭教育文化传承内容

第一，要将传统文化中礼仪礼节的方面进行细化。首先，是一些基本的礼仪礼节。"人无礼则不生，事无礼则不成，国无礼则不宁。"对于生活中需要用到的礼仪礼节，家长都应给孩子提出具体要求，并且分类出来，教育孩子在不同的场合要用不同的礼节和礼仪。其次，要教育孩子有孝心，有孝道。家长应该加强对子女的孝道教育，让子女从小就能尊敬老人，孝敬家长，知道赡养父母是自己应尽的责任，培养孩子感恩尽孝、知恩图报、施恩不图回报的道德观和感恩意识。第二，要培养子女自食其力的意识和能力。首先，是生活自理，要让子女有自己去完成自己力所能及事情的意识，在磨炼中增强孩子的独立意识和社会责任感、义务感。同时培养孩子的自理能力，还包括培养孩子的情绪情感控制能力、人际交往能力、目标管理能力和日常管理能力等。其次，要让子女懂得自食其力，不管在哪个方面，理解付出与得到的逻辑关系，不能依靠自特门第，要尽量靠自己的能力去学习、工作和生活。最后，要培养子女拥有坚韧的品质和受挫能力。要让子女明白生活的艰难。"人生不如意十之八九"是常态，不能遭受挫折就灰心丧气，要理性、从容地对待压力和挫折，要敢于面对挑战，有承担失败的勇气和魄力，而且要从挫折中看到积极的一面，找到自己正确的人生路径。

3. 采用多种家庭教育文化传承方式

第一，家长要重视言传身教。首先，家长要将孩子遵守的礼仪礼节知识"传递"给孩子，要系统地讲解给子女听，并告诉他们这样做的重要意义，使子女从小就能形成一种知礼守礼的观念。其次，家长要有周期性，要能够反复地传授。礼仪礼节的教育不是一次就能达到效果的，孩子也不是一次就能领悟的，只有慢慢地从实践中去习得，才能形成习惯，成为心中固有的意识，因此家长要反复地对子女进行教育，才会培养他们有定型的动力。最后，家长在平时的日常生活中，要给子女起到一个表率的作用。在对子女进行道德素质教育时，家长要以身作则，这样才能潜移默化地影响子女的言行。如果要求子女做到，家长自己却做不到，子女是不会形成习惯的，反而会产生抵触情绪。第二，家庭中也要进行各种活动来对子女进行熏陶。首先，是要告诫子女处理好他们和周围人群的关系，要尊敬老师，关爱同学，善对朋友，在走亲访友时，也要对子女现身说法，讲解礼仪礼节的重要性，让子女在真实的情境中得到教育，逐渐将良好的思想政治素质内化于心，形成自己的行动准则。其次，家长可以给子女安排一些与道德素质相关的任务。例如让子女养成储蓄理财的习惯，从中知道勤俭节约的好处，再如给子女安排一些家务劳动，让子女知道为父母分担一些家务劳动是自己的责任。在进行家务劳动时，他们也可以养成自己独立生活的能力，体验到自己是能够自立的。最后，在传统节庆活动中，可以带子女一同感受这些活动的魅力，例如清明节扫墓，可以让子女感受父母对先辈的虔诚和崇敬，从而知道自己也应该这样，重阳节时可以形成孝道和敬宗睦族的观念。还有是应当建立相应的家庭教育文化传承的机构，制定出合理的标准和方案，教育行政部门也应该引起重视，建立起一套规范制度，从国家到乡村，每个层级都有相应的对应机构，在此基础上，再组织一些专家学者进行取证研究，制定出适合家庭教育的内容规范、方法规范、管理规范，等等，让家庭教育在一定的框架上合理进行。当然，也不能忽视了家庭文化教育教材的编写，在家长进行教育时，这些教材可以成为很好的参考标准。在教材的编写中，需要注意两个问题。首先，是内容要有依据，要做好分类，要根据子女成长的不同阶段来选择适宜的家庭教育内容。其次，形式最好是白话文对照文言文，让子女看得懂，又能意识到这些都是中国优秀的传统文化，是传承下来的东西。最后，要实施家庭教育文化传承培训计划，周期性地开展家庭教育文化传承培训活动。

　　为此，各级教育机构要将家庭文化传承纳入考核范畴，要督促所属单位做好相关的工作，有机会也要对家长进行一些培训，最好是有一个周期性的时间安排，而不是随意进行。这样的方式，才能让家长熟悉家庭文化传承的相关教育内容。有一些好的家庭文化传承的案例也应进行宣扬，让家长从中汲取好的方法，学到好的经验，并合理运用到对自己子女的教育中来。

（三）社会教育

中共中央、国务院颁发的《关于进一步加强和改进大学生思想政治教育的意见》指出："全社会都要关心大学生健康成长，支持大学生思想政治教育工作，宣传、理论、新闻、文艺、出版等方面都要坚持弘扬主旋律，为大学生思想政治教育营造良好的社会舆论氛围，为大学生提供丰富的精神食粮。"

第一，要充分利用校友资源。高校的历届校友可以是社会教育的重要组成部分。高校可以举办多种和校友相关的活动形式，将校友的成绩和成长经历展示出来，让校友将工作岗位、社会分工、职业行业、求职准备、入职培训、职业规划、职业积累与转型决策的认识与体悟与学生分享，让学生与校友一起分享奋斗的经验与启发，让学生在感叹校友的经历时，对自己选择的人生道路、职业生涯有一个清醒的认识，从而潜移默化地起到教育的作用。曾经，清华大学在校办杂志《清华校友通讯》和《清华人》上，刊登了上百名杰出清华校友的事迹，就受到了学生们的热烈关注。第二，可以开展多个层面的社会实践。让学生在实践中体会正确的思想政治意识。现在很多学校都开展了这方面的活动，并且也取得了一定的效果。在多层次的社会实践中，学生加强了思想认识，了解了社会分工，形成了工作体验，明晰了学习奋斗目标和职业规划方向，能够更好地实现自我认知和职业发展方向定位。我国的很多地区都可以成为学生实践活动的场所，一些农村、厂矿、军营更是对学生社会实践有着重要意义的地方，学生还可以参与支教及各种志愿者活动。随着网络媒体的迅速发展，网络招募也成为学生获得实践体验与经历的快捷方式，深受大学生的欢迎。网络实践招募把分布在各地的有着共同志向或是兴趣爱好的学生聚集起来，在实践中一起经历与成长，走进社会，在这些活动中认识社会现实，体察民情，在实践中增长才干，锻炼能力，培养品格，更能启发他们服务社会的意识。

（四）自我教育

苏联教育家苏霍姆林斯基说过："只有能够激发学生去进行自我教育的教育，才是真正的教育。"自我教育是德育的一种方法，教育者应该按照学生个体的发展进行指导，让学生把教育者的要求，变成自己的奋斗目标。在大学阶段，离开了父母的陪伴，相对独立的时空环境，让学生的主体意识空前增强，学生如果能够在这个阶段，自觉主动地投身于学习、生活、社会工作和人际交往中，自己行动起来，通过自身对周围环境和事物的独立思考，参与到教育中来，提升自身的自我设计选择的能力和自我负责的精神，才能真正地起到教育的作用。学生本人的积极参与也是全员育人的重要方面。高校也可以采用多种方式吸引学生自主地参与到学校和社会的各项活动中来，让学生在这些活动中获得自我教育、自我管理和自我服务的能力，逐步缩小所学知识与社会需求之间的差距，通过自我教育、自我评价、自我鞭策，最大限度地完善自我，提升素质，为将来走出校门，走向社会做好基础能力的储备与积累。

第二节　注重传统文化的现代价值转换

中国传统文化源远流长，在几千年的历史中，对于文化的传承和发展发挥了重要的作用。这些丰富的文化资源，都是我们当代思想政治教育不可缺少的内容。随着近几年来国家对传统文化的重视，传统文化的继承取得了很好的成果，文化资源的转换利用也给高校思想政治教育带来了新的活力和促进作用，并且取得了实效。但与此同时，大学生及高校思想政治教师中也存在一些不懂甄别、整合、重铸和创新的情况，因此我们必须要赋予中华优秀传统文化以新的时代特征，重视中国传统文化的现代价值转换。

一、要有世界历史的眼光

所谓世界历史的眼光，是指我们在看待传统文化时眼界要开阔，不应只注重其中的某一个方面，或是只看到中国的方面，要站在一个更高的层次和角度上，不仅看到中国的历史和文化，也要看到世界的历史和文化。不然，我们是不可能理性地看待中国传统文化的，也不能理性地看到传统文化在现代社会中需要发挥一个怎样的作用。

用世界历史的眼光来看待传统文化，我们就会发现，这个世界从18世纪以来发生了巨大的改变。18世纪中叶,英国爆发了工业革命,机器生产取代了手工劳动,工厂制替代了家庭作坊和手工工场,这使得社会生产力出现了一次空前的飞跃。英国工业革命对世界各国经济的发展产生了巨大的影响。英国先进的科学技术迅速地传到欧洲大陆、北美和其他国家,极大地推动了这些国家的工业革命。而且,新的生产方式还促进了奥地利、俄国等国的社会革命,加速了封建主义在欧洲的彻底崩溃。也正是在这个工业革命的带动下,整个世界形成了一个整体,现在,整个世界则形成了一个地球村的全球化时代。所以,如果我们以世界历史的眼光来审视历史的话就能够看到,世界历史的发展并不以某些人的意志为转移,而是由一些内在的原因触发的,技术的变革、商业资本的发展都会带来世界性的变革。而转过来看中国,在近现代以来,我们就能发现中国的变革或者说现代化,很多是从外来技术或变革的引领下掀起的,有一种被动性的特征。这就决定了中国传统文化在这个过程中会有不适应,会有纠结,也会有紧张关系,但是最重要的是中国传统文化有着强烈的自我革新能力,能够在不断地取精去糟的过程中丰富内涵,传承发展。中国传统文化不仅是中华民族的精神财富,也是世界文明的宝贵财富。知道了这些,我们就能知道近代以来中国为什么会出现那么多的中西之争了。世界的发展会影响中国,也会影响人们的选择。而实际上,这些中西之争都忽略了一个事实,中国不是要完全摒弃传统,也不是要完全保留传统,而是应该站在世界发展的角度,把传统和新的外来技术、变革结合起来,通过传统的调适和价值转换,参与到这个变革中来,以此化解传统和现代间的紧张关系,实现中国传统文化的古今之变。

二、继承什么样的传统

世界上所有的民族在现代化的进程中都不会完全照搬外来的文化,它必须根据自己固有的文化体系作出调适,中国文化也是一样。但是在中国文化适应现代化的调适中,我们也应该了解,我们该继承什么样的传统。中国传统文化内容极为丰富,要从这些浩若烟海的文化体系中甄别出来哪些是适合现代社会的,是适应当下社会价值体系的,是可以存续发展的。这是一个很大的话题，但是要明白一点，那就是历史上也有过多次对传统文化的反思和批判，我们能够从中找到继承何种传统的基本脉络。因此有两个方向是值得我们特别加以重视的。其中一个是儒学内部思想的流动，中国历史中，儒学一直以主流的形式存在，在各代的儒学大家对其进行传承的基础上，它也随着时代的发展，演变出了新的话语形态，所以儒学体系是一个极具生命力的开放性体系，在历史发展过程中不断地吐故纳新，自我完善；另外一个是要重视社会上发生过的批判思潮，这些批判思潮绝非由来无因，我们要研究它们发生的具体情景和显现的具体结果，例如道家的冲击、法家的批判等，其他非正统的一些学术思想，如是有益的，也应汲取，并进行现代价值的转换。

如果我们抛开那些正统的思想和理论，就会发现，尽管儒学占据主流，但差不多每个朝代都有人抨击时弊，批评政治，这正是因为他们发现了儒学中一些不符合当下社会发展的情况，并希望改变这种情况，其中必然有很多合理的部分。所以我们在研究传统文化时，着眼点不应只放在正统的思想和理论上，也应看到其他一些有益的成分，同时应该看到社会在变革的过程中也有一种对传统自查自纠的力量。

虽然在历史上，不同的时期在批判思潮中都有各自的侧重点，但其中有些思想主线是一样的。例如很多批判都围绕权力集中、腐败的官僚体制展开，批判思潮的背后是哲学家们对国计民生的关心，希望社会变得更好。明末清初时，一些批判思潮的代表哲学家，例如顾炎武、黄宗羲等，更是把矛头直接指向了统治阶级的最高权力者，即皇帝。他们说"为天下之大害者，君而已矣"，天下之所以出现了这么危险的局面，根本还是这种君主专制制度造成的，因此"天下为主，君为客"，人民应该当家作主，而不应该是皇帝，这些都是早期比较典型的民主思想。

在几千年的人类历史发展过程中，世界上很多的国家和民族都消失了，很多文化和语言也消失了，但是我们中国传统文化却依然屹立不倒，经受住了各类严苛的时间考验，承受住了各类压力打击，体现了其独特的强大生命力。从这里我们就可以看出，在中国古代出现的一些批判思潮，其本质是想要解决出现的社会矛盾，是对社会痼疾的把脉，是想要推动社会前进。从这个意义上来讲，研究这些批判思潮也是非常有价值的，在今天，也是需要我们继承的一个传统。

三、寻找传统文化的生长点

当然，每一个具有悠久历史和文化的国家，在现代化的过程中都会打上自身烙印，也就是一种"身份认同"。但是，在现代化的过程中，传统文化发挥出来的作用，在于它能在多大程度上和现代化结合，并在结合的过程中满足现代化的需要。在一个国家的现代化过程中，传统文化相当于一幅图画的底色，它发挥的作用取决于现代化对它的调动。也就是说，传统文化是要被选择和被创造的，不能离开现代化的范畴。

传统文化是具有现代价值和意义的。在保护民众特别是弱势群体的利益时，儒家的民本思想就会发挥作用；做一个自觉维护群体权益的现代公民可以使用孟子的独立人格和舍我其谁的担当精神；道家的清净无为、尚俭理念，可以去遏制弥漫于世的腐败之风；同时提倡墨家的科学精神、法家的法治精神、名家注重名实之辨的分析方法，那我们的传统文化就一定能在现代化过程中发挥正面作用，真正成为经济和社会发展的文化助力。

基于上述，如果我们的传统文化在现代生活中能提供这样的资源，就是把传统文化和现代需求相结合了，会重新焕发传统文化的生命力，其中所使用的传统文化内容如儒家的民本、明公私之分、推己及人、内外兼修、知行合一等，都是具有现代价值和意义的精神财富，能够为现代化建设提供哲学和思想理念上的支撑。这就需要结合现实需求，深入挖掘传统文化的意义，提升传统文化的现代价值。

第三节　加强对大学生学习传统文化的正确引导

在中国传统文化与高校思想政治教育的融合上，高校的思想政治教育工作者应该加强对大学生学习传统文化的正确引导，以让大学生树立起正确科学的文化观念；同时要发挥中国传统文化在高校思想政治教育中的重要作用，并达到引导大学生主动自觉学习中国传统文化的效果。

一、培养大学生的文化自信

大学生作为未来国家建设和发展的中坚力量，承托着国家和民族的希望。在人生旅途中，大学时期也是思维最活跃、受教育影响最大的时代。因此，高校在思想政治教育中，就要着力用传统文化来影响大学生，培养他们高度的文化自信，增强他们的民族自豪感。作为社会上的高知识群体，大学生的文化自信如何，对中国传统文化的接受和理解如何，也可以说一定程度上影响着整个社会对国家和民族的自尊心和自豪感，影响着社会大众对中国传统文化的关注情况。以前，我国应试教育和功利性学习，曾经使中国传统文化的重要性被忽视。但现在，我们需要大力拾起中国传统文化，为中华民族文化复兴打好基础。现在，全球化的浪潮使大学生更容易受到各种思潮的影响，因此做好中国传统文化与高校思想政治教育的融合不能有丝毫的松懈，要着力防止世界上其他强势文化在大学生意识中产生的对中国传统文化的冲击和占领，提高大学生对于中华民族和文化的认同感，使其能够主动地鉴别中国传统文化与外来文化的优劣，好的要吸收，但是中国传统文化和民族精神的本质不能变，做到不夜郎自大、故步自封，也不妄自菲薄、盲目仿效。总之，"文化自信"是国家和民族对于大学生的一个要求，大学生有理由走在社会大众的前面。

（一）引导和鼓励大学生学习优秀传统文化

在中国传统文化融入高校思想政治教育的过程中，各个高校应该根据自己的特点，挖掘中国传统文化中优秀的资源和宝贵的精神财富，并且在实践过程中予以创造性转化，尤其是中国传统文化中的仁爱、诚信、正义、爱国这些思想，千百年来都有着重要的价值，如今依然具有世界意义和时代价值，而且未来也会产生重要的价值，所以是一定要继承和发扬的。在教育的过程中，也要引导大学生在实际的生活和学习中去践行这些理念，做到中国传统文化优秀精神与现代社会的契合发展。同时，马克思主义已经被证明是中国社会发展最有力的保障，因此，大学生也必须要在马克思主义的指引下，树立自己的价值观、人生观和世界观，要坚定地信仰马克思主义，并且将马克思主义与中国传统文化的优秀思想结合起来，创新性地发展。

在这个过程中，高校要做的工作有很多。例如要努力营造中国传统文化的氛围，提供更好的传播中国传统文化和马克思主义的平台。在互联网大发展的前提下，可以多设计一些微课堂，通过快速便捷、短小精悍的形式把学生的注意力吸引过来，加深他们对于传统文化知识的学习和体悟。高校也可以组织一些有意义的传统文化活动，例如聘请知名传统文化专家来校举办讲座，如孔子学堂、孝文化讲座、家风讲座、茶文化讲座，在各种纪念日中进行纪念活动，让大学生形成强烈的爱国主义思想、爱护大众思想、为国出力的责任感和使命感。现在，我们欣喜地看到国家和政府也加强了对于传统节庆的保护，重大的传统节日都有假期安排，另外一些节日也重点营造了相应的氛围。高等学校也应该抓住传统节日这一平台，在传统节日中设计一些与之相关的文化教育活动，让学生充分认识到相应传统节日背后的思想和内涵。甚至有条件的，在活动的组织和策划过程中，也可以让学生参与进来，一起动手完成，大学生亲身体验得来的认识将比原来那种被动认识过程的效果要好得多。以此让更多人能深入了解中华优秀传统文化，增强大学生对传统文化的自信。

（二）培养学生"明辨"的能力

"明辨"对于大学生来讲极其重要，它的强弱直接关系到一个人思想境界的高低。大学生在生活和学习中，都要善于思考和分析，并在思考和分析的基础上做出对的选择，处世做人要稳重、踏实，要谦虚又要自信，要有做学问做事业坚持不懈的意志和品格。当前，我国大学生的文化自信还需要加强，这就少不了锻炼大学生的明辨能力，如果没有好的明辨能力，大学生就不会意识到中国传统文化的重要性，反而不加甄别地吸收崇拜外来的文化。

培养大学生明辨的能力，首先，学校要改革传统满堂灌的教学方法，老师应该组织和引导学生自我学习和相互讨论，要更多地采用讨论式和启发式的教学方法。真理是辩出来的，不是死记硬背地"学"出来的。其次，学校要高度重视"论辩"氛围的建设，给大学生创造充分的"论辩"环境。例如，高校可以组织各种和"论辩"相关的比赛，也可以利用现在互联网互动性强的特点，在线上开展一些相关的辩论和探讨，班级或专业也可以定期举行一些讨论交流活动，通过各种途径让大学生积极加入进来。在这样的"论辩"氛围中，大学生的思维和观点在与别人的思维和观点的碰撞中，会得到极大程度的开拓，自己辨析是非的能力也就会得到提升。

二、将传统文化教育纳入高校思想政治教育理论课体系

将传统文化教育纳入高校思想政治教育理论课体系，高校思想政治教育工作者是最主要的力量。工作者本身就应该有高度的文化自觉和文化自信，要大力推进二者的融合。在新的形势和时代要求下，高校思想政治教育工作者更要做出大量的工作，确保传授给大学生的中国传统文化知识都是符合当前社会发展要求的，要真正做到古为今用，使中国传统文化中优秀的资源和宝贵的财富被大学生吸收和利用。

（一）要改进高校思想政治的课程体系

中国传统文化已经成为高校思想政治教育的重要内容之一，因此，中国传统文化的内容应该系统地体现在思想政治理论课程的设置中。然而审视我国高校思想政治教育的课程设置发现，目前我国的思想政治理论包含必修课和选修课，但是并没有相应的中国传统文化必修课程。在由各校做出选择和安排的选修课中，中国传统文化的课程也并非每个高校都有设置，中国传统文化的课程多见于中国语言文学、外国语言文学专业，而理科、工科的专业最多是有大学语文课程的设计，中国传统文化的课程基本上没有设计在专业课程和人才培养方案之内。可见，虽然中国传统文化与思想政治教育已成为我国思想政治教育学科的重要方向之一，但其相关内容并没有系统地体现在课程设置中，课程设置落后于学科方向的建设。比较客观地来看，中国传统文化作为通识教育内容和中国公民应了解的基本文化素质内容，没有在高等教育教学和国民素质提升工程中严谨落地落实。因此，在高校思想政治教育中，除了原来的课程，还应增加相应的中国传统文化必修课程，并将其作为高校思想政治教育的必要补充。

（二）要在教材中增加中国传统文化内容

现在我国很多高校的思想政治教育教材还没有过多地将中国传统文化内容列入其中，更多的是政治理论知识的阐释和讲解，这是不利于传统文化与高校思想政治教育相融合的。虽然现在的高校思想政治教育理论课教材在统编时因其概论和纲要性决定了它很少有中国传统文化的内容，但教师在教学过程中应该根据学生的专业背景、文化素质背景和相应的切入点，将一些中国传统文化的内容作为素材添加到教学中去。这样的教学才会有血有肉和丰富多彩，学生也易于接受。在课程内容设计上，要加强思想政治教育与中华传统文化之间的交融性与一致性研究。一方面，中华优秀传统文化是马克思主义中国化的基础，马克思主义扎根于中华优秀传统文化的沃土上，才能实现其中国化进程，才能符合民族发展的需要，才能具有更强的生命力和传承性；另一方面，中国化的马克思主义内在地包含着中华优秀传统文化的精神财富。这才能让中国化的马克思主义融入中华民族发展的现实需要，才能把中华优秀传统文化和马克思主义进行全面的结合。因此，思想政治理论课教师应该全面推动和加强马克思主义理论与中华优秀传统文化的融合，为中华优秀传统文化有效融入思想政治理论课教学提供理论支撑和实践经验。同时，我们也要加强中华优秀传统文化的理论研究与价值挖掘，不断增强将中华优秀传统文化有效融入思想政治理论课教学的文化自觉和文化自信。

（三）要将中国传统文化引入思想政治教育的课堂教学中

无论从哪个方面来讲，课堂还是学生接受教育的主要地方。在课堂上进行好的教学，才能收到好的效果。在课堂教学中，教师不能纯粹地利用书本教学，也可以多利用其他一些好的教学手段，教师要能够深刻地洞悉大学生的学习需求和接受能力，驾驭庞杂而深邃的优秀传统文化内涵，并且合理设计教学内容，创新改进教学方法和切实提升教学效果，例如相应的视频播放、文化专题的讨论。将中国传统文化引入思想政治教育的课堂教学中，结合思想政治理论课的教学，围绕普及和弘扬中国传统文化知识，培养学生对中国传统文化的兴趣与爱好。教师也要做好观察和记录，对课堂运行情况进行数据采集，为数据分析和研究提供材料；并基于课堂教学的大数据研究，不断提升教育水平，提高学生课堂学习质量，全面推动课堂教学工作的有序开展。

作为学生来看，大学生对传统文化已具备一定的自学能力和理性认识，教师在课堂教学中就不能仅仅停留在浅层次的知识灌输或貌似高深的理论讲解，这样不会达到增强文化自觉和文化自信的实际效果，更多的可能是会导致课堂教学的枯燥乏味。很多课堂教学存在着"重知识讲授、轻精神内涵阐释的现象"，完全侧重以考核评价为导向，只向学生进行知识点的灌输，单纯地让学生记忆一定的传统文化知识，相对缺少对传统文化蕴含的民族精神、道德情操、人文涵养的深入挖掘。教师应该创造条件，对课堂教学效果进行提升，对课堂学习潜力进行挖掘，可以通过启发式教学增进学生理解认同，以平等中肯的说理为学生答疑解惑，鼓励、组织和指导学生进行学习讨论，培养学生跨文化理解能力等。

（四）学校要多举办一些和中国传统文化相关的讲座

高等学校可以从大学生的实际出发，找到他们在中国传统文化中关心的重点难点以及相应的热点，在此基础上邀请社会上一些有名望的专家学者，或者模范榜样来给大学生们做相应讲座。讲座可以说是高校思想政治教育课程教学的一种有益补充，办好了讲座，将是中国传统文化和思想政治教育双赢的局面。此外，高等学校也不能忽视了相关中国传统文化实践活动的设置。实践活动称得上是在课堂教学之外的第二课堂，例如举办一些和中国传统文化相关的知识竞赛、板报比赛，或是带领大学生参观文物古迹，瞻仰英雄人物，都是有益的实践活动。这些活动对于提升大学生的传统文化知识，增强他们对传统文化的学习和传承都有着重要的意义。

三、综合运用多种思想政治教育载体

思想政治教育载体有很多，不只是文化载体，也包括活动载体、管理载体以及大众传媒载体。这些载体之间是可以并行共生、相互交叉和融合的。因此，在将中国传统文化融入高校思想政治教育的过程中，各高校也应综合利用多种载体，以期达到更好的效果。

（一）中国传统文化与活动载体

所谓活动载体，也就是以活动作为载体。教育者为了达到教育目的，可

179

以举行各种形式的活动，将想要传授的思想政治教育内容融入这些活动之中。受教育者在活动的过程中，不知不觉地受到教育，提高自己的思想政治和道德素养。活动载体在中国传统文化融入高校思想政治教育的过程中能发挥很重要的作用，因此举办活动的形式需要引起各高校的重视。

首先，是以校园文化作为载体。高校要有意识地营造一个良好的学习中华优秀传统文化的氛围，以此作为思想政治教育课堂的有效补充。好的校园文化对大学生的影响力是显而易见的。从传统文化和思想政治教育的融合来说，校园文化是传统文化融入高校思想政治教育的重要介体。高校可以努力举办一些和中国传统文化相关的以分享与交流为目的的文化沙龙，甚至是相关的知识竞赛或演讲比赛等。这些活动中大学生的参与积极性很高，因为有一定的娱乐性，大学生接受起来也比较快，可以达到寓教于乐的目的。此外，高校也可以多利用校内的一些传媒手段，例如校园网、学校的广播站、校报和学生社团的刊物等，开发相关的手机 App 等，通过多种方式，多渠道全方位地向大学生介绍中国的优秀传统文化知识，加强对大学生的家国情怀、社会关爱、人格修养等方面的教育引导，扩大中华优秀传统文化在大学生群体中的影响。可以说，如果能将传统文化的气息融入高校的各个角落，不断增强大学生对中国传统文化认知的主动性和践行的自觉性，这对于开展思想政治教育是十分有利的。

其次，以社会实践为平台，积极开展社会教育实践活动。"道不可坐论，德不能空谈"，对大学生进行中国传统文化教育，社会实践也是一个非常重要的组成部分。社会实践可以帮助大学生提升自己的人文素养，增强他们将学到的知识和实际联系起来的能力。因此，在高校思想政治教育中，要有意识地开展各类社会教育实践活动。高校可以把一些社会实践活动也纳入教学计划中来，并规定出学时和学分，使大学生不至于对其表现出忽视的态度，能够认真对待传统文化实践的内容；同时，如果有条件，还应该适时地带领大学生们走出课堂，参加社会上各种有意义的实践活动，例如支教、植树等，激发学生们的学习热情。高校也可以充分利用我国丰富的各类资源，举办各种参观或缅怀活动，将爱国主义与民族精神教育有效地融入大学生们的思想意识中去，让大学生更加生动深入地感受、体验和汲取中国传统文化中的养分与精髓，做到知与行的统一。

（二）中国传统文化与大众传媒载体

所谓的大众传媒载体，即以大众传播为思想政治教育载体，它指的是思想政治教育主体通过各种大众传播工具向广大群众传递思想政治教育内容。其具体表现形式有报纸、期刊、广播、电视、网络等。高校思想政治教育工作者要利用大众传媒载体，借助网络扩大中国传统文化的覆盖面和影响力，进而提高大学生思想政治教育的实效性和科学性，发挥对大学生学习传统文化的引导功能。

1. 传统文化的通俗化

中国传统文化是几千年来中国人的精神基因，也是中华民族生生不息的力量之源。在传统文化融入高校思想政治教育时，思想政治教育工作者要做到古为今用，要积极创新。虽然传统文化大多来源于历史，来源于古代人们凝结的思想知识，但在进行教育时，思想政治教育工作者也要注意将这些知识进行通俗化的解读，这样才能更容易被大学生们所接受，也才更利于中国传统文化的传播，让传统变得易流行，也传承得更久更远。

传统文化的通俗化，很好的一个例子是将它和一些有趣味的节目结合起来。现在，有很多类似的电视节目就比较火，例如《中国诗词大会》《中国成语大会》等，这些节目火起来以后，也在一定程度上带动了诗词、成语等传统文化内容的传播。这样的节目形式，高校也可以作为参考，在校园中打造更有深度、更具广度、更能触动人心的传统文化活动或节目，如主题演讲、中国故事大家讲、中秋节诗词赏析大会、传统故事话剧比赛、经典诵读比赛等，将这些节目做到融知识性、趣味性、互动性于一体。这样可以让一些经典的传统文化变得活化，当一档节目既有观赏性又有趣味性，还兼具文化性时，它一定会受到大学生们的热爱。

传统文化的通俗化，还可以将中国传统文化和一些文化创意产品结合起来。现在我们在市面上能看到一些标上康熙微服私访或是故宫标记，或是兵马俑的仿古产品或文化衫等，这些产品颇受人们喜欢。先不说这些文创产品的好坏，单从传统文化和文创产品的结合来说就是一个很好的创意。因为这样一来，传统文化就不是只存在于字里行间的东西了，而是借助一些产品活化了起来，不仅增加了产品的观赏性、传播性、可视性，也展示了它的文化性和创新性。高校也可以借鉴这样的思路，在一些有校园特色的产品、海报、标识标牌上展示相应的传统文化内容，也可以鼓励学生根据自身对中国传统文化的了解与认识，组建团队，通过大学生创新创业项目的申请，开发更多深受大学生喜爱和使用的校园传统文化创意产品，让校园文化活动拥有更多传统文化的因素呈现和内涵解读。这可以算得上是一种别开生面的做法，学生接受起来也非常容易，记忆也会更加深刻，运用起来也会更加自如。

2. 传统文化的网络化应用

中国优秀的传统文化并不只是放在书斋中的，而是应该更大程度、更广范围地进行普及。网络作为新型的传播渠道，各个高校应该充分地将其利用起来，拓宽网络教育的方式方法，充分发挥网络文化的教育引导作用。这是一种传统文化与现代手段结合的重要方式。首先，高校要在传统媒体和网络新媒体的互动中，注重网络技术应用和文化传播融合过程中的趣味性挖掘，不断地推进传统文化的传承、发展与创新。举例来说，有名的中国孔子网就是借助网络资源，把孔子和他的儒学思想传向了整个世界。因为互联网有着很强的互动性，在传播中华优秀传统文化时，传播者和接受者还可以适时地进行互动，就双方感兴趣的地方进行探讨，又或者是大家一起在网络中吟风弄月，吟诗作赋，共同感受古人那种生活方式。这些都是非常有意义的途径，可以提高人们对中华优秀传统文化的认识。其次，高校中国传统文化网络课程的开发也是传播传统文化很有效的快速通道，各高校可以结合学生专业课程设计的实际，通过线上网络课程，打破教室、图书馆的空间限制，在手机或电脑端实现传统文化课程的教学、考核与反馈，使传统文化的教与学更快捷更方便，也能够让优秀传统文化的教育拓展更多的网络育人阵地。

（三）中国传统文化与专业课程载体

专业课程是课程思政建设的基本载体，当然也是思政教育的基本载体。《高等学校课程思政建设指导纲要》中指出，课程思政建设内容要紧紧围绕坚定学生理想信念，以爱党、爱国、爱社会主义、爱人民、爱集体为主线，围绕政治认同、家国情怀、文化素养等重点优化课程思政内容供给，系统进行包括中华优秀传统文化教育在内的教育。大力弘扬以爱国主义为核心的民族精神和以改革创新为核心的时代精神，教育引导学生深刻理解中华优秀传统文化中讲仁爱、重民本、守诚信、崇正义、尚和合、求大同的思想精华和时代价值，教育引导学生传承中华文脉，富有中国心、饱含中国情、充满中国味。比如文学、历史学、哲学类专业课程要结合专业知识教育引导学生深刻理解社会主义核心价值观，自觉弘扬中华优秀传统文化、革命文化、社会主义先进文化。工学类专业课程，要注重强化学生工程伦理教育，培养学生精益求精的大国工匠精神，激发学生科技报国的家国情怀和使命担当。艺术学类专业课程。要坚持以美育人、以美化人，积极弘扬中华美育精神，引导学生自觉传承和弘扬中华优秀传统文化，全面提高学生的审美和人文素养，增强文化自信。近现代历史上，那些矢志实业救国、科技报国或以文救国的前辈，都是骨子里传承中华优秀传统文化精神的脊梁。他们身上的家国情怀、责任担当、工匠精神等都是后辈景仰和学习的榜样，理应通过课程思政建设，挖掘出丰富的思政教育资源。在《高等学校课程思政建设指导纲要》通知下发后，不同层次高校、不同学科专业、不同类型课程，积极投入课程思政建设，形成了课程思政教学名师和团队，推出了一批课程思政示范课程、建设了一批课程思政教学研究示范中心，设立了一批课程思政建设研究项目等，全面形成广泛开展课程思政建设的良好氛围，打破了过去思想政治教育仅仅是思政课教师和辅导员或党委、团委书记的工作的想法或做法，有利于形成育人的合力。

第四节　加强科研与教师队伍建设，提高科研与教学能力

一、思想政治理论课教师在优秀传统文化教育活动中的作用

（一）思想政治理论课教师是优秀传统文化课堂教学活动的实施者

在课堂教学中，"以爱国主义教育为重点，深入进行弘扬和培育民族精神

教育。深入开展中华民族优良传统和中国革命传统教育",是帮助大学生树立正确的世界观、人生观、价值观的主阵地。当然,在这样的一个过程里,大学生并不是孤立的个体,毕竟就教育而言,是需要教师和学生一起来努力完成的。师生协同努力,才能建构起知识体系,形成良好的品德,教师在其中是主导者,是中国传统文化的梳理者和传授者。关于教师在教学活动中的重要作用,联合国教科文组织提出过一个影响教学质量的公式,即教学质量 = (学生 + 教材 + 环境 + 教学方法)× 教师。从这个公式中我们可以看出来,如果教师有好的能力和水平,他的教学效果也会很高。大学生思想政治教育的主要任务之一,应当"以为人民服务为核心、以集体主义为原则、以诚实守信为重点,广泛开展社会公德、职业道德和家庭美德教育,引导大学生自觉遵守爱国守法、明礼诚信、团结友善、勤俭自强、敬业奉献的基本道德规范。坚持知行统一,积极开展道德实践活动,把道德实践活动融入大学生学习生活之中"。由此可以看出,正确的知行合一是大学生思想政治教育和优秀传统文化所追求的理想目标,在此过程中,教师要充分体现出发展较成熟主体的主导和示范作用,以自身的言传身教来影响和教育学生,切忌照本宣科、循规蹈矩、僵化保守,最终影响到课堂教育教学的效果。

(二)思想政治理论课教师是校园优秀传统文化建设的引导者

如果说中国传统文化的教学是一座冰山,那课堂教学只是这个冰山的一角。对于学生而言,大部分优秀的中国传统文化知识还是要通过课外的途径来获得。刚开始的时候,中国传统文化的相关知识或是其他知识都只是信息形式,还没有对学生的思想过程产生实质性的影响。但是,如果这些传统文化知识或其他知识与一定形式的背景结合起来,例如高校开展的各类讲座、实践活动,就能让参与的学生接受,在这种接受的过程中,大学生的认知就可能得到重新构建。也就是在这样的构建之后,原本那些以信息形式出现的知识才会内化为大学生脑海中的知识图像。这些知识图像一旦建立起来,就可能真正作用于每个大学生个体,对他们的思想、品德、意识形成影响。在这样的一个过程中,我们可以看到,原始的一些有用的信息,以及与之有联系的背景活动是让大学生认知图像形成的关键因素。所以,在校园内外开展传统文化活动是传统文化普及的重要途径,各个高校应该引起必要的重视,并形成新的教育方向。思想政治理论课教师更是其中的重要设计者，可以进行各种学术、科技体育、辩论赛，将德智体美劳各项教育有机地结合起来，将教育寓于活动之中，主旨是让大学生们接受并热爱中国传统文化，形成符合中国特色社会主义建设的思想品德修养。

二、思想政治理论课教师应具备的基本素质与能力

（一）提高对思想政治教育的认识

高校思想政治教育肩负的任务是树立大学生正确的人生观、思想观和价值观，提高大学生们的道德修养、文化素养。它对于大学生将来走上工作岗位，成为国家和社会需要的人才极为重要。特别值得指出的是，我国当前高校中普遍存在重智育轻德育的特殊情况，高校思想政治教育更加突出的是对大学生正确的人生观、世界观和价值观的培养。

通过调查发现，我国现在的各个高校，有比较突出的重视理工科而轻视文科的现象，思想政治教育课也在很多学校中并不受到重视。思想政治教育中，也存在重视马克思主义理论而忽视思想品德修养的课程。在有些高校中，不仅是学校不重视这种情况，担任思想政治课的教师也不重视，只将其作为一般的教学任务来看待。

以上这些问题显然是各高校和思想政治课教师的认识不足造成的。更有甚者，甚至连有体系的思想政治课程也没有，高校中没有专门的教室，配置的教师也特别少。有的高校由于找不到合适的教师，思想政治课不得不以大课的形式来上，一堂课中几个专业的学生坐在一起，甚至几个系的学生坐在一起。在这样的课堂中，一来学生不能有效地理解思想政治课的知识，二来也影响了教师和学生之间的互动交流，教师根本不可能了解到学生个体的思想政治需求，不能准确地制定授课策略，只能用大而全的方式进行授课，学生能不能接受基本不知道。同时，这样的大课形式，课堂秩序也很差，不愿意听讲的学生会通过做各种小动作的方式排斥听课，教师也不能有效维持秩序。种种情况下，思想政治课就达不到本身的教育目的，而且它的威信也会受到很大的影响。还有的高校，在没有专门的思想政治课教师的情况下，仅

用学校党委成员或各系书记来授课，这是很难做到理论联系实际的，效果自然就会大打折扣。

（二）增强思想政治理论课程的实效性和针对性

中国共产党非常重视高校的思想政治课程建设，提出了一系列的指导方针和政策，这些对于高校思想政治课教师来说是很大的利好。新课程方案的实施，主要是教师。因此高校思想政治教育工作者要努力提高自己的思想认识，要以高尚的职业素养和人格精神，全心全意地投入高校思想政治教育工作中去，并结合学生的实际情况，进行有针对性的改善和创新，积极增强思想政治教育对学生的影响力。

1. 要以高度的责任感、紧迫感和使命感，把加强和改进高校思想政治理论课作为一项重大而紧迫的政治任务，切实抓紧抓好。高校思想政治理论课的教师一定要有高度的责任意识，要把中央精神很好地贯彻下去，体现在自己的责任意识和职业素养上来，要和中央部署的高校思想政治理论课程设置新方案接轨，要认真研读中共中央对于教材编写和审定的精神，尽快熟悉和掌握新课程的教学目的和基本要求，在各方面让自己保证授课的质量，要有一种全身心投入的精神，绝不能马虎应对。高校思想政治理论课的教师要认识到，做好思想政治教育不仅是对学生负责，对自己负责，也是对整个国家和民族负责。

2. 要切实提高自身素质，真正成为大学生健康成长的指导者和引路人。思想政治理论课是为了提高大学生的思想素质和道德修养而开发的，思想政治理论课教师要让学生有一定的道德素养，首先，自己必须成为一个有高尚道德素养的人。思想政治理论课教师本身的言行、思想对大学生是有很大影响的，本人有高尚的道德素养，学生才可能产生同样高尚的道德素养。反之，思想政治课教师任何一点道德修养上的小缺陷，都可能会给学生造成不可估量的影响。因此，高校思想政治课教师一定要努力提高自己的思想道德素质，平时的实践活动要符合思想政治教育的精神和主旨，只要是要求学生要做到的，自己就要首先做到。"喊破嗓子，不如做出样子"，榜样的力量是无穷的。思想政治课教师以身作则，自己带好头，对学生中间形成良好的风气才会起到决定性的作用。思想政治课教师要知道，自己的一言一行、一举一动，都有着重要的示范和引导作用，因此必须做到真正有修养，讲道德，并且把这当成是一种责任，绝不违反。这在中国传统文化中的体现也颇深。早在西汉时期，思想家扬雄就说过："师者，人之模范也。模不模，范不范，为不少矣。"《后汉书》中也说："盖闻经师易遇，人师难遭。"清代著名思想家顾炎武也慨叹："海内人师少，中原世运屯。"（《赠孙徵君奇逢》）顾炎武认为，国家之所以出现了危难，同注重"言传身教"的教师很稀少是有直接关系的。所有这些都说明教师"言传身教"、教师"带头垂范"的重要性。高校思想政治课教师是大学生思想政治教育的领路人，只有自己的功夫做扎实了，才能在思想政治方面教育好学生。为此，总结了高校思想政治课教师应该具备的几项素质。

（1）要有过硬的思想政治素质。高校思想政治课教师的思想政治素质要是过硬的，要坚持党的基本路线和方针政策，自己要在言行和精神上同党中央的精神保持一致。教师还要经常关心国内国际的形势，并且知道运用马克思主义去对变化的形势做出分析和判断。教师只有自己具备过硬的思想政治素质，才能真正承担起大学生思想政治教育领路人的角色，帮助大学生从不正确的思想认识中解放出来，树立起正确的人生观、世界观和价值观。

（2）要有良好的职业道德素质。职业需要一种态度，而态度端不端正能直接影响一份职业能不能顺利完成。高校思想政治课教师在任何时候都要想到：做好工作是你的责任，做不好工作是你的失职。同时，教师也要对工作充满信心，满怀激情地投入教育中去，用自己的激情去感染学生，让学生能够脚踏实地地做人做事。高校思想政治课教师除了是教师的身份以外，还应该和学生打成一片，成为学生的"益友"，在学生有困难时能够帮助学生，在学生迷茫时能够指导学生，在学生有疑惑时及时给予学生解答，成为学生成才的真正指路者。

（3）要有丰厚的理论业务素质。现在是一个知识经济的时代，高校思想政治课教师要教好学生，就要懂得"打铁还需自身硬"的道理，自己要做到与时俱进，紧跟这个时代，思维不能过于保守僵化，要随着事物的变化更新自己的观念。现在的大学生，他们的思想比以往任何时候都要开放，这就需要高校思想政治课教师更加注重对自己思想的解放，不能囿于传统的一些观念，要积极地去了解学生的新思维、新方法，并进行积极的应对，这样才能寻得和大学生们交流的共同语言，也才能更好地进行思想政治教学和实践活动的开展。同时，教师也必须学习新的思想理论、教育理念，用新的理论和理念来提高自己的教育功底，从而探索出新形势下适合的教育途径或方法，为高校思想政治课的新局面打下基础。

（4）要有与时俱进的创新素质。现在的社会发展很快，有些思想政治课的教师总是固守传统的观念、传统的教法，而不知道创新，这是不行的。在实际的工作中，我们可以发现，平时我们不能创新，不敢创新，多半是因为我们总是从惯性思维出发，结果让自己顾虑重重。但如果我们把同样的问题换一个方向来思考，就会发现有很多新的机会在等着我们去大显身手。所以爱因斯坦说："把一个旧的问题从新的角度来看，这完全是成就科学进步的主因。"所以，我们平时在思想政治教育中要注重创新，不要死板地去看一个问题，要懂得不停地变换思考的角度。在高校思想政治教育的创新中，笔者认为首先是要深入研究马克思主义的原理，要认真领会马克思主义的基本立场、观点和方法，同时又要结合当前我国发展的基本情况，两相结合，做出高校思想政治教育最新的阐释。遇到问题时，要经常问自己"为什么"，并且梳理出之前出问题的原因。这样做，不仅是给旧有的想法一个机会，也是一种重新思考、重新整理的过程。在这个过程中，你就可能勾勒出创造性的思想政治教育方法。

第五节　构建高校传统文化教育的保障制度

《完善中华优秀传统文化教育指导纲要》指出，各级党委教育工作部门和教育行政部门要把加强对学生中华优秀传统文化教育作为一项战略任务，加强对中华优秀传统文化教育的组织领导，完善中华优秀传统文化教育的评价和督导机制，加强中华优秀传统文化教育教学研究等，为中华优秀传统文化教育的组织实施提供保障。就目前情况来看，将传统文化融入高校思想政治教育还并没有落地，只是停留在思想的范畴，而要推进其落地实施，我们可以依托高校思想政治教育的领导组织体系构建有效的保障机制，可以从组织领导、工作队伍、经济物质、环境支持、法规制度等几个方面来构建一套高效的保障机制。

一、组织领导保障

高校的思想政治教育组织领导直接关系到思想政治教育目标和任务的实现，关系到高校思想政治教育工作的开展。所以，必须建立一套有效的组织领导保障制度。

（一）坚持党组织在高校思想政治教育中的核心地位

高校思想政治教育在组织领导保障上，首先，要坚持党的领导。高校要将思想政治教育相关的各级领导的职责划分清楚，党委要发挥实质性的作用，教育过程中的所有事情都要有党委参与。此外，党委也要给高校思想政治教育工作提供正确的方向指导、决策指导，要做好各级部门的协调和监督工作，要随时听取各方面的反馈，并从中找到现实中的问题，并在此基础上解决好问题，切不能不闻不问，一意孤行。其次，坚持党委的统一领导，也要明确党委书记的责任。党委的领导是集体领导，在党委中，党委书记是核心，对整个党委的影响是巨大的。党委书记自己也要有强烈的责任意识，要知道哪些是自己应该做的，哪些是别人应该做的，这一点要区分清楚。党委书记要带好头，切实将高校思想政治教育的各项工作做好。党委书记要尽心尽力地去保障高校思想政治工作的建设，把自己的全部身心都投入到工作中去；要在工作中竭尽全力，发挥出自己的全部才能，即使遇到困难挫折也绝不放弃。

（二）建立和完善高校思想政治教育行政运行系统

在高校思想政治教育的组织领导保障中，党委的工作主要是做好总体规划，提供方向性的指导，决策的执行则是校长及其领导下的行政系统。校长作为一校之长，也应该是一个坚定的马克思主义信仰者，有着崇高的职业素养和道德修养，要全身心地投入教育事业，当然也要对学生的思想道德素质负责。因此，高校的行政运行系统要能够把高校的思想政治教育同其他工作结合起来，一同开展，一同评估。只有这样，高校的思想政治教育工作才能落到实处，才能实现全员育人的良性循环模式。现在，随着国家对高校教育体制改革的不断深化，高校行政运行系统的作用越来越明显，思想政治教育的诸多决策都有行政运行系统的影子，因此必须建立和完善高校思想政治教育的行政运行系统，把思想政治教育渗透在行政业务工作和行政管理之中，强化行政管理部门的思想政治功能。

二、工作队伍保障

（一）建设结构合理、专兼配合的思想政治教育工作队伍

思想政治教育工作队伍的结构主要包括年龄结构、学历结构、职称结构等。从年龄结构来看，思想政治教育工作队伍老中青三代年龄结构有三种模式：一是老中青三代呈正三角模式，即青年人多于中年人，中年人多于老年人，这种结构有利于队伍的传、帮、带，有利于队伍稳定和持续发展，被称为"前进型"结构；二是呈纺锤形模式，两头小，中间大，虽有利于眼前工作的开展，却后继乏人，不利于队伍的发展，被称为"静止型"结构；三是呈倒三角形模式，老年人多于中年人，中年人多于青年人，因老年人太多，难以胜任工作，被称为"衰退型"结构。显然，高校思想政治教育工作队伍应建立"前进型"年龄结构，避免或改造"静止型""衰退型"年龄结构。在学历结构方面，与高校专业教师相比，思想政治教育工作队伍学历普遍偏低，目前仍然是本科占一定比例，研究生学历占大多数，博士生学历所占比例极小。在职称结构方面，思想政治教育工作队伍中低级职称比例大，高级职称比例小，这些状况显然不利于思想政治教育工作者全面、高效地开展教育。大学生思想政治教育工作队伍建设，应尽量将以上三种结构调整到最佳状态。

思想政治教育工作队伍中的党政干部、共青团干部、思想政治理论和哲学社会科学课教师、辅导员和班主任是专职从事思想政治教育的人员。兼职人员的来源主要是高校退休教师、党务管理干部等。聘用兼职人员从事思想政治教育工作，可以有效缓解当前高等教育大众化迅猛发展造成的思想政治教育资源的有限性和需求的迅速扩大性的矛盾，可以调动更多的人参与、从事思想政治教育活动，扩大思想政治教育的覆盖面和影响力，为思想

政治教育工作队伍注入新鲜血液。当然，专职人员和兼职人员也应该结构合理，做到专职人员为主、兼职人员为辅，兼职人员与专职人员相配合，群策群力。

（二）全面提升思想政治教育工作者的素质

高校思想政治教育的工作者，无论是专职还是兼职，都必须具有较高的素质，基本的素质应是政治强、业务精、作风正。政治强是对思想政治教育工作者的政治要求。思想政治教育工作者必须具有坚定的政治方向，坚定不移地走中国特色社会主义道路，坚决贯彻党的路线方针政策，在事关政治立场的问题上，同党中央保持高度一致，坚决维护党和国家的利益以及高校的稳定。业务精是对思想政治教育工作者业务素质的要求。思想政治教育的实践性和应用性都特别强，思想政治教育工作者要按照"专业化""职业化"的要求提高自己的业务素质，要具备思想政治教育专业知识以及相关的哲学、社会学、法学、青年学等专业知识，要有从事思想政治教育工作的相关能力，要熟悉这项工作的规律，对于这项工作有着极大的信心，坚信自己能做好这项工作，要有高度的职业道德和修养。如果思想政治教育工作者缺乏正直的道德，那么无论他多么有学识、有才华、有成就，也会造成重大的损失。当前，伴随着知识经济和信息网络的发展，社会信息化、法治化、多元化、全球化的趋势不断加强，思想政治教育面临着更多的挑战，因此思想政治教育工作者也要不断学习新的理论和知识，让自己成为思想政治教育的专业人才，这样才能科学引导大学生成长成才。作风正是对思想教育工作者人格素质的要求，俄国教育家乌申斯基曾指出："教师的人格，就是教育工作的一切。任何规章、任何教育大纲、任何人为的机构，不论设计得如何奥妙，都不能在教育工作中替代人格的作用。"思想政治教育工作者的人格魅力可以给学生以强烈的感染力和示范性，做出榜样，做出表率，成为大学生的标杆，促进大学生形成良好的思想政治素质。作风正要求思想政治教育工作者要具备良好的人格魅力，工作中脚踏实地、公正严明，生活中谦虚得体、大方有礼，对学生谆谆教导、循循善诱、无私奉献。总之，思想政治教育工作者必须提高自身素质，做学生的知心朋友、人生导师，用崇高的人格力量感染学生、教育学生。

三、经济物质保障

传统文化融入大学生思想政治教育工作必须保证必要的投入。总体来讲，高校思想政治教育投入相对较少，思想政治教育活动常因缺少经费和物质保障而难以展开。对此，学校有自己的难处，客观原因是高等教育大众化进程中的高等教育规模处于不断地膨胀之中，不少高校处于还贷高峰，财政告急，日常运作尚且捉襟见肘，哪里还谈得上增强思想政治教育经费投入？此外，学校各方面的认识也不统一，部分同志认为，增加大学生思想政治教育支出不一定能提升学校的知名度和办学水平，对学生个人才能的增长也并非切实可见；还有的同志认为，思想政治教育在学生四年的大学学习中已经占了很多学时，投入了较大的人力物力，对此他们已经颇有微词，更不用说增加投入了。然而，没有基本的经费和物质保障，增强大学生思想政治教育实效就只能是一句空话。目前综合性大学、人文类大学因其人文学科的优势，思想政治教育基础相对较好，可以在原有基础上适当投入，而理、工、农、医、林等单科院校，思想政治教育投入本来就少，人文资源储量相对又少，迫切需要加大经费投入来保障思想政治教育资源的开发。不管哪种类型的大学，都应该按照中央加强大学生思想政治教育有关文件精神，建立大学生思想政治教育专项经费，在每年的年度预算中单列，并随着学校经费的增长逐年增加。

（一）确保大学生传统文化教育基本设施、设备建设

大学生传统文化教育基本设施、设备建设是确保大学生接受优秀中国传统文化教育基本的物质保障，高校应该积极进行合理的设立。例如可以提供一些进行思想政治教育的活动场地，设立大学生的心理咨询场地和就业服务场地等。还有，在高校思想政治教育工作中，高校也要配备相应的物质设备，例如有足够的图书资料和教学资料，有相应的网络设备，有为思想政治教育开发的软件或网页。这是一个互联网大发展的时代，将思想政治教育应用到新型的互联网中，对于教学是一个很好的途径。当然，物质条件的建设离不开足够的经费支撑，高校也应该予以经费上的支持。

（二）确保大学生传统文化教育各项实践活动有序开展

我们已经提到过，传统文化教育的各项实践活动是大学生接受和认知传

统文化强有力的途径。高校应该对这一点给予足够的重视，不仅要实时地、周期性地举办各类活动，也要在经费上予以大力支持，确保和传统文化有关的各项活动能够平稳有序地展开，让大学生们能够更好地认识国情，增强自己的思想道德修养。同时，也要大力支持大学生开展各项实践活动，例如挂职锻炼、助研助管、科技发明创业等，增强他们的社会能力和工作能力，提高他们的创新意识。

（三）营造良好的校园网络环境

近年来，互联网快速兴起和蓬勃发展，对大学生学习、生活、人际交往以及思维方式等都产生了广泛而深刻的影响。互联网是一把"双刃剑"，在给青少年带来方便的同时也带来了诸多负面影响。网络信息良莠不齐，特别是一些网站为了追求轰动效应，获取经济利益，大量制作黄色、凶杀、警匪枪战等视频，给一些青年学生带来了不好的影响，有的学生还会有意地模仿视频中的内容。在这种传媒营造的虚拟环境中，大学生的意识有和现实世界脱节的现象存在，走向了思想政治教育的反面。因此，恶劣的网络环境绝不允许出现在大学校园中。为大学生营造健康、良好的网络环境刻不容缓，高校网络管理应该做好以下工作：第一，帮助大学生认识网络的本质，学会科学地利用网络获取知识与信息，培养基本的网络素质；第二，开展网络道德教育，引导大学生自觉避免沉迷网络，倡导网络文明，养成网络自律精神；第三，制作网络道德标准和法律规范，如《大学生网络道德规范》《互联网安全规定》等准则，规范大学生的网络行为，避免大学生网络犯罪、网络侵权；第四，加强监控和管理，高校应成立专门的网络管理机构，依靠技术手段，对不良信息进行拦截、过滤和清洗，营造风清气正、积极健康的网络育人环境；第五，积极创办思想政治理论网站，如优秀传统文化网站、理论网站等，以科学的理论武装人，以正确的舆论引导人，以高尚的精神塑造人，以优秀的作品鼓舞人，坚持正面宣传，弘扬主旋律，抵制打击歪风邪气，从而营造良好的网络舆论环境。

（四）优化校园周边环境

校园周边环境与大学校园紧密毗邻，其环境建设对大学生思想政治素质也会产生特定的影响。近年来因为高校自己的发展，高校周边的环境也发生了显著的变化。有很多社会人员进入校园经商或进行工地建设，高校周边的各类商店也是百花齐放，有很多酒吧、发廊等。这虽然在一定程度上活跃了高校的气氛，但也带来了一些不好的影响。校园周边环境的混乱既对学生的生活、学习、健康成长带来不利，也影响学生以此为窗口来评价社会，形成正确的价值观。优化校园周边环境，高校应与工商、公安、社区等部门联合，综合整治校园及周边治安秩序，打击违法犯罪，维护学校师生人身和财产安全，坚决取缔校园周边游戏厅、录像厅、歌舞厅、网吧、酒吧等娱乐场所以及无照经营的小食部、书摊等，集中排查校园周边存在的占道经营、私搭乱建、安全隐患等问题，努力营造文明、健康、和谐的校园周边环境。

（五）加强学校思想政治教育各项制度建设

当前，高校应着重健全以下教育制度：第一，岗位职责制度。主要是大学生思想政治教育机构和专职人员所负担的思想政治教育、传统文化教育责任，包括工作任务、工作要求、工作职责、工作方式等。第二，大学生思想政治教育、传统文化教育制度。主要是指大学生思想政治教育和传统文化教育的内容规定、形式规定。第三，管理制度。大学生思想政治教育和传统文化教育离不开管理，既包括领导和组织的管理，也包括队伍的管理，还包括对学生的管理，如学生生活园区的管理、日常行为管理、学籍管理、奖学金管理、纪律管理、奖惩管理等。第四，考核评估制度。科学的考核评估，是推动大学生思想政治教育和传统文化教育不断反省和改进，实现针对性和实效性的重要手段。

第六节　实现与思想政治理论课教学体系的有效对接

在高校教育中，传统文化要发挥育人的作用，并且满足大学生思想政治教育的需要，就有必要与思想政治教育有效地对接起来，做到让中华优秀传统文化遍地开花。

一、将中华传统文化纳入思想政治教育范畴

以前很长一段时间，思想政治教育实践一直偏重于意识形态教育，只强调马克思主义哲学世界观的教育，而排除中国传统文化的教育，思想政治教育的文化功能被排除出去。由于缺乏厚重的文化资源的支撑，我国的思想政治教育变得教条僵化、空洞枯燥、难以服众，陷入一种尴尬局面。目前，这种局面虽然有所改观，但仍未彻底改变。因此，我们有必要改变这种尴尬的状态，促进思想政治教育的创新发展，将中国传统文化融入高校的思想政治教育中去。在高校中开设中国传统文化课程，如讲授《周易》《诗经》《楚辞》《论语》《孟子》《大学》《中庸》《荀子》《韩非子》等中国传统文化经典典籍，或是讲授汉字文化、茶文化、酒文化、孝文化、忠义文化、武术文化等文化现象，或是讲授"中西比较文化"，并揭示其现代价值与当代意义等，使学生在中国传统文化的熏陶下不断提高自身的思想道德素质和传统文化修养，实现思想政治教育的育人目标。

二、关注社会现实，引入问题意识

理论研究唯有对社会现实做出积极回应，才能获得持续发展的源头活水。在思想政治教育中，对中国传统文化中的思想政治资源的挖掘与阐释不应当仅仅陶醉于概念的界定与理论体系的呈现，更为重要的是，应该能够对人们所关注的现实问题做出有效的回应，使理论研究获得开阔的视野与济世的情怀。因此，关注社会现实，从实证调查入手，在寻找问题、引入问题中确定研究的切入点，不断开阔学术视野，是中国传统文化与思想政治教育相融合研究的重要途径，是我们应该广泛运用的研究方法。

三、从传播学视角加强思想政治教育的创新教学

"人既不是完全像上帝，也不完全像野兽，他的传播行为，证明他的确是人。"正像美国传播学者威尔伯·施拉姆（Wilbur Schram）博士所说的，传播正

是人类社会关系能够存在和发展的一种决定性的机能，传播以及针对传播所进行的研究——传播学，与我们的生活息息相关，时时相伴。而思想政治教育是一种传播思想政治的过程，因此它和传播学有着诸多关联之处，也可以将思想政治教育理解为一种特殊的传播过程。

首先，从研究对象来看，思想政治教育和传播学有相通之处。思想政治教育是给受教育者施加一定的思想、政治和道德观点，对受教育者造成一定程度的影响，让受教育者形成符合社会所需的思想道德品质，并进行社会实践活动。而传播是一种信息流动的过程，传播学是研究如何有效传播的一门科学。今天，随着网络化的扩大、互联网的全面开花，信息的传播已经达到了非常广泛的程度，深入到了人们日常生活的方方面面。在此基础上，研究信息传播的传播学也和多门学科有了交叉，形成了一门交叉学科，具体来说，有文化传播学、经济传播学、公共关系传播学和政治传播学等。从这个角度来看，思想政治教育是一种传播思想政治观念的实践活动，是可以归属到传播学领域的。同时，传播学理论的丰富也让传播学分出了很多学科，例如大众传播学、人际传播学和组织传播学等。从思想政治教育的形式和过程来看，思想政治教育又可以归属到人际传播和组织传播中去。因此，可以说思想政治教育就是一种特定类型的传播活动。

其次，从目的来看，思想政治教育和传播学也有相通之处，它们都有同向性。传播是在信息的共享中，在相互沟通中让接受者受到传播影响的一个过程，传播中的信息是有目的的。所以，传播常被看成是个人或组织对别人施加影响的一种手段。而思想政治教育也是这样，它是教育者施加给受教育者相关思想政治理论的一个过程，目的是要塑造受教育者良好的思想政治道德素质，影响他们的言谈举止和实践活动。从传播学和思想政治教育的共同点出发，我们就能从传播学的角度来看将中国传统文化融入高校思想政治教育的一些有益的科学方法和实践。

第十一章 中华优秀传统文化与高校思政课堂教学的融合

第一节 巧用优秀传统文化提升思政课魅力

中华优秀传统文化犹如"润物细无声"的丝丝春雨，充分地滋润我们的心田，又如"九曲黄河，万里长江"，深深地影响着我们的思想。把优秀传统文化与学科教学有机融合，不仅有利于彰显优秀传统文化的价值，更能使学科教学绽放无限魅力。因此，思政课教师应该主动地把中华优秀传统文化融入思政课教学之中，使优秀传统文化与学科教学相得益彰、相映成趣。

习近平总书记指出："中华优秀传统文化是中华民族的精神命脉，是涵养社会主义核心价值观的重要源泉"，"中华优秀传统文化是中国特色社会主义植根的文化沃土。"[①] 这一观念给予广大教师有效开展教学活动深刻启发。高中思政课教师更应该深入地学习贯彻习近平总书记重要讲话精神，把优秀的传统文化渗透到思政课教学之中，使课堂教学精彩纷呈，进而推进立德树人，弘扬与继承优秀传统文化。

一、思政课教学与优秀传统文化相融合的意义

（一）有利于帮助学生树立正确的三观，培养健康的人文情怀

在全球化背景下，世界范围各种思想文化互相激荡，西方价值观对我

---

① 习近平. 坚定文化自信，建设社会主义文化强国 [N]. 人民日报，2019–06–15(01).

国青少年学生的生活态度、价值追求、性格塑造等方面产生很大的影响。有的学生过洋节、看美剧，甚至审美西方化。高中阶段是学生的人生关键时期，这一阶段的学生还没完全具备较强的是非、美丑的甄别能力，外来思想文化极易导致他们政治理念模糊、社会责任感淡化。中华优秀传统文化是涵养社会主义核心价值观的重要来源，也是我们在世界文化激荡中站稳脚跟的坚实根基。传统文化的优秀基因对学生的正确"三观"的形成能发挥因势利导的作用，使学生的心灵得到净化，提高他们的道德素质和文化修养。

（二）有利于激发学生学习的兴趣，提升思政学科教学的美感

长期以来，由于思政课教材理论性、抽象性语言较多，常常难以引起学生情感上的共鸣，再加上部分学生存在功利性心理，认为思政课是"副科"，"背背书就能考高分"，从而不重视这门课的学习，使得思政课被"冷落"。不知从何时起，有些教师总是一味地向学生灌输政治知识与政治考点，这种状况不仅会使思政教学难以达成教育目标，而且课堂缺乏应有的美感，使学生难以感受到思政学科教学之美。因此，教师若能把优秀的传统文化渗透到教学中，不仅能激发学生的学习兴趣、点燃探究的热情，更能使思政课多一份灵动与诗意，使学生能在课堂上发现美、感知美、享受美。有利于激发学生学习的兴趣，提升思政学科教学的美感。

二、思政教学与优秀传统文化相融合的策略

（一）于教学中融入民族节日，增强文化的认同与文化自信

民族节日蕴含着民族生活中的风土人情、宗教信仰和道德伦理等文化因素，是一个民族历史文化的长期积淀。民族节日形式多样、内容丰富，庆祝民族节日既是民族文化的集中展示，也是民族情感的集中表达。随着经济全球化发展，许多"洋节"涌入中国，在商家的助力下，不少追求时尚、新鲜的年轻人只热衷于过"洋节"，而对中国的传统节日甚至不了解、不喜欢。因此，把优秀的民族传统节日融入课堂教学中，不仅有利于打开学生学习的兴趣之门，而且能够引导他们在品味民族节日的过程中，正确认识、准确鉴别、

理性认知，以增强民族文化认同，推动民族文化发展。例如，在有关传统文化继承的教学中，有老师在播放动漫视频《元日》，引导同学们思考：你在视频中看到了哪些过年的习俗？同学们饶有兴致地观看视频并积极作答"贴春联、贴福字、挂红灯笼、祭灶神、吃年夜饭、逛庙会、放烟花爆竹、舞龙、舞狮、拜年"等。接着在学生们讨论的基础上师生一起聚焦春节、细品"年味"。春节是中国民间最隆重盛大的传统节日，它不仅集中体现了中华民族的思想信仰、道德伦理、生活娱乐和理想愿望，而且还是祈福禳灾、饮食和娱乐活动的狂欢式展示。春节民俗的形成与定型，是中华民族历史文化长期积淀凝聚的过程，在传承发展中承载了丰厚的历史文化底蕴。然而，由于不少地方传统文化传承不够，在年轻一代中，春节变为"吃货节"，很多学生认为春节的精髓就是"吃"。在生活日益富足的今天，春节的年味变淡了。因此，通过思政课的教学，学生们对春节等传统节日有了深入的了解、认识和认同，找回了浓浓的"年味"，找回了过年的意义，更深刻地体会了爱国主义思想源远流长和深厚感情。

（二）在教学中融入民族音乐，调节学生的情绪，提高审美能力

优秀的民族音乐是艺术形式与思想情感相融合的产物，是音符旋律与琴瑟笙箫相融合的结晶。它寄托了人们的美好愿望与理想追求，是我们的精神食粮。把民族音乐渗透到教学中，不仅能够调节学生的内心情绪，还能渲染优美动听的音乐情境。以《文化在继承中发展》的教学为例，在课堂上，教师先播放《春江花月夜》《高山流水》等音乐，让学生说说这些民族音乐的特色。随后又播放了周杰伦的《青花瓷》《千里之外》，引导学生从周杰伦的歌曲看中国传统文化的继承与发展。有的学生说："《青花瓷》中的古筝、琵琶、素胚、汉隶等曲、词彰显了浓浓的中国风。"有的学生答："《千里之外》这首歌曲以编钟开场，又穿插了古筝、二胡等传统乐器。"在学生答的基础上，教师继续引导学生分析文化传承与文化发展的关系。这是一节音乐赏析课，更是一节成功的政治课。

（三）于政治教学中融入古诗词，点燃学生探究的热情，唤起审美情趣

诗词是中国人表达情感最古老的一种方式，展现出中华文化独树一帜、独领风骚的精髓，对延续和传播中华文明、促进人类进步具有重要作用。把古诗词融入课堂教学中，不仅有利于传承优秀文化经典，增强学生对中华传统文化的认知，而且有助于点燃学生的探究热情，提升审美情趣和人文素养，有助于学生拥有一颗丰盈的"诗心"。有鉴于此，教师在引导学生学习政治这门课程的时候，应该主动把古诗词与教学结合起来。在学习《源远流长的中华文化》时，我对学生说："提到源远流长的中华文化，我们不禁会想到诗经，会想起唐诗、宋词。下面，我们结合李白的诗歌来感受一下中华文化的魅力。""飞流直下三千尺，疑是银河落九天""君不见黄河之水天上来，奔流到海不复回"……在诗歌中，学生领略了大自然的奇妙景观，感受到祖国山川的壮丽景象。几千年过去了，诗歌风韵犹存，愈发光鲜。它们穿越时空隧道，与我们握手拥抱，这是诗歌的魅力，这是传统文化的魅力。政治课堂中古诗词的融入唤起了学生的审美情趣，更提升了政治课的韵味。

（四）在政治教学中融入寓言故事，启迪学生的智慧

思政课有关哲学的部分内容，哲学原理抽象、晦涩，老师若不精心设计情境，课堂教学极易陷入枯燥乏味、死气沉沉的境地，长此以往既极大地影响了教学效果，更严重挫伤了学生学习哲学的积极性与主动性。因此，笔者会在备课阶段花费很多心思，寻找多种方案来点燃学生的学习激情，启迪学生的智慧。例如，中华民族有着悠久的历史文化传统，在历史长河中积累和沉淀了无数充满智慧的寓言故事，这些故事不仅蕴含了深刻的哲思而且具有充满吸引力的情节。在教学中，笔者会精选精讲一些故事，使学生们能从寓言中获乐趣、从寓言中获启发、从寓言中获真知、从寓言中获智慧。

在学习矛盾的特殊性时，我和学生们分享了寓言故事《宋襄公之仁》。宋襄公面临敌众我寡的情况下，不顾宋国子民安危，坚持追求所谓的仁义，没有在楚军渡河和排兵布阵时先发制人，贻误战机，导致自己的亲军全部被歼，自己也身负重伤。学生们通过分析，指出了宋襄公想问题、办事情没有做到审时度势、具体问题具体分析，其思想僵化，机械地理解"仁义"，既丢了自己的性命，又祸害了国家与子民。利用类似的寓言故事解读晦涩的哲学道理，既能使学生容易理解和乐于接受哲学知识，增强教学的趣味性和效果，又能使学生在政治课堂上进一步领略中华优秀的传统文化的智慧和魅力，以增强

文化认同与文化自信。

（五）利用古诗文经典名句，渲染优秀传统文化氛围

1. 充分准备文学知识，解读人生哲理

教师需要在课堂开展的过程中适时融入名人名句的方式，引导学生充分感知教材中的重要内容，例如在教学有关古代文明礼仪的内容时，教师在不同的场合以及面对的对象群体方面需要将良好的礼貌风气融入为人处世中，进而为形成良好的道德品质奠定良好基础。其间，教师可以将《论语·学而》中的名句"孝悌也者，其为仁之本欤"融入教学中，促使学生能够将传统文化与道德、法治理念充分融合起来，进而为促进良好道德的形成奠定良好的基础。

2. 挖掘文化故事，拓宽育人思路

中华民族的历史故事是具有重要教育意义的，政治教师可以在课堂教育的过程中将具有深刻内涵的历史故事融入学科教学过程中，进而使得道德与法治教学内容更加形象具体。例如在教学有关人际交往的内容时，教师可以为学生创设真实的交友情境，以此使得学生能够从基本的社交过程中优化自身的社交技巧，促使学生能够快速掌握教材中的重点内容。其间，教师可以利用多媒体平台为学生构建课本上重难点知识的思维导图，使得学生能够真切地感知交友的重要性，促使学生能够充分了解教材上的基本理论知识；而后，教师可以就教材提到的"君子之交淡如水"和"多个朋友多条路"两种不同的友谊观，要求学生对这两种友谊观提出自己的看法。这是对学生友谊观的考量和澄清。这个环节中学生要能作出正确的价值判断首先要理解"君子之交淡如水"到底是一种怎样的对待友谊的态度；教师还需要通过有效的点评促使学生在辨析这两种友谊观前融入相应的经典故事，能帮助学生理解"君子之交淡如水"的内涵，真正领悟"友谊是一种心灵的相遇""志同道合、志趣相投的友谊更能够禁得住时间的考验和风雨的洗礼"的道理。

3. 用好教材相关栏目，拓展优秀传统文化内涵

高校思想政治教材中涉及了大量的中华传统文化内容，其间为了更好地引导学生深化对传统内容精髓的感知，需要充分用好教材的相关栏目，切实深化文化体验，例如在"探究与分享"栏目，其间通过精心设计思辨性的问题，使得学生能够在探究和分享的过程中促进道德品质形成，同时促使学生形成道德认同和道德内化，在教学过程中教师需要引导学生从多角度分析问题，鼓励学生在探究中提出新问题，在合作中解决问题，由此促使学生能够在潜移默化中感知道德与法治素养的重要意义，为形成正确的价值观念奠定良好的基础。

第二节　智能思政课堂彰显中华优秀传统文化的当代价值

　　中华优秀传统文化是涵养社会主义核心价值观的重要源泉。高中思想政治课作为培育社会主义核心价值观为目的的课程，要充分运用现代信息技术与思想政治课的教育教学功能，搭建"智能思政课堂"，将灿若星河的中华优秀传统文化呈现在学生眼前。立足于具体教学实例，从"智能思政课"的角度，仰望中华文化之星空，淬炼传统文化的时代精华，体味中华优秀传统文化之美，培育学科核心素养，坚定四个自信。

　　随着互联网、大数据、人工智能等技术的高速发展与普及，置身于信息化时代，智能思政课已成为新时代思政课教育改革创新的发展趋势和必然选择。立足于新时代，为实现中华民族的伟大复兴的中国梦，厚植爱国主义情怀。撷取中华优秀传统文化的亮点，与中国当代文化相融通，展示中华优秀传统文化的当代价值就显得尤为重要。那么如何利用信息技术与思政课有机融合的"智能思想政治课"，让中华优秀传统文化跨越千年活起来，让优秀文化基因代代赓续，民族精神世世传承。提高思政课的德育功能，帮助学生们体味中华优秀传统文化在当代的价值，增强他们的四个自信。

一、搭建智能思政学习社区，浸润优秀传统文化之环境

　　智慧学习社区是教育信息化发展的必然趋势，《中国教育现代化 2035》以及《加快推进教育现代化实施方案（2018—2022 年）》都传递出一个讯息，教

育现代化的推进离不开教育信息化的发展。基于"互联网+"、大数据与人工智能的智慧学习社区的搭建，拉近了学生与教师之间的距离，搭建虚拟交互性空间，能更及时准确地了解学生的学习情况。利用智慧学习社区让学生们汲取优秀文化基因，与时代共振，在文化生活的体验中，对中华优秀传统文化产生强烈的认同感、归属感与文化自信，浸润在优秀文化环境中。

现代生活教育理论认为，教育应该服务于生活，通过教育让学生生活，并体验生活的快乐。因此教师在教学之前不仅要根据教学内容还要依据具体学情，制定具体的、层次不同的教学目标，同时要着眼于培养学生的核心素养的需求。那么，在教学实践中如何达成这些目标呢？

在如何正确认识中华优秀传统文化的教学中，为提前了解学生学情，构建整体的大单元背景知识架构与情景资料背景，运用智慧课堂教学系统上线交互平台，以及QQ、微信等社交软件，搭建智能思政学习社区，将虚拟社区与议题式教学相结合。本节课基于智慧思政学习社区发布具体学习主议题——"从《又见三星堆》到《典籍里的中国》体味中华传统文化的浪漫与复兴"，结合具体的议学案清单，在社区内学生与学生之间、教师与学生之间互动与交流，立足于整个大单元的知识框架，形成一个多元交互动态交流的智慧思政学习社区，及时地调整学习的任务，第一时间掌握学生的学习情况。

基于智能思政学习社区结合议题式教学情境背景，教师作为社区成员，基于交互的背景下更加了解学生的具体的学习情况，已有的知识以及自主学习中所产生的问题。首先，在社区内发布主议题，学生自主利用互联网等智慧学习端获取多元的学习资源与背景资料，社区成员也可以扮演一定的角色，比如在教学中有的教师利用了智慧学习社区的功能利用AR（增强现实），让学生扮演导游和游客，课前实现了一场跨越千年的三星堆之旅，利用线上虚拟展厅"叩响"了古蜀大地的大门。其次，再利用课前的智慧课堂学习终端，分发课前议学案，增加主议题内容，介绍本课的议题背景，围绕之前下发的主议题，发送相关视频资料《又见三星堆》《典籍里的中国》，学生与教师实现交流互动。课前提前浸润于优秀传统文化的环境中，起到润物细无声的作用。

智能思政学习社区的交互性、及时性、开放性等特征，可以让社区成员快速沉浸在中华优秀传统文化的环境中，促进了课外"隐性知识"共享。教师及时了解大家讨论的问题，以及本班学生真实的学习情况、思想状态与学习需求。

二、创设智能思政教学情境，展现优秀传统文化之力量

情境是思政课议题式教学的重要载体，而中华传统文化是坚定文化自信的底色，是新时代中国特色社会主义文化的精神基因。习近平总书记曾明确指出，要运用新媒体新技术使思政工作活起来。基于现代化信息技术，创设智慧思政教学情境十分必要。

例如，在"正确认识中华优秀传统文化"的课时教学设计中，基于智慧课堂教学平台，创设多元智慧教学情境，将思想政治课教学融合现实与虚拟交互、人工智能与 AR 技术、线上与线下、网络与多媒体技术等信息技术"形式新颖、代入感强"的特点，丰富了思政课的表现形式，提高了"抬头率"和关注度，增强了吸引力和影响力。

（一）创设智能教学情境中的议题导入

围绕议题式教学，以"微视频"的形式，呈现《又见三星堆》纪录片，具体情景导入："1986 年，三星堆一醒惊天下；时隔 34 年，三星堆重启考古发掘，6 个新发现的祭祀坑带给人们'开盲盒'一样的惊喜。从千年三星堆出发，思考中华文化缘起何处，迈向何方？体味中华传统文化的浪漫与复兴。"善用"微视频"的形式，达到创设情境的效果。学生在观看的过程中不仅达到"增其识"，立足于生活中的真情境，让学生足不出户在课堂中生动地了解与体味中华传统文化的浪漫与复兴，又起到了将复杂的情景与知识变得一目了然、易于理解，提高议题导入的效率，也能增强学生收集综合资料的能力。

（二）智能思政教学情境中的 AR 虚拟实践

围绕主议题中的三个子议题之一的中华文化有何内容时，不仅利用多媒体课件展示了中华传统文化的精华——中华优秀传统文化在文学上体现，之前智慧思政学习社区中"典籍里的中国"介绍的各种古书典籍的相关资料与图片。更是利用 AR 技术展示了中华优秀传统文化在艺术方面的体现，一起线上体验了苗族刺绣、蜡染、百鸟衣的制作过程，AR 互动游戏——遗失的百鸟羽衣，在 AR 虚拟实践中体味中华优秀传统文化的美与力量。在智慧思政教

学环境中，充分利用 AR 技术，进一步拓展教育资源和教育空间，教学过程中转变学习方式，在师生互动游戏当中，合作学习和探究，为学生创设一个寓教于乐的学习环境，利用增强现实和虚拟现实等技术，在中华优秀传统文化的背景环境下，形成基于现实课堂教学情境下的虚拟游戏环境，通过将学习任务转化为一定情境的游戏任务。在完成"百鸟羽衣的制作"游戏任务的过程中，实现对本节课正确认识中华优秀传统文化的达成，并深刻体悟中华优秀传统文化的魅力。

(三)智能思政教学情境中的知行合一

基于智能情境下的沉浸式的感受与体验，从已知到未知，一把手铲叩响古蜀大地；从来路到去处，一方天地，砥砺求索，深度解密三星堆；再到古书典籍与美丽的苗家百鸟羽衣，彰显中华民族五千多年文明历史所孕育的中华优秀传统文化深沉、持久的力量。

智能教学情境下的"微辩论"围绕"传统文化对现实生活而言是财富还是包袱"为辩题，正方为财富，反方为包袱。利用智慧课堂互动平台、智慧平板，实现全班同学在线组队，各自选择立场为团队贡献力量，展开线上的集体辩论，阐明自己如何看待中华传统文化，达到知行合一，培养学生的学科核心素养。

三、善用智能思政课教学评价，彰显优秀传统文化之价值

智能思政课能够很好地将信息技术与思政课教学与评价融合，借助信息技术这一工具的力量，创新教学评价的手段、方式和方法。提升思政课的实效性、吸引力和时代感，更好地发挥思政课立德树人以及培养社会主义核心价值观的功效，彰显中华优秀传统文化的当代价值。

(一)智能思政课学生课堂活动表现评价

思想政治课课堂活动效果是指课堂之中学科任务的完成度，包含知识的构建、应用和迁移的完成度。而且课堂活动表现评价主要指学生。在"正确认识中华传统文化"这节课，首先本课进行基本的议学情境的构建，立足于智慧课堂围绕主议题"体味中华传统文化的浪漫与复兴"架构，设置了三个问题，

传统文化"缘起何处""有何内容"以及"迈向何方"，并形成了具体情境下的学生的课堂活动。教学过程中学生在一个个具体情境下基于智慧课堂，完成一个个讲学活动，在探究活动当中体味传统文化的价值。例如在本课当中的最后一个子议题，智慧教学情境下的"微辩论"以及最后的随堂练习的在线评价，依托智慧课题系统以及设计量表，反映学生的参与程度以及完成程度，更好地掌握学生活动表现。

（二）智能思政课课后拓展活动自我评价

思想政治课是一门综合性活动型课程，同时也具有开放性和延伸性。课后扩展活动主要指社会实践活动，学生可以结合智慧思政课堂的课后分层作业的展示，依托智慧思政平台对自己的社会实践活动进行自我评价。在"正确认识中华传统文化"这一课中的分层作业中就涉及社会实践活动的要求，第一，参观访问当地博物馆，做好记录体悟中华优秀传统文化在当地散发的独特魅力；第二，以"弘扬中华传统文化"为主题，开展社会调查与研究性学习，参加"我为党的二十大建言献策"活动，为建设社会主义文化强国贡献力量。通过同学们互动参与，依托智慧思政课平台上传自己的参加材料与自评表格，在活动的参与与及时评价中体会获得感与成就感，引导学生树立正确的历史观、文化观，不忘本来，面向未来、立足实际，坚守中华文化立场，培育时代新人。

智能思政课让我们深切感悟中华传统文化之美，洗涤心灵，传承精神，铸造灵魂。依托现代科技，让智能思政课和传统思政课相得益彰，发挥优势和特长，照亮学生们的心田，坚定文化自信，培养为中华民族兴盛，国家富强有责任担当的时代新人！

第三节　让传统文化在思政课堂中活起来

中华各族人民共同创造了源远流长、博大精深的中华文化，积淀着中华民族最深层的精神追求，为中华民族生生不息、发展壮大提供了丰富滋养。

新时代全面建设社会主义现代化强国离不开对中华文化的继承和发展，否则，现代化就是无源之水、无本之木。现代化只有通过民族化的形式才能实现，传统文化也只有与时代文化接轨才能蓬勃生机。思想政治教育教学承担着德育教育的重要使命，在思政教育教学中融入必要的传统文化，让传统文化在思政课堂中活起来，这是思政教师义不容辞的责任与使命。

一、传统文化积极意义

传统文化所孕育的民族精神是凝结中华各民族团结奋斗的精神纽带。它凝聚社会各领域的力量，激发各民族的归属感，形成推动社会发展的凝聚力和创造力。中华优秀传统文化在实践中形成了以爱国主义为核心的伟大精神，其中包括创造精神和奋斗精神。在新冠疫情期间，一方有难八方支援，不正是孔子那根植于中华血脉的"虽千万人吾往矣"的勇气与担当，在无数医护人员和志愿者夜以继日、不计生死，毅然奔赴疫情重灾区淋漓尽致的体现吗？普通百姓怀揣着"己所不欲，勿施于人"的孔孟之道，将心比心，宅在家里，以最平凡而又无声的行动支持着抗疫不也是受传统文化的感染吗？在这种伟大的团结精神的凝聚下，我们在短短几个月内取得了令世人惊叹的抗疫胜利。

传统文化不仅有凝聚社会的力量，而且对个人的身心发展、价值追求也有重要影响。几千年来以人为本的传统文化以仁孝诚信、礼义廉耻、忠恕中和等价值体系为人们提供了生活规范、德行价值的标尺，影响人们的行为活动和价值观念，促进人心向善向上。

二、传统文化在思政教学存在的问题

一方面，随着网络化进程的快速推进，网络文化对传统文化产生了诸多影响。网络文化因其简约、快捷、形象，受到学生们的喜爱。而相比之下，传统文化晦涩难懂，另外传统文化不能完全适应快速发展的时代。如京剧，学生们知道，它是国粹，是非物质文化遗产，是我国的传统艺术，但并不很受青年学生的喜爱，其中一个原因就是京剧门槛过高，语速过慢，很难唱出其韵味，导致学生觉得京剧是老一辈人的喜爱。如今的世界是一个比较浮夸的世界，学生对传统文化兴趣不浓厚，很多学生认为传统文化过时了，他们没有必要去了解，更别说去学习了。另一方面，应试教育阻碍了传统文化在学生灵魂塑造中发挥独特作用。应试教育导致学校老师只关注学生思政科目考试成绩和做题效率，而忽视了优秀传统文化塑造人生的作用。

三、解决传统文化在思政教学存在问题的措施

（一）在思辨中推动传统文化继承发展

传统文化有精华也有糟粕，在社会发展过程中，随着生产力发展和政治经济变化，传统文化如果能顺应社会生活的变迁，不断满足人民日益增长的精神需求，就能对社会发展起积极作用，如果一成不变，传统文化也会起阻碍社会进步、妨碍人的发展的消极作用。为了更好地让学生了解传统文化的双重性，结合课本教材探究活动，组织学生进行了一场辩论赛，辩题为"传统文化对现实生活而言是'财富'还是'包袱'"。正方观点：传统文化是财富。反方观点：传统文化是包袱。正方一辩发言：它架起了我们前进的阶梯，维持着我们的社会秩序，增强了我们的民族认同感，为我们的精神提供了栖息之所，如果没有传统文化，我们的生活将失去精神家园。反方一辩发言：它是一种惰性的力量、保守的因素，制约着我们的生活方式，控制着我们的情感体验和价值取向。正方二辩发言：传统文化中的观点对我们现代生活依然具有借鉴意义，例如，传统文化中的"民本思想"，今天对于党和政府依然要坚持群众观点、群众路线，贯彻为人民服务的理念，这体现了传统文化在不断发展。反方二辩：传统文化中"愚孝"观点强调"不孝有三，无后为大"，与我国当今鼓励生育政策相违背，因此传统文化对社会发展起阻碍作用。正方三辩攻辩：当前孝敬父母已由道德约束转为法律强制规定，这说明孝敬父母是中华民族传统美德，古代要求子女孝敬父母，现在我们更加强调赡养老人。在辩论中学生认识到传统文化有精华也有糟粕，对待传统文化的态度是取其精华，去其糟粕，批判继承，古为今用。要辩证对待传统文化在现实生活中的作用，对于传统文化中符合社会发展要求的积极向上的文化要继承和发扬，

对传统文化中不符合社会发展要求的腐朽落后的文化要改造和剔除。

（二）在实践中推动传统文化创新性发展

中华优秀传统文化已经成为中华民族的基因，根植于人们内心，也在潜移默化地影响着学生的思想方式和行为方式。学习过爱国主义为核心的伟大创造精神、伟大奋斗精神、伟大团结精神、伟大梦想精神后对学生产生深远持久的影响，学生不仅内化于心，而且能够外化于行。在实践中推动优秀传统文化创新性发展，提高培育和践行社会主义核心价值观的能力。在得知我校一名学生不幸患得胃癌，家庭无力承担巨额医疗费用后，学生极其热情，纷纷伸出援助之手，捐出自己的零花钱，有的学生利用课余时间组织"爱心捐款"活动，发扬"一方有难，八方支援"和无私奉献的精神，动员社会奉献自己的爱心，有的学生自发组成"爱心探望组"课下轮流去看望生病学生，陪他聊聊学校发生的有趣的事、补习落下的功课等，帮助受病痛折磨的学生及他的家人走出阴霾。当事后采访他们"是什么塑造了他们深厚的友谊"，学生们说："帮助他人是我们中华民族的传统美德，我们要一代一代弘扬下去。"是啊，友善是中华文化的根源。《孟子》曰："君子莫大乎与人为善。"与人为善是践行社会主义核心价值观的体现，也是培养担当民族复兴大任的时代新人的要求。与社会上关于"老人摔倒要不要扶"等现象形成鲜明对比，学生在课堂上学习到的优秀传统文化能够成为他们的行为准则，并付诸行动。

重阳节是我国的传统节日之一，在每年的九月初九，因为谐音为"久久"，所以被人们赋予了长寿的意义，通过重阳节发扬我国尊老爱幼的优良传统。古人会通过丰富的活动来庆祝这一天，如登高、吃重阳糕、赏菊、饮菊花酒、插茱萸等。但在现代社会生活方式、生活环境的改变，重阳节的过法和重视程度与古代有明显的差别，尤其高中生在升学压力的束缚下没有时间去了解这些传统节日，甚至逐步被人们淡忘。而传统节日是一个民族历史文化的长期积淀，庆祝民族节日也是民族文化的集中展示。为加强学生对重阳节文化的理解，加强尊老爱幼宣传教育，在重阳节来临之际我带领学生开展以"九九重阳节，浓浓敬老意"为主题的班会。活动一：通过谈话导入的形式让学生了解重阳节的来历和风俗；活动二：讲古今孝敬父母的故事流传尊老爱幼的佳话；活动三：写下你想对长辈说的话，增加学生对父母长辈的理解；

活动四：谈谈与长辈相处的所作所为及打算，这个环节将活动推向高潮，有的学生内疚地哭着说以往与父母相处中比较叛逆，不理解父母的辛苦，做了让父母伤心的事情，有的学生说以往嫌弃爷爷奶奶做事情不利索，甚至说了些伤害他们的言语，以后一定要多看望他们，给他们做一些力所能及的事情。会后家长反映这次活动对学生触动很大，亲子关系越来越融洽了。

刚刚过去的端午节，全国各地的学校都在组织节庆活动，比如通过包粽子、吃粽子；编彩绳、系彩绳；缝香包、挂香包和赛龙舟等，在一系列活动中感受传统的韵味，追思屈原并传承其爱国主义思想，尤其赛龙舟更让学生感受团体合作的力量以及作为龙的传人的自豪感。组织节庆活动不仅让学生了解了我国的传统节日，同时也让学生在生活中弘扬我们的传统节日，使传统节日所蕴含的传统美德滋润着学生的心灵，推动传统文化在实践中得到创新性发展。

（三）在观影中激发学生文化自信

课间利用现代多媒体带领学生在欣赏影视作品中增强学生对中华文化的理解，激发学生的文化自信。在讲课时，曾带领学生观赏一部抗美援朝的新影片《长津湖》，学生无不被中国人民志愿军为了祖国和人民的尊严而奋不顾身的爱国主义精神，英勇顽强、舍生忘死的革命英雄主义精神所动容。观赏后问到学生几个问题：第一，长津湖战役是抗美援朝战场上一次重要的战役，当时新中国刚刚成立，国内一穷二白，武力装备极其落后的情况下我们为什么还要支援朝鲜；第二，战争中敌我差异极其悬殊，我方在零下四十多度的环境下，吃着发黑发硬的土豆，使用最普通的机枪，如何应对美军先进的武器和物质，开着侦察机和轰炸机一路巡航，一路轰炸，并且取得战役的胜利；第三，先烈们用鲜血和生命换来了我们现在安逸的生活，我们应该如何对待那些英雄。在凝重的氛围中，学生认真思考得到了以下结论：第一，中国之所以参加抗美援朝，一方面是因为以美国为首的"联合国军"越过三八线入侵朝鲜，并向朝中方向推进，严重威胁新中国的安全，所以中国出兵，这体现了我国国家和政党始终维护中国人民的安危和根本利益，我们要始终坚持党的领导；另一方面抗美援朝也体现了我国自古以来与人为善、与邻为善的传统美德，我们要继续弘扬中华民族的这种美德，使其发扬光大。第二，长津湖在敌强我弱的情况下取得圆满胜利离不开中国人民志愿军钢铁般的意志和英勇无畏的战斗精神和子弹飞溅到他们的脸上也不动弹最后被冻成冰雕的志愿者。

作为思政教师，有责任有义务引导中华优秀传统文化在思政课堂中活起来，让优秀传统文化影响到学生的思想、行为、人生轨迹。全面提升学生综合素质，用思想道德建设筑牢学生理想信念之基，从而培养能够堪当民族复兴大任的时代新人。

第四节　教学中渗透传统文化，培育学生文化自信

在中华文化发展的历史长河中，传统文化占据着十分重要的地位。传统精神也是我们每一个中华儿女都应该学习并传承下去的。在当前课程改革的大背景下，要培养学生的核心素养，学科内容也要适应时代的发展。开展文化自信教育是当前高校开展政治教学的一个重要内容。传统文化中蕴含着丰富的思想和观念，对大学生的学习和未来发展都能发挥积极的作用，需要引起教师足够的重视。因此，在思想政治的教学过程当中，教师要不断提高自身的知识水平，增强学生的文化自信，让学生在有限的课堂内获得更多的收获。通过分析和研究当前政治教学过程中文化自信教育开展情况，仍然存在许多不足，作为一名思政教师，要紧跟时代的发展，挖掘教材中有关文化自信的素材，提高学生对中华文化的认同感。

一、首先了解文化自信的内涵

文化自信是一个国家、一个民族以及一个政党对自身文化价值的充分肯定，是对自身文化生命力的坚定信念，是一个国家、一个民族发展中更基本、更深沉、更持久的力量，是对既有文化优良传统的肯定和坚持。文化自信是民族自信心和自豪感的源泉，中华民族正是有了对民族文化的自信心和自豪

感，才在漫长的历史长河中保持自己，吸纳外来，形成了独具特色的中华文化。因此，作为一名政治老师，在教学中一定要紧跟时代的步伐，与时俱进，挖掘教材中的文化因素，让学生感受中华文化的博大精深，产生文化自豪感，并在此基础上逐步形成正确的世界观、人生观、价值观。同时，政治课程设置了中华优秀传统文化，落实立德树人的根本任务，合理地了解学生将个人成长同中华传统文化和国家命运联系在一起，从而提高学生对民族文化认同感、自豪感和社会责任感，达到培养学生文化自信的目的。

二、挖掘教材资源，正面渗透，培养学生的文化自信

课堂教学是学生获得文化知识的重要渠道，一定要把握学科特点，充分发挥课堂的文化育人功能，对帮助学生形成正确的情感、态度价值观、培养学生文化自信心有着重要意义。在教学中，教师可以插入时政热点，有效激发，积极引领，将所学知识与时政热点相结合，让学生在不知不觉中愉快地受到中华传统文化的教育，从而培养学生的文化自信，让学生领会到中国的发展前进，离不开传统文化，只有接受认同传统文化，学生才不崇洋媚外，中国的发展才能无可阻挡。然后，通过"责任与角色同在""积极奉献社会""坚持国家利益至上""建设美好祖国"这几课对学生进行教育，使他们具有民族感、责任感、奉献精神和爱国热忱，培养他们的文化自信。

例如，在"法律为我们护航"这节课中，有老师向学生讲解"法"的历史，我国的法律，最初出现在部落时期。开始靠五官发展到文字记录，经过时代的演变，法律也逐渐完善。在新时代中，法律能充分维护人民的合法权益不受侵害。让学生能从历史的长河中，领会我国法律的发展状况，感受中华文化的源远流长。要合理创设教学情境，引发共鸣。文化自信的培养主要是情感的培养，渲染氛围能使学生产生思维的碰撞，情感的共鸣。

例如，有老师在教学"传承和发展中华文化，坚定文化自信"时，采用辩论的方式进行，使"传统文化"和"外来文化"成为正反两方进行辩论。这样，可以调动学生的学习积极性，让学生在辩论的过程中知道他们对文化的学习是有吸收和剔除的。应享受由此能理解并接受本民族优秀传统文化，同时培

养文化自信。教师在政治课的教学过程中，也可以抓住学生的好奇心这一特点，以此来增强他们的文化自信，实现传统文化在课堂中的渗透，使学生在有时空局限的课堂中获得更多。例如，在讲解"师生之间"一课的过程中，笔者及时引入前辈一些尊师重道的例子，以此来满足学生的知识需求，使学生们在学习中更加专注，且有助于他们文化自信的培养。比如"程门立雪""秦始皇拜荆条""一字之师"等，让学生深感传统文化的博大精深，并受到更多的文化熏陶。教师要善于分析、挖掘教材中传统文化的资源，加以引导，可以增强他们对优秀传统文化的深刻认同。例如，在有关德育课教学时可以引导学生知道平时的衣、食、住、行、用都体现出中华优秀传统文化的痕迹。"我和我们""我与社会""社会生活讲道德"这几课都有优秀传统文化资源，教师可以好好挖掘，以此来培养学生文化自信。

三、增强学生对文化的感知能力

学生在学习的过程中已经接触了许多有关传统文化的素材。要想培养学生对传统文化的喜爱和自信，就需要在具体的教学过程当中，以学生当前的知识储备作为基础条件，进一步提高学生文化感知的能力。在这样的条件下，才能够逐步塑造学生的民族自信心。因此，在道德与法治的教学过程当中，教师应该深度挖掘教材中的文化素材，增强学生对本民族文化的认同感，增强文化自信。例如在学习"延续文化血脉——美德万年长"相关内容时，教师首先可以让学生回忆身边的美德现象，进而探究传统美德。通过自主学习探究的方式，能够进一步增强学生感知优秀传统美德。辅之以多媒体教学手段，通过为学生展示《岳阳楼记》的篇章，让学生在阅读的过程当中总结主题思想和获得的感受，体会作者忧国忧民的爱国情怀。让学生自主选择道德的某一方面内容，分组进行探讨。并让学生互相分享与该美德相关的诗词故事。通过开展类似的探究活动，让学生进一步感知传统文化中的美德，同时通过分享能让学生获得更多关于道德的知识。通过设置道德感知和道德探究的环节，能让学生意识到建设品德的重要意义，并严格要求自己。在潜移默化的影响中，学生对传统文化的自信就会慢慢树立，可以帮助学生更好地感悟传统道德文化的魅力所在。

四、创设相关的教学情境

针对学生开展文化自信教育时，教师要有意识地开展情感教育，可以通过为学生创设相关的教学情境，进而激发学生的共鸣。因此，政治教师在具体的教学过程当中，可以让学生在有特点的氛围下感受文化自信的情感教育。这不仅符合当前教学改革对教师的要求，同时能够让学生从思想深处认同中华民族的传统文化。例如，教师在讲授"延续文化血脉"的相关内容时，可以通过多媒体播放相关的视频，让学生了解我国是有着悠久历史的文化古国。让学生在观看完视频之后，讨论文化遗产存在的价值，让学生在互相交流中了解保护文化遗产的重要意义，并自觉加入这一行列当中，让学生认同并传承中华民族的优秀传统文化。

五、组织课外活动

在增强文化自信的过程当中，不仅要密切关注课堂的每一环节，还需要结合课外活动，让学生在参加活动的过程当中，运用所学知识。因此，初中教师除了要讲授理论知识之外，还需要培养学生的实践能力，积极让学生参与到设置的教学活动当中，从而增强文化自信。

例如，教师在讲授"身边的侵害与保护"相关内容时，可以通过海报展览的方式，让学生了解身边存在侵犯自身权益的现象，并学会用法律手段保护自己的合法权益。内容可以包括不良商家售卖假冒伪劣产品和校园欺凌事件等。让学生明确了解法律明令禁止的行为，通过对这些事件的了解和分析，可以让学生保护自身安全，从而肯定中华民族的优秀文化。

六、发展地域性优秀文化

优秀的地域文化也是中华民族传统文化的一个重要组成部分，具有鲜明的地域特点。这就需要教师要熟悉并了解本土文化，善于发现隐藏在学生身边的文化资源，并在日常的教学过程当中与教材内容相结合，激发学生的文化认同感。由于课堂时间和空间的局限性，要想让本地的优秀文化发挥出积极作用，提高学生的自信心，就需要教师找准二者的结合点。

例如，在学习传承中华传统美德身体力行的相关内容时，教师可以通过向学生提问我们当地哪些精神体现了传统美德等问题，发散思维，让学生自主总结当地的优秀传统美德，并在日常的生活中加以践行。通过将本土地域文化与教材内容有机融合能够找到结合点，更好地培养学生对中华优秀传统文化的认同感。

七、将生活作为实践平台

从当前的发展现状来看，许多中学生已经忽视了中国的传统节日，反而更加关注外国节日。圣诞节、愚人节等受到越来越多的学生追捧，这已经成为一种普遍现象。要想改变这种现状，就需要教师在日常的教学过程当中引导学生尊崇本民族的优秀文化，体会中华文化悠久的历史，并在日常生活中付诸实际行动。我国优秀传统文化中所蕴含的道德行为观念、价值观念，对于一个人的发展具有十分重要的意义。培养学生的文化自信，除了要从思想深处体悟之外，还需要渗透到学生的一言一行当中，养成文化自信的良好习惯。例如，在学习传承中华美德等主题内容时，教师可以鼓励学生去阅读经典的故事，并把获得的感受体验写出来，与同学进行分享，在输入与输出知识的过程当中，能够进一步培养学生的价值观。除此之外，教师可以确定某一传统美德，让学生回家给爸爸妈妈洗一次脚。通过与父母之间的互动和交流，能够让学生感受更加深刻。道德与法治课程是要将学生自己理解的知识渗透到日常生活当中，并培养学生养成文化自信的习惯。

八、关注时政新闻

时政新闻就在我们的身边，与我们的生活息息相关。是某个时间段社会关注的重要问题。在初中道德与法治的教学过程当中，教师可以将时事热点作为一种素材，并根据教材内容做出适当的调整，培养学生的文化视野。通过分析当前的教学现状，大部分学生认为道德与法治课堂比较枯燥无聊，没有找到教材内容与生活之间的紧密关系。如果将时事热点与教材内容相结合，就可以打破这种局面，让学生近距离地接触传统文化，获取更好的教学成果。

例如，在学习中华文化相关内容时，教师可以将当地纳入《世界遗产名录》的古城遗迹作为重要素材，让学生交流申遗成功的意义，并感受中华优秀传统文化的独特魅力所在。比如山东临沂拥有银雀山汉墓出土的竹简4942枚，内容包括《孙子兵法》《孙膑兵法》《六韬》《尉缭子》《守法守令十三篇》等十余部先秦典籍以及其他文物近百余件。其中，《孙子兵法》与失传已久的《孙膑兵法》同时出土，揭开了自唐宋以来孙武和孙膑"其人有无、其书真伪"的千古之谜，掀起了以《孙子兵法》为代表的古代兵学研究热潮。依托地方特色文化，临沂大学不仅可以设立兵法文化研究院，还可以给学生开设兵法文化课程，通过将时事热点与古代兵法文化相结合，不仅能够拓宽学生的视野，而且能够培养学生对传统文化的自信心，在潜移默化中受到启发和影响。在可能的情况下，教师尽量向学生展现优质动画内容，或者安排学生节假日直接到市内的银雀山汉墓竹简博物馆参观，这样不仅能够激发学生的兴趣，而且能够使思想政治教学课堂变得充满趣味性，更好地开阔学生的文化视野。

综上所述，当前开展道德与法治教学要将文化自信的内容作为重点，并正确看待开展文化自信教育的意义和实际价值。从教学内容，教学模式，教学评价等多方面进行完善，确保文化自信教育能够获得发展和进步，教师只有根据实际情况采取适宜的方式方法，才能够获得事半功倍的效果，使文化自信教育持续且有序开展下去。

参考文献

一、著作类

[1] 习近平. 青年要自觉践行社会主义核心价值观：在北京大学师生座谈会上的讲话 [M]. 北京：人民出版社，2014.

[2] 邓小平文选 第 1 卷 [M]. 北京：人民出版社，1994.

[3] 邓小平文选 第 2 卷 [M]. 北京：人民出版社，1994.

[4] 李明军. 天人合一与中国文化精神 [M]. 济南：山东人民出版社，2015.

[5] 谢丹. 传统文化视域下的高校思想政治教育 [M]. 北京：九州出版社，2018.

[6] 徐东升. 中华民族精神简明读本 [M]. 北京：中央文献出版社，2011.

[7] 韩延明，徐愫芬. 大学校训论析 [M]. 北京：人民教育出版社，2013.

[8] 史良. 传统文化与高校思想政治教育融合发展的价值研究 [M]. 石家庄：河北人民出版社，2019.

[9] 赵勇. 传统文化和大学生思想政治教育 [M]. 天津：天津科学技术出版社，2018.

[10] 陈亚红，何艳. 传统文化与思想政治教育 [M]. 北京：中国轻工业出版社，2017.

[11] 张微，付欣. 我国传统文化与思想政治教育的融合创新研究 [M]. 西安：西北工业大学出版社，2019.

[12] 顾博. 探索中国优秀传统文化与大学生思想政治教育的融合 [M].

北京：九州出版社，2018.

[13]杜彦武．地方大学数学教育与基础教育互动发展研究 [M]．长春：吉林出版集团股份有限公司，2019.

[14]张立梅．毛泽东领导方法及其时代价值研究 [M]．北京：人民出版社，2020.

[15]齐艳．中国传统文化与高校思想政治教育的融合性研究 [M]．北京：中国广播影视出版社，2019.

[16]张洪高．从仁爱到正义：中国道德教育核心价值转变研究 [M]．济南：山东人民出版社，2011.

[17]魏可媛．新时代高校艺术教育研究 [M]．北京：新华出版社，2023.

二、期刊类

[1]马艳．"天人合一"观与旅游业可持续发展 [J]．理论学习，2007（06）21，23.

[2]赵康健．中国优秀传统文化与大学生日常思想政治教育融合性研究 [J]．黑龙江教育学院学报，2019（02）：96-98.

[3]郑磊．中国优秀传统文化融入现代高校思政教育对策研究 [J]．黑河学刊，2019（01）：163-164.

[4]黄山．论中国优秀传统文化与高校思政课教学的融合 [J]．现代交际，2019（04）：14-15.

[5]黄岩，朱杨莉．中华优秀传统文化融入高校思政课的思考 [J]．思想政治教育研究，2019（01）：81-86.

[6]敖祖辉，王瑶．高校"课程思政"的价值内核及其实践路径选择研究 [J]．黑龙江高教研究，2019（03）：128-132.

[7]王喜英．新媒体环境下中国优秀传统文化融入大学生思政教育路径研究 [J]．理论观察，2019（01）：39-41.

[8]明成满，赵辉．优秀传统文化教育与思政课教学融合的路径研究 [J]．教育评论，2019（02）：112-116.

[9] 于洪娟. 中国优秀传统文化融入思想政治教育的价值与路径 [J]. 通化师范学院学报，2019(03)：103-106.

[10] 李学勇. 中华优秀传统文化融入思想政治理论课教学的策略与路径探索 [J]. 黄河科技学院学报，2019(03)：110—114.

[11] 王士荣. 优秀传统文化与思政课的融合维度及实施路径 [J]. 宁波教育学院学报，2019(02)：42-45.

[12] 郑晓. "课程思政"视域下高职传统文化课程教学路径探索 [J]. 高教学刊，2019(12)：117-119.

[13] 王春丽. 传统文化对大学生思政教育工作机制的创新路径 [J]. 安阳工学院学报，2019(05)：120-122.

[14] 赵丽君. 大学思政教学与中华优秀传统文化的融合研究 [J]. 郑州铁路职业技术学院学报，2019(03)：69-71.

[15] 王威多. "课程思政"视野下高校传统文化课程教学路径探索 [J]. 智库时代，2019(39)：97.

[16] 黄春. 价值·困境·理路：论中华优秀传统文化与新时代高校思政理论课教学的融合 [J]. 渭南师范学院学报，2019(08)：40-46.

[17] 朱楷文. 传统文化融入高校思政教育路径探析 [J]. 教育评论，2019(09)：103-107.

[18] 段玉柳，江涛. 文化自信视域下传统文化融入高校思想政治教育研究 [J]. 智库时代，2019(51)：74-75.

[19] 范渊凯. 传统文化融入思修课教学的问题及对策研究 [J]. 江苏高教，2019(12)：146-149.

[20] 倪皓. 优秀传统文化在大学生思政教育中的价值与应用 [J]. 南京理工大学学报：社会科学版，2020(01)：85-88.

[21] 杨颖华. 中华优秀传统文化融入高校思政课教学的思考 [J]. 当代教育实践与教学研究，2019(21)：47-48.

[22] 常亮，杨春薇. 党对高校全面领导的百年探索：历程、经验与深刻昭示 [J]. 高教探索，2022(05)：62-64.

[23] 杨志刚，徐东升. 克绍箕裘：沂蒙精神形成的孝文化渊薮 [J]. 地方

文化研究，2021，（03）：79-85.

[24]陈泽环.核心价值观必须同民族、国家的历史文化相契合：基于中西文化基因及其历史命运的考察 [J].思想理论教育，2015(01)：36-39.

三、报纸类

[1]中共中央办公厅、国务院办公厅印发的《关于实施中华优秀传统文化传承发展工程的意见》[N].人民日报，2017-01-26(06).

[2]习近平.高举中国特色社会主义伟大旗帜 为全面建设社会主义现代化国家而团结奋斗 [N].人民日报，2022-10-17(02).

[3]陈来.充分认识中华独特价值观：从中西比较看 [N].人民日报，2015-03-04.